Pietzcker — „Ich kommandiere mein Herz"

Carl Pietzcker

„Ich kommandiere mein Herz"

Brechts Herzneurose — ein Schlüssel zu seinem
Leben und Schreiben

Königshausen & Neumann

Umschlagfoto: Ullstein
Der Boxer Paul Samson-Körner mit Bertolt Brecht (1928)

CIP-Titelaufnahme der Deutschen Bibliothek

Pietzcker, Carl:
„Ich kommandiere mein Herz": Brechts Herzneurose –
e. Schlüssel zu seinem Leben u. Schreiben / Carl Pietzcker. –
2. Aufl., – Würzburg : Königshausen u. Neumann, 1988
   ISBN 3-88479-359-4

Zweite, durchgesehene Auflage
© Verlag Dr. Johannes Königshausen + Dr. Thomas Neumann, Würzburg 1988
Umschlag: Hummel / Homeyer
Druck: Königshausen + Neumann
Printed in Germany
ISBN 3-88479-359-4

INHALT

Wißt ihr auch, was eine Mutter ist?
Ach, ihr Herz so weich wie eine Butter ist.
Auch euch hat einst so'n weiches Mutterherz getragen
Und 'ne Mutterhand gefüllt den Magen
Und ein Mutteraug hat euch einst angeblickt
Und ein Mutterfuß den Stein vom Weg gerückt.
Lachen.
Deckt die Rasenbank einst ein Mutterherz
Lachen.
Zieht's 'ne noble Seele himmelwärts.
Lachen.
Hört'ne Mutter, hört 'ne Mutter klagen:
Lachen.
Dieses Kalb hab ich unterm Mutterherz getragen.
Großes, langes Gelächter.

> *Bertolt Brecht, "Anhang zu 'Mann ist Mann'"*

Mutter sein, zu unseren Zeiten
Heißt: leiden.

Mutter sein, das heißt:
Weinend geben —
Heißt: mit Körper, Seele, Geist
Einem andern Leben leben. - -
Wenn der Sturm es in die Wellen reißt
Selbstversinkend es zum Himmel heben
Und s i c h geben.
Mutter sein, das heißt:
Tausendmal sterben.
Heißt: Wenn Not und Tod die Seel erlösten,
Um Verzeihung drum beim Kinde werben
Und den Erben
Sterbend noch mit einem Lächeln trösten.

Mutter sein, zu allen Zeiten
Hieß: leiden.

> *Berthold Eugen* (Brecht)

ANFALL, ANGST UND ABWEHR*

> Er hätte gewiß an Stelle des Herzens gern einen
> feinen elektrischen Zählapparat gehabt.
>
> *George Grosz über Brecht* (1955), 181

Kaum ein Schriftsteller unseres Jahrhunderts hat eine Literatur, die
Herz auf Schmerz reimt, so bissig bekämpft wie Brecht, doch im Leben
kaum eines Schriftstellers waren Herz und Leiden inniger verbunden als
in dem seinen. Herz, Leiden, Angst und Kampf gegen sie, sie bestimmten auch sein Schreiben.

Paula Banholzer berichtet: 1919, der einundzwanzigjährige Brecht
besucht sie, seine Bie, die ein Kind von ihm erwartet. Sie kehren von einem Spaziergang zurück:

> In meinem Zimmer angekommen, wollte Brecht plötzlich schnell zu Bett
> gehen. Er legte sich ins Nebenzimmer und schlief Wand an Wand mit
> mir. [...] Plötzlich hörte ich Brecht deutlich und erschreckend stöhnen.
> [...] Brecht lag mit schweren Herzkrämpfen in seinem Bett und war
> schweißgebadet. [...] Ohne ihn zu fragen, lief ich zum nächsten Wasser-
> hahn, ließ das Wasser etwas laufen, damit es kälter wurde, und machte
> ihm dann Wickel. Die Krämpfe ließen rasch nach. [...] Wir hatten schon
> früher einmal über seinen Herzfehler gesprochen. Aber ein solcher An-
> fall — das hatte ich zum ersten Mal erlebt. Ich blieb danach lange an sei-
> nem Bett sitzen, und Brecht beruhigte sich allmählich. Wir sprachen sehr
> behutsam miteinander, und er gestand mir dann, daß er diese Anfälle öf-
> ter habe. [...] Brecht gestand mir auch, daß er Angst hätte. So blieb ich die
> Nacht bei ihm, und es gelang ihm tatsächlich, etwas zu schlafen. Am
> Morgen war alles vorbei.[1]

Diese Angst war ein wesentlicher Antrieb seines Schreibens. Der literarischen und politischen Öffentlichkeit blieb sie verborgen.

Doch so erfolgreich er seinen „Herzkrampf" dem Licht dieser Öffentlichkeit entzog, einmal, in seinem dramatischen Erstling „Baal" hat
er ihn dennoch gestaltet; das war 1918.

---

* Eine gekürzte frühe Fassung erscheint unter dem Titel „Das kalte und das heiße
Herz" in: Wolf Wucherpfennig (Hrg.): Die Widersprüche sind die Hoffnungen — Interna-
tionales Brecht-Symposium in Roskilde. Kopenhagen - München 1988.

1. Paula Banholzer (1981), 52 f. Von Brechts Herzneurose sprach 1981 erstmals Hans
Hartmann (Hartmann (1983), 36-42).

BAAL *erhebt sich mühsam, ans Fenster*: Morgenluft. Wie Ameisen, diese überflüssigen Menschlein, immerhin: Es sind Zuschauer. Ein Zug Luft in die Lungen! Dann weitergeschuftet! Ich will den Sommer formen! Wild, rot, gefräßig. [...] Die Bäume schwitzen nachts. Tau. *Sich wendend, greift er taumelnd an die Brust*. Verdammt! Das Herz! Jetzt sind es erst 3 Nächte und 2 Akte und schon? Unsinn. Stillgestanden, sagt der liebe Gott erst darnach. Er quetscht doch alles aus einem raus sonst! Der Hamster! *Fällt auf einen Stuhl nach vorn, stöhnt.*

MUTTER *draußen*: Was ist, Baal? Was schreist du wieder? [...] Hast du wieder einmal ein Mensch drinnen? Die eigene Mutter aussperren! Das ist viehisch! [...] *Schluchzt draußen.* [...]

MUTTER *tritt ein*: [...] Anstatt daß du arbeiten würdest und deiner alten Mutter das Leben nicht zu einer Hölle machtest. [...]

BAAL Mutter, ich bin krank.

MUTTER Betrunken bist du! [...] Da flackt er da wie ein Tier und bricht zusammen, in Schweiß gebadet, und zittert, als habe er Gott weiß was gearbeitet [...] Noch nicht eine Freude habe ich an dir gehabt, seit du lebst!

BAAL Aber vorher, Mutter!

MUTTER *weint*: O du Gotteslästerer. D a s ist es! Und wie hab ich dafür gebüßt ...

BAAL *weicher*: Mutter!

MUTTER [...] Deine Verstocktheit und Bosheit bringt mich noch untern Boden. Dann wirst du ihn mit deinen Nägeln aufkratzen wollen [...]

DER AMTSBOTE *kommt mit dem blauen Brief*: [...] sind Sie ab 1. Juni aus dem Dienst der Stadt entlassen. [...]

BAAL *hebt sich mühsam hoch*: Mutter! Entschuldige! *Sieht sie, steht langsam auf, geht schwankend zu ihr, legt den Arm um sie.* Nicht weinen, Mutter!

MUTTER *umarmt ihn schluchzend*: O Baal. *Pause.*[2]

Dies muß kein wahrheitsgetreues Abbild von Brechts Herzanfällen sein. Wie weit er sich von unmittelbarer Abbildung hier aber auch entfernt haben mag, so ist es doch Produkt seiner Psyche und kann insofern einen ersten Blick auf jenen psychischen Konflikt erlauben, der zum „Herzkrampf" führte. Auffällig zunächst: Der Anfall bricht aus, während die Mutter sich in der Nähe, jedoch außerhalb des Zimmers befindet; ganz wie damals, als Brechts schwangere Geliebte, eine mütterliche Frau also, im Nebenzimmer lag. Baal hat sich durch Frauen, durch

2. Brecht (1966), 22 f.; vgl. Hartmann (1983), 36, 42. Vgl. Johst (1925), 43-54 („Sechstes Bild").

Schreiben und auch räumlich von der Mutter entfernt. Doch sie, die sich ausgesperrt fühlt, dringt in sein Zimmer ein und sucht seine Autonomie zu beschränken: Sie erwartet Leistung und gesellschaftliche Integration. Hierzu arbeitet sie mit Vorwürfen, Weinen und moralischer Erpressung, macht ihn verantwortlich für ihr Leiden und ihren baldigen Tod. Doch Baals Rückzug setzt sich fort; er sucht sich ihren Anforderungen durch den Hinweis auf seinen Anfall zu entziehen („ich bin krank"), und er wird, nicht ohne sein Zutun, aus seinem Amt geworfen. Im Augenblick dieser Niederlage, die eben auch ein Sieg ist, geht er schuldbewußt auf sie zu, und es kommt zu schluchzender Umarmung. Das alles ist grundiert vom leiser oder lauter aufklingenden Thema der Sexualität.

Hier, so meine ich, hat Brecht jenen Mutter-Sohn-Konflikt ins szenische Bild gesetzt, den er sonst im Anfall unbewußt austragen mußte; es ist ein Konflikt um Autonomie und Vereinnahmung, Liebe und Haß. Er hat die sonst unbewußte Szene und den Anfall getrennt und führt beide nun, zumindest ein Stück weit, parallel: In Gegenwart der Mutter „flackt" Baal „da wie ein Tier und bricht zusammen, in Schweiß gebadet, und zittert". — Baals Anfall, was löste ihn aus? Baal, wie Brecht ein Schriftsteller, hat die Nacht durchgeschrieben. Er macht eine Pause und läßt sich in der Euphorie und Sicherheit seiner Größenphantasien (die anderen taugen gerade noch zu ‚Zuschauern', und er selbst hat in so kurzer Zeit „2 Akte" verfaßt) hinreißen zur halbverborgenen Phantasie von der frühen, anziehenden und verschlingenden Mutter („Wild, rot, gefräßig"); da überfällt ihn der „Herzkrampf". Ich deute: Baal hat sich schreibend in Größen-, also auch Autonomiephantasien einerseits und Verschlingungsphantasie andererseits hineingesteigert. In der Schreibpause kann er nun die Spannung zwischen ihnen nicht kontrollierend bewältigen. Deshalb muß er sie im körperlichen Symptom austragen: im „Herzkrampf". Kurz noch sucht er die Angst, sein Herz bleibe stehen, die sogenannte Herzstillstandsangst, durch den Gedanken an die weitere Arbeit an seinem Drama zu bändigen — „Stillgestanden, sagt der liebe Gott erst darnach" —, doch dann erliegt er dem Anfall.

Ein Blick auf die psychoanalytische Forschung zur Herzneurose[3] zeigt, daß Brecht hier Selbstbeobachtungen und Phantasien aus dem Umfeld seiner Anfälle recht genau in Szene setzte. Die Herzneurose ist

---

3. Zuletzt zusammengefaßt von O.W. Schonecke und J.W. Herrmann (1986).

eine mit akutem (sympathikovasalen) Herzanfall beginnende, als akuter Angstzustand erlebte neurotische Erkrankung,[4] eine Angstneurose,[5] die gewöhnlich von innerer Unruhe, Schwindelgefühlen, Zittern, Kopfschmerzen und Schlafstörungen begleitet wird.[6] Der Kranke leidet während des Anfalls häufig an Erstickungsgefühlen, seine Angst ist zumeist Todesangst, öfters Angst, sein Herz bleibe stehen. Auf der Ebene des Unbewußten ist der Herzneurotiker abhängig vom Szenarium einer frühen Mutter-Kind-Beziehung; er gleitet zurück zu Phantasien, in denen Selbst- und Objektbild, Ich und Außenwelt noch nicht klar voneinander geschieden sind. Es sind Phantasien einer bedrohten Symbiose: Das frühe Selbstbild ist an das Bild einer schützenden Mutter gebunden, das es zum Überleben benötigt wie der hilflose Säugling die schützende und nährende Mutter; zugleich fühlt es sich in seinen Selbständigkeitsbestrebungen von dieser Mutter-Imago jedoch bedrohlich umklammert und möchte sich befreien. Doch seine Befreiungsversuche scheitern an der Furcht, sich alleine nicht behaupten zu können. Deshalb jagt alles ihm Angst ein, was die Einheit mit der Mutter zu gefährden droht. Das können beim Herzneurotiker eigene präödipale oder ödipale, auf Triebbefriedigung gerichtete oder auf narzißtisches Gleichgewicht zielende Impulse sein, aber ebenso Verhaltensweisen des Objekts, auf welches das Mutterbild übertragen wurde.[7] Vielfach beobachtet wurden aggressive Impulse, ja sogar Todeswünsche gegen das Bild der bedrohlich umklammernden Mutter.[8] Aus Furcht vor Vergeltung und mehr noch, weil die Mutter-Imago notwendiger Angstschutz ist, werden die als mörderisch und allmächtig erlebten aggressiven Wünsche jedoch kaum offen geäußert.[9] Sie wenden sich nach innen: Schuldgefühle, depressive und masochistische Dispositionen bilden sich aus.

Wenn der Herzneurotiker die hier beschriebene ambivalente Einstellung zur frühen Mutter in realen Situationen wiederbelebt, treibt sie ihn in der Spannung zwischen Anklammerungstendenz, Selbstständigkeitswunsch und Aggressivität zur Angst, das lebensnotwendige Objekt zu

4. W. Bräutigam und P. Christian ([2]1974), 105.
5. Zur Angstneurose: Mentzos (1985).
6. Ihre Symptome hat Freud, der diese Krankheit aus eigener schmerzlicher Erfahrung kannte, unter dem Titel „Angstneurose" beschrieben. Freud (1895b).
7. Vgl. Fürstenau u.a. (1964).
8. Bräutigam ([2]1974), 108 f.
9. Markert (1985), 87, 94.

verlieren, allein und hilflos zu bleiben. Sie speist sich aus der Angst, das innere Bild des Objekts und so auch das von diesem gestützte Bild seiner selbst, die Selbstrepräsentanz zu verlieren[10]:

> Der Angstneurotiker leidet unter einem eventuellen Verlust der Objekt-
> repräsentanz, aber auch der dazugehörigen Selbstrepräsentanz, und zwar
> nicht nur bei aggressiven Regungen, sondern bei Gefühlsregungen diver-
> ser Art.[11]

Es fällt ihm schwer, in für ihn schwierigen Situationen das innere Bild der bergenden und nährenden Mutter aufrechtzuerhalten; denn es ist nur blaß ausgebildet und nicht dauerhaft verinnerlicht.[12]

Die Trennungsangst, die als Todesangst erlebte Angst, sich selbst zu verlieren, verschiebt der Herzneurotiker konkretisierend auf sein Herz, bindet sie dort und läßt sie im Symptom ihre symbolische Darstellung finden. Seine körperliche Basis hat das Symptom in der bei Angst anstei-genden Herzfrequenz. Solche Pulssteigerung, oft auch eine angeborene oder erworbene Herzschwäche, und häufig die Tatsache, daß er hörte oder gar miterlebte, daß ein anderer an Herzanfällen litt oder an Herz-versagen starb, bilden den äußeren Anlaß dafür, daß er seine psychisch bedingte Angst am Herzen konkretisiert. Nun ängstigt er sich vorm Herzstillstand — eine sekundäre Angst, die als Angst vor körperlichem Versagen den Blick ablenkt vom psychischen Konflikt. So schützt der Herzneurotiker — oder nach Bräutigams Begriff: der Herzphobiker — sich vor seiner Depression[13] und mehr noch davor, den Konflikt um Abhängigkeit und Bindung offen austragen zu müssen.[14] „Lauschend und horchend ist der Herzphobiker sich fortdauernd [...] seines in Funktion befindlichen schlagenden Herzens bewußt."[15] Die Kranken sind „niemals völlig angstfrei. Die Konfrontation mit dem eigenen Ster-ben sitzt ihnen in den Knochen, sie fürchten das Herannahen eines neu-en Anfalls."[16] Das führt zu ihrer „Unfähigkeit [...] alleine zu sein" und diese zur „Anklammerungstendenz", dem Bedürfnis „nach besonders

10. Mentzos (1985), 17, 20 f.; Schoenhals (1985), 41.
11. Schoenhals (1985), 41.
12. Mentzos (1985), 16, 139; Schoenhals (1985), 34, 37.
13. Richter (1965), 81.
14. Schonecke (1986), 509, 514.
15. Bräutigam (1964).
16. Meinzer (1986), 18.

symbiotischen, risikoarmen Beziehungen"[17]: nach der Nähe eines guten, schützenden Objekts.

Die psychoanalytische Forschung unterscheidet zwei Typen von
Herzneurotikern. Der Typ A,[18] stellt seine symbiotische Abhängigkeit
unmittelbar dar, bleibt passiv und wird offen von Ängsten überflutet;
der Typ B dagegen erträgt die demütigende Situation ohnmächtiger Abhängigkeit nicht, er haßt sich, wenn er sich als ohnmächtig erfährt.[19]
Dieser Typ B reagiert kontraphobisch, verleugnet Angst und Ohnmacht und kompensiert sie durch betonte Aktivität. „Er erträgt es
nicht, durch eine auf Entspannung und Passivität zielende lockernde Behandlung ‚schwach' gemacht zu werden".[20] Phallisch-narzißtisch gibt er
sich — oft genug recht verkrampft — selbständig, leistungsfähig und aktiv: Sich und anderen sucht er zu beweisen, daß er ohne die Mutter ein
eigenes Leben zu führen vermag.[21] Diese Herzneurotiker sind zwar

> in gleicher Weise wie die anderen an die Sorge um eine ungestörte Einheit
> mit der Mutterfigur fixiert [...]. Aber weil sie in der psychischen Ent-
> wicklung weiter in die phallische Phase vorgedrungen sind, erscheinen
> die prägenitalen Anklammerungstendenzen durch phallisch narzißtisches
> Benehmen verdeckt.[22]

Brechts Verhalten entspricht dem des Typs B. Von hier aus lassen er und
sein Schreiben sich besser verstehen.

Das Herz war Einbruchstelle seiner Ängste, hier somatisierten sie
sich und ließen ihn sein herzphobisches Verhalten entwickeln. Doch er
reagierte kontraphobisch. Nur, wo er sich in der Gegenwart des schützenden Objekts[23] geborgen fühlte, wie bei der an seinem Bett sitzenden
Geliebten, nur dort konnte er Angst und Ohnmacht eingestehen. Sonst
suchte er Überlegenheit, z.B. in verkrampft-scherzhaften Formulierun-
gen: „in der Gymnasiumszeit hatte ich mir durch allerlei Sport einen
Herzschock geholt, der mich mit den Geheimnissen der Metaphysik be-

17. Meinzer (1986), 19.
18. Richter/Beckmann (²1973).
19. Fürstenau u.a. (1964), 186.
20. Bräutigam (²1974), 111.
21. Markert (1985), 85.
22. Fürstenau u.a. (1964), 186.
23. Die Rolle dieses frühen schützenden Objekts nimmt oft der Arzt ein, in dessen Gegenwart sich die Angst dann schlagartig mindert. Schonecke (1986), 507 und Fürstenau
u.a. (1964), 183.

kannt machte".[24] Einen Gedanken an die psychische Herkunft seiner Anfälle ließ er gar nicht erst aufkommen. Sie mußten ‚nachweislich' somatisch sein und in eigener Regie kühn und aktiv von ihm selbst ‚erzielt': „in meinem dreizehnten lebensjahr erzielte ich durch verwegenheit einen nachweislichen herzschock"[25]. Später deutet er freilich an, daß sie ganz ohne Zusammenhang mit seinen Gefühlen denn doch nicht waren:

> schon als junge, als ich die matthäuspassion in der barfüßerkirche gehört hatte, beschloß ich, nicht mehr so wo hinzugehen, da ich den stupor verabscheute, in den man da verfiel, dieses wilde koma, und außerdem glaubte, es könnte meinem herzen schaden (das durch schwimmen und radfahren etwas verbreitert war). bach kann ich jetzt, wie ich denke, ungestraft hören, aber den beethoven mag ich immer noch nicht, dieses drängen zum unter- und überirdischen, mit den oft (für mich) kitschigen effekten und der ‚gefühlsverwirrung'. Das ‚sprengt alle bande' wie der merkantilismus, da ist diese innige pöbelhaftigkeit, dieses ‚seid umschlungen, millionen', wo die millionen den doppelsinn haben (als ginge es weiter, ‚dieses coca cola der ganzen welt!').[26]

Als Junge war er beim Anhören der Matthäuspassion in „stupor" und ‚wildes koma verfallen'. Vielleicht hatte die Musik, wie bei manch anderem Herzneurotiker auch,[27] einen seiner ersten Anfälle ausgelöst. Vermutlich hatte sie die Kontrolle seiner Gefühle durchbrochen und ihn

24. Brecht: Briefe (1981), 84; 1922. — Der Begriff „Herzschock" schließt die organmedizinische Diagnose ein: „Exzessive Dilatation während einer schweren Muskelanstrengung äußert sich in Herzschwäche. Schmerz in der Herzgegend [...]. Der Kranke ringt nach Atem [...]. Über Nacht verschwinden diese Symptome gewöhnlich wieder. Bei der nächsten Wiederanstrengung wiederholt sich der Anfall und die Herzdyspnoe bleibt vielleicht jetzt schon während der Ruhe bestehen. Der Kranke ist jetzt durch Monate, ja für immer nicht imstande, größere Anstrengungen, die er früher ohne Beschwerden überstanden hatte, durchzumachen. [...] Der ‚Herzshock' [!] von Latham umfaßt Fälle dieser Art: plötzliche Todesfälle während einer Überanstrengung" (Osler (1900), 596). Brecht übernahm diese Diagnose, sie entsprach der Schonungs- und Verdrängungstendenz des Herzneurotikers. Peter Mere L. Lathams „Lectures on diseases of the heart", erschienen 1845. Heute spricht man von kardialem, kardiogenem oder kardiovaskulärem Schock, einem Schock infolge stark erniedrigten Herzzeitvolumens.

25. An Arnolt Bronnen; Januar 1923. In: Brecht: Briefe (1981), 86.

26. Bertolt Brechts Arbeitsjournal (1973) [= AJ], 2, 676; 1944.

27. Eine eindrucksvolle Darstellung findet sich bei Marie Cardinal (1979), 36. Zur Nähe von Musik und Tod beim jungen Brecht „Dankgottesdienst" in: Frisch/Obermeier (1976), 271; dort 274.

der „gefühlsverwirrung" der frühen Mutter-Kind-Beziehung ausgesetzt: Sie hatte „alle bande" der Konvention zwischen Mutter und Sohn ‚gesprengt' und den Wunsch nach Verschmelzung geweckt („seid umschlungen, millionen"), mit ihm aber auch die Angst, verschlungen zu werden. Noch 1944, also etwa dreiunddreißig Jahre später, hat Brecht mit ihr zu kämpfen; er fühlt sich so bedroht, daß er — der reflektierende Marxist! — sich elitär von solcher „pöbelhaftigkeit" distanzieren muß. Wie als Junge sucht er „ungestraft" — ohne Anfall? — davonzukommen, denunziert diese Musik und verbannt sie in verachtete gesellschaftliche Regionen.[28] Wen wollte es da wundern, daß er sich 1916 ausgerechnet mit einem Beethoven-Buch unter dem Arm photographieren ließ[29] und in seinem Mansardenzimmer ein Beethoven-Bild aufgehängt hatte[30]? Ein Hinweis mehr auf die Anziehungskraft des Gefährlichen und auf den kontraphobischen Umgang mit ihm.

Neben der kontraphobischen Reaktion findet sich bei Brecht auch die für Herzphobiker typische Tendenz, Situationen auszuweichen, in denen die Beschwerden schon einmal auftraten[31], die sich bis zur Phobie steigern kann, und ebenso die Tendenz, körperliche Anstrengung zu meiden[32]. Im Exil und später in Ostberlin fuhr er auch kürzeste Strecken mit dem Auto, möglicherweise litt er zeitweilig also auch an Agoraphobie, an der Furcht, sich auf offener Straße allein zu bewegen, die bei Herzneurotikern ja häufig begegnet. — Da ihm die Herzangst dazu dient, seinen psychischen Konflikt zu verdecken, ist der Herzneurotiker nur schwer von der Überzeugung abzubringen, hoffnungslos herzkrank zu sein.[33] Deshalb neigt er, sofern er hier nicht kontraphobisch reagiert, dazu, sich zu schonen, und droht so, in körperlichen Trainingsmangel zu geraten. Er wird, wie Brechts Geliebte Bie dies nannte, „absolut unsportlich"[34]. Sie berichtet: „Brecht mußte langsam gehen und

---

28. Vgl. „Er konnte überhaupt nichts anfangen zum Beispiel mit Beethoven. [...] muß man wissen, daß Brecht eine Art Selbstschutz hatte. Er hat sich mit Musik nur soweit eingelassen, als er sie gebraucht hat." Eisler (1986), 54; vgl. ebd. 13 ff.

29. Schumacher (1978), 31.

30. Dümling (1985), 34.

31. Schonecke (1986), 507; vgl. „beschloß ich, nicht mehr so wo hinzugehen".

32. Schonecke (1986), 513.

33. Fürstenau u.a. (1964), 188.

34. Banholzer (1981), 111.

langsam schwimmen. Ich war ihm immer voraus, weil ich in meiner jugendlichen Unbekümmertheit sein Herzproblem vergaß".[35]

Soweit er in Abwehr der für ihn bedrohlichen Gefühle kontraphobisch reagierte, wurde Brecht zur Betonung des Willens, des Intellekts und der Gefühlskontrolle getrieben. Die Folgen dieser Gefühlsabwehr begegnen uns schon früh in dem Blick, den er nur von außen auf seine Figuren fallen läßt, später dann in der Theorie des Epischen Theaters und in seiner recht einseitigen Ausrichtung auf eine sozialgeschichtliche Analyse, die auf introspektive Psychologie verzichtet.[36] Der kontraphobische Umgang mit den Phantasien der Mutter-Kind-Symbiose prägte Brechts Schreiben. Die Herzneurose ist *eine*, das Schreiben eine *andere* Art, in der er sich zu dem frühen Konflikt zwischen Einheitssehnsucht und Autonomiebedürfnis kontraphobisch verhielt. In beiden Fällen jedoch gilt: Der Konflikt zwischen Autonomie und Vereinnahmung ist der Motor seines Verhaltens. Und: „Das Kernthema der Herzneurotiker ist Leiden und Tod".[37]

Schreibend suchte Brecht seine Ängste zu bändigen; hierbei gingen Phantasien um die frühe Symbiose in seine Texte ein, aber auch Erfahrungen, denen er sich im Kampf gegen den Anfall, im Erliegen, im Wiederaufleben und in der Angst vor Wiederholung ausgeliefert sah. Die Anfälle ließen ihn im Extrem erfahren, was andere vielleicht nur ansatzweise kennen: Anspannung des Willens und des Intellekts gegen nahende Gefahr, Kampf um Befreiung von umschlingender Gewalt, Auslieferung an den Körper, die Natur, Zerreißung von Willen und Körper, von Intellekt und Gefühl, Umschlagen von Aktivität in Passivität, Verlust alles Sichernden, äußerste Verlassenheit, Todesangst, Wiederaufatmen, Lust zu leben und erneut ängstliches Horchen auf die Gefahr. Diese Erfahrungen eines Kranken sind jedoch auch Erfahrungen von Wirklichkeit; sie zerstören selbstverständliche Sicherheiten und lassen den Leidenden mit fremdem Blick auf sich und die Welt schauen, verfremden sie. Neu und im Licht von Extremerfahrungen könnte sie nun besser gesehen sein. So könnte die Krankheit einen Beitrag zur Gesundheit leisten, mehr noch: Sie wäre Gesundheit. Das Furchtbare herzneuroti-

35. Banholzer (1981), 107; Brecht war zuvor ein guter Schwimmer gewesen. W. Brecht (1984), 37.
36. Pietzcker (1983).
37. Richter (1986), 222.

schen Leidens wurde im Falle Brechts kulturell fruchtbar, weil er seinen Phantasien und Erfahrungen nicht hilflos ausgeliefert blieb, sondern die Kraft besaß, gestaltend mit ihnen umzugehen, sie hierbei zu bewahren und von ihnen her auf die Wirklichkeit zu blicken: eine Krankheit nicht zum Tode, sondern zur Erfahrung, zur Erkenntnis und zur Gestaltung.

Die Kenntnis seiner Herzneurose hilft uns, Brecht und sein Werk besser zu verstehen; sie lenkt unseren Blick auf seine Erfahrungen mit sich, mit seinem Körper, die ihn und sein Schreiben entscheidend prägten, und wichtiger noch: Sie verweist uns auf jenen Konflikt zwischen Autonomie- und Vereinigungswünschen, der sein Selbst- und Welterleben und so auch sein Werk bestimmte.[38]

Dies meine These. Von ihr her werde ich versuchen, wiederkehrende Strukturen und Motive, aber auch Details seines Lebens und Schreibens zu erschließen. Auf dem Weg durch die Fülle des Materials wird die These, so hoffe ich, an Überzeugungskraft gewinnen. Mein psychoanalytisches Verfahren kann freilich nicht dem ganzen Brecht und der vielfältig schillernden Widersprüchlichkeit seines Werks gerecht werden; es bietet eine Perspektive unter mehreren. Auch läuft, wer von einer These ausgeht, leicht Gefahr, das Entgleitende in sein Raster zu zwingen, das Zerbrechliche als Festes auszugeben, oder aber blind an ihm vorüberzugehen. Doch, das wage ich zu behaupten: Die Analyse seiner Herzneurose hilft die Tür öffnen zu Brechts Leben und Schreiben; und eine systematisierend erstellte Struktur bietet die Chance, das Zerbrechliche und Entgleitende an ihr zu konturieren und diese Struktur dann womöglich in Frage zu stellen und zu verändern. Und eines noch: Wenn wir untersuchen, wie ein Riese gebaut ist, bleibt er ein Riese, selbst wenn sich zeigen sollte, daß seine Knochen und Muskeln sich nach denselben Gesetzen bewegen wie die der Menschen üblicher Größe auch. Der distanzierte wissenschaftliche Blick und die Kälte objektivierender Begrifflichkeit mögen Mitgefühl, Respekt, Bewunderung und Gespür für ästhetische Werte vermissen lassen, doch ohne sie sind die Gesetzlichkeiten, denen Brechts Leben und Schreiben folgten, nicht zu erkennen. Sind diese einmal erkannt, dann wären Mitgefühl, Bewunde-

38. Insofern ist es wenig erheblich, wenn sich nicht mit Sicherheit nachweisen läßt, daß er noch in seinem Todesjahr an Herzanfällen litt. Wichtig ist die psychische Struktur, auf welche die Anfälle verweisen. Und diese Struktur änderte sich kaum.

rung und ästhetisches Gespür bewußter und weniger blind; verschwinden müßten sie nicht.[39]

Mein Vorgehen freilich ist einseitig: Ich zeichne das Empfindens-und Leidensprofil des Symbolbildners Brecht als individuell-konkretes und entschlüssle seine Texte als subjektive Lebensentwürfe im Gesamtzusammenhang seiner individuellen Lebensgeschichte. Ich verfahre so, obwohl diese Lebensentwürfe aus einem Wechselprozeß zwischen objektiven und subjektiven Strukturen hervorgehen, Momente des kulturellen Kollektivs ihrer Zeit sind und insofern kulturspezifisch in ihrer Form wie ihrem Inhalt. Mit dem Blick einzig auf das Konkret-Individuelle will ich die lange verstellten individuellen Widersprüche und Bewältigungsversuche brechtschen Lebens und Schreibens freihalten von voreiliger und womöglich verdeckender sozialhistorischer Deutung. Stehen sie dann deutlich im Licht, wird es auch hier möglich, dem Zusammenhang nachzuspüren zwischen individuellem Erleben und Schreiben einerseits und dem soziokulturellen Prozeß jener Zeit andererseits.

Zunächst will ich einige psychische Zusammenhänge erhellen, denen wir Brechts literarisches Werk mitzuverdanken haben. Das wird ein mühsames Geschäft. Doch anders ist es nicht möglich, sein Schreiben und besonders jene Phantasien psychoanalytisch zu begreifen, die den Kranken umtrieben, die der Schriftsteller aber so gestaltete, daß sich die Wirklichkeit vieler erschloß. Was er erlitt, das kennen, wenn zumeist auch weniger qualvoll, ja wir alle: Sehnsucht nach Verschmelzung und zugleich nach Freiheit, Erfahrung von Einsamkeit, Ohnmacht und Angst.

39. Zur Methode: Pietzcker (1983b).

DAS SZENARIO DER PHANTASIEN UND SEINE ENTSTEHUNG: VERSUCH, DEN ZUSAMMENHANG VON ANFALL, VERLASSEN-HEIT, WUT, FINSTERNIS, KÄLTE, UNTERGANG UND APPETI-TEN ZU KLÄREN

Zum 19. Dezember 1921 notiert Brecht in sein Tagebuch:

> Wieder diese apokalyptischen Gespensterstürme, die warm, genäßt die Dächer bürsten, das Grippewetter, das einen vergiftet, man legt Eier in die Ofenecke und raucht sich zu Tode. In aller Frühe hat man seinen Herzkrampf, stolziert dann herum wie aus Glas, kann wegen der Eiskälte im Zimmer nicht arbeiten. Nachts wird die Marianne kommen, eine barbarische Freude, dann wird alles besser und kriegt Sinn. Ich würde gern den steifen Hut aufsetzen, aber es regnet und stürmt, und ich würde gern Schnaps trinken (habe gekauft), aber dann riecht man aus dem Mund. Ich kann nicht arbeiten, singe bloß Choräle und Wedekind. Das ist ein Erbauungsschriftsteller wie wenige. Er und ein Revolver und kein Gewissen, aber Geschmack: Das ist besser als die Konfirmation. Auch Geschwätz ist gut, es ist zuviel Pause zwischen den Sternenhimmeln. Wieviel Sinn für Romantik ist nötig! Steine auf einem platten Boden: Das ist eine Heimat; nein, das ist keine Heimat. Wieviel fremde Leute, wie ungewiß die Abstände. Die Lampe brennt nieder. Ich habe seitlich links etwas Kopfweh. Wer ist das, der da Kopfweh hat? Mein Vater war da, wir saßen einander gegenüber an einem Wirtshaustisch, zwei Leute, die zusammengehören, eine vage Beziehung, die schon viel ist unter unsresgleichen! [...] Er ist fast höflich [...]; das ist merkwürdig.[40]

Der Vater war da, ,merkwürdig' ,höflich': nahe und zugleich so fern, daß Fremdheit aufkommt und mit ihr Sehnsucht nach Nähe. Die Mutter ist vor anderthalb Jahren gestorben, die beiden haben wahrscheinlich an sie gedacht; auch hier Gefühle von Nähe und Verlassenheit. Der Vater geht und überläßt den Sohn seiner inneren Spannung. Die früh-

---

40. Tb 180 f.. — Den Begriff „Herzkrampf", der dem Erleben des Herzanfalls so wenig entspricht, übernahm Brecht wohl von seinem Arzt. „Meyers Konversations-Lexikon" von 1894 verweist unter „Herzkrampf, soviel wie Herzklemme" auf „Angst" und führt dort aus: „Auf nervöser Grundlage beruht die als Präkordialangst (Herzklemme, Brustbeklemmung, angina pectoris) bekannte angstvolle Empfindung, welche bei mannigfachen Herzleiden, aber auch ohne solche vorkommt. Man faßt diese Angst in jedem Falle auf als einen Gefäßkrampf der Herzarterien, als eine krankhafte Erregung (Neurose) der vasomotorischen Nerven des Herzgeflechts, da sie ganz wie bei nachweisbar zu Grunde liegenden Herzfehlern stets in Anfällen auftritt".

kindliche Trennungsangst belebt sich und mit ihr das Szenarium der bedrohten Symbiose. Mit den ‚warmen‘ ‚apokalyptischen Gespensterstürmen‘ steigen unbewußte Wünsche als ‚Gespenster‘ auf, aber auch bewußtseinsfähige sexuelle Wünsche nach der abwesenden Marianne; sie verstärken einander und so den symbiotischen Konflikt. Um sich vor dessen Durchbruch zu schützen und Kontrolle zu wahren, bleibt Brecht wach und sucht sich an seine Zigarre zu halten. Doch die Bedrohung steigt und mit ihr die zur Todesangst gewordene Trennungsangst; man „raucht sich zu Tode“. Der durch „Grippewetter“ und Schlafmangel geschwächte und ‚vergiftete‘ Körper bietet, wie oft beobachtet, den somatischen Anstoß zum „Herzkrampf“: „Magische Drohung von seiten des eigenen Körpers: Auslösung durch organischen Anstoß: Grippe, Intoxikation, Überanstrengung, Schlafentzug.“[41] Nach dem Anfall ist Brecht „wie aus Glas“, aus einer harten Materie, die zersplittert, wenn sie von außen zu heftig berührt wird oder aber sich in sich selbst bewegt; eine Erfahrung, wie sie Herzneurotiker berichten. Im Glas und als Glas gefangen und vor Emotionen geschützt, sehen sie sich in kaum erträglicher Spannung: einerseits der Wunsch, dies Glas möge endlich zerspringen, damit ich den Glaskäfig verlassen, mich anschmiegen und mitteilen kann, andererseits die Angst — wie der Wunsch —, daß ich explodiere, in Scherben zerspringe und dabei den anderen verletze, wenn er mich doch endlich, aber bloß nicht, berührt und ich endlich, aber bloß nicht, Gefühle zulasse: daß ich die Kontrolle endlich, aber bloß nicht, verliere. Entsprechend herrscht hier gerade bei ‚warmen‘ Stürmen „Eiskälte“: Triebdurchbruch und Kontrolle zugleich.

Rettung erhofft Brecht von „Marianne“, dem wenigstens vorübergehend ambivalenzfreien, guten Objekt; rauschhaft-triebhaft „barbarische Freude“, „Sternenhimmel“ und „Romantik“ sollen seine Verlassenheit übertönen: Alles „kriegt Sinn“. Ohne dieses gute Objekt aber, in den ‚Pausen‘ ist alles sinnlos, ‚fremd‘ und ohne einen in Nähe und Distanz gegliederten Zusammenhang („wie ungewiß die Abstände“). Dem, der sich dem bedrohlichen symbiotischen Szenarium ausliefert, wird in der Trennung die Welt der äußeren Objekte fremd; sie zerfällt ihm, wenn sich ihm in der Trennung das gute Objekt ins böse, verlassende verwandelt. Diesem Umschlagen ist er ausgeliefert, weil es ihm als Kind nicht gelungen war, ein gutes Objekt sicher zu verinnerlichen, mit dem er

41. Fürstenau u.a. (1964), 184.

sich nun aus eigener Kraft schützen könnte. In solch einer Situation wird nicht nur die Welt draußen fremd, fremd wird auch das Ich: „Wer ist das, der da Kopfweh hat?". Sicher, der Kontrollverlust im Herzanfall und der Versuch, steif „wie aus Glas" nicht an das zu denken, was dies Ich beständig beschäftigt, tragen zu solcher Depersonalisierung bei, doch diese gründet auf einer Störung der frühen Objektbeziehung:

> Das Gefühl von der Verläßlichkeit der Welt, zuerst repräsentiert durch die Mutter, ist [...] zugleich die Bedingung für die Konstanz, Kontinuität und unzerstörbare Einheit der eigenen Person. Umgekehrt bedeutet Mißtrauen bzw. Trennungsangst in der Mutterbeziehung automatisch eine Verunsicherung des Identitätsgefühls. Die Angst vor Auflösung der symbiotischen Einheit mit der pflegenden Mutter ist also entwicklungsgeschichtlich ein Äquivalent der Angst vor Auflösung der Einheit der eigenen Person. Die Angst vor der totalen Desintegration, vor dem Tode, ist ja der Kern des herzneurotischen Anfallserlebens.[42]

Urvertrauen, wie es mit der Verinnerlichung des guten, zuverlässigen Objekts sich ausbildet, fehlt dem Herzneurotiker. Der Kern seiner Schwierigkeiten ist Urmißtrauen. Solange das äußere gute Objekt ausbleibt, sucht Brecht sich mit Tabak, phallisch-,steifem Hut', mit „Schnaps", „Geschwätz" und einer Literatur zu stabilisieren, die aggressiv und gewissenlos („ein Revolver und kein Gewissen") ist wie seine eigene. Sie ist „besser als die Konfirmation", von der er sich offenbar Hilfe gegen Trennungsangst und „Herzkrampf" versprochen hatte, eine Hilfe im christlichen Muster, mit dem er ansatzweise schon den Triebdurchbruch und die ihm antwortenden Schuldgefühle interpretiert hatte: die ,apokalyptischen Gespensterstürme' und das ihnen folgende Jüngste Gericht. Doch seine Stabilisierungsmittel helfen nur bedingt; er benötigt ein weiteres, somatisiert und bekommt das bei Herzneurotikern übliche „Kopfweh".

*

Über die *Geschichte dieser Anfälle* wissen wir nicht allzuviel. Immerhin ist bekannt, daß Brecht noch keine neun Jahre alt war, als er wegen „Herzschwäche" ein Sanatorium aufsuchen mußte.[43] Berthold

42. Fürstenau u.a. (1964), 184.
43. Jesse (1985), 17.

Eugen war ein nervöses Kind. Er konnte nur einschlafen, wenn auf dem Nachttisch ein Nachtlichtchen brannte.[44]

Er hatte über Jahre mit einem Zucken der linken Gesichtshälfte zu tun, das ihm eine Grimasse abzwang, bis es sich von selbst verlor. Auch sein Herz gab zu Klagen Anlaß. Von Mama begleitet und versorgt, durchstand er Kuraufenthalte in Bad Dürrheim und Bad Königsfeld im Schwarzwald.[45]

Er selbst schreibt, er habe seinen „herzschock" „im dreizehnten lebensjahr" ‚erzielt'.[46] Wenige Jahre später stellte sich dann ein deutlicher sekundärer Krankheitsgewinn ein: „Sein schlechtes Herz bewahrte ihn bis kurz vor Kriegsende vor der Einberufung zum Militär".[47] Noch in seinem Todesjahr litt er unter Herzbeschwerden und rechnete mit einem Herztod;[48] der Organbefund der Mediziner freilich blieb, wie nicht anders zu erwarten, negativ.[49] Ob er damals noch unter Herzan-

44. W. Brecht (1984), 53.

45. Ebd. 210.

46. O.S. 13.

47. Völker (1978), 19.

48. Erwin Leiser berichtet: „Wir schwatzten vorsichtig über gemeinsame, bei mir nur zufällige, Herzbeschwerden. Plötzlich verschleierte sich seine Stimme und er sagt: Man weiß jedenfalls, daß es ein leichter Tod wird, ein leises Klopfen an die Fensterscheibe". Leiser (1957).

49. Jan Knopf schreibt mir hierzu: „Isot Kilian gibt einen Krankenbericht für die Zeit von September 1955 bis März 1956 (BBA 1826/01f.). Danach kommen die Ärzte insgesamt zu einem positiven Urteil über BBs Gesundheitszustand. Herzbeschwerden sind eindeutig belegt, jedoch fällt eine Untersuchung negativ aus. Es ist lediglich von einer Grippe die Rede. Im Oktober 1955 läßt sich BB die Harnröhren durchpusten („Reinigung der Harnröhren", sehr schmerzhafte Angelegenheit, wie die besorgte Isot vermerkt). Die behandelnden Ärzte Prof. Hüdepohl und Dr. Maertens (Charité) stellen dabei eine „Belastung des Herzens" fest, die mit Cordalin behandelt wird, und geben gegen eine Infektion (nicht näher gekennzeichnet, wohl die Grippe) Hostacylin. Weiterhin gibt es einen Bericht von Prof. Dr. H.H. Hennemann (Charité) an Dr. Schmitt (München) vom 14.08.1956 (BB sollte offenbar da hin überwiesen werden — eine Art „Kur"?). Er referiert einen Befund vom 9.8.56 „Rezidiv seiner Cystitis"; eine Urinprobe habe „massenhaft Leukocyten" ergeben, gegen die diätetische Maßnahmen ergriffen worden seien; überdies sei eine „allgemeine Arteriosklerose" festgestellt worden. Die cystitischen Beschwerden hätten sich am 13.8. (Untersuchung) gebessert, und er fragt, ob die alte Prostatitis Ursache für die Cystitis sei. Die Sterbeurkunde (BBA 1645/39) enthält keine Angabe über die Todesursache (BB ist um 23.45 Uhr in seiner Wohnung gestorben). Dagegen enthält die Empfangsbescheinigung der Dorotheenstädtischen Kirchhofsverwaltung (1856/15) den Vermerk „Herzinfarkt". Das wird auch sonst mündlich bestätigt."

fällen litt, konnte ich nicht klären. Ich bin nur auf Gerüchte gestoßen. Nach dem im ‚Neuen Deutschland' veröffentlichten ärztlichen Bulletin erlitt er wenige Tage vor seinem Tod einen Herzinfarkt.[50] Die Krankengeschichte Brechts — ein vergessenes, ein tabuiertes Thema — bleibt noch zu schreiben.

Wie entstand Brechts Herzneurose? Sicher kennen wir nicht alle Faktoren ihrer Genese; doch Indizien erlauben eine wenigstens skizzenhafte Rekonstruktion, zumal einige Momente sich recht genau bestimmen lassen.

Die Nervosität des kleinen Berthold Eugen, sein Gesichtszucken, die mangelhafte Differenzierung von Körper- und Erlebnisausdruck, wie sie im „Herzkrampf" begegnet, sowie die psychoanalytische Theorie der Herzneurose verweisen uns auf einen sehr frühen Ambivalenzkonflikt mit der Mutter. Die Mutter hatte sich Berthold Eugen, ihrem 1898 geborenen Ältesten liebevoll zugewandt und vergötterte ihn auch später noch. Bald nach der Geburt seines Bruders (1900) stellten sich bei ihr Anzeichen einer schweren Krankheit, wahrscheinlich Krebs, ein, die sie schließlich aufs Bett zwang und bis zu ihrem Tod (1920) zahlreichen Operationen aussetzte. Vielleicht war sie sogar schon vor Bertholds Geburt erkrankt.[51] Die psychoanalytische Theorie des Verhaltens der Mütter von späteren Herzneurotikern und das Verhalten von Brechts Mutter zu dem etwa Fünfjährigen[52] legen nahe, daß sie unsicher war und nicht selbstbewußt genug, ihrem Kind den nötigen Freiraum zuzugestehen. Vermutlich verhielt sie sich ihm gegenüber also ambivalent. Ängstlich, überbesorgt und überfürsorglich gewährte sie ihm wohl übergroßen Schutz, schränkte es ein und band es symbiotisch,[53] so daß es in den oben beschriebenen Konflikt geriet, wenn es seinen Selbständigkeitstendenzen folgen wollte. So ließe sich verstehen, daß das Kind in der Zeit zwischen 8. und 24. Monat, in der gewöhnlich Selbst-und Objektbilder sich auseinanderdifferenzieren und ein festes, dauerndes Objektbild sich entwickelt, kein sicheres Bild des bergend-nährenden Mutter-Objekts

50. Mittenzwei (1986, 2), 663. — Auch Herzneurotiker können einen Herzinfarkt erleiden, Kulenkampf in: Ditfurth (1965), 86.

51. In einem Gedicht spricht er davon, daß sie ‚dreißig Jahre im Sterben war; (w.a. = Bertolt Brecht: Gesammelte Werke in 20 Bänden. werkausgabe. Ffm 1967), 8, 4; „Brief an einen Freund" 1919.

52. U. 25 ff.; vgl. auch 36 ff.

53. Hierzu Schonecke (1986), 509; Markert (1985), 86, 90, 92.

verinnerlichen konnte; seine Wut, verlassen oder eingeschränkt zu sein, hätte dieses Bild ja immer wieder zerstört — und das hätte zur Panik geführt.[54] Dazu mag beigetragen haben, daß das Kind die Mutter als hilflos erfuhr, bei ihr keine sichernde Geborgenheit finden konnte und keine Begrenzung seiner Allmachtsphantasien, so daß es sich ihre Schwäche durch Identifikation zu eigen machte, und dann, schwach wie es war, noch weniger auf ihren Schutz verzichten konnte. Dies umso mehr, als sie es verwöhnte und dadurch noch unfähiger machte, ohne ihre Liebe zu überleben;[55] frühe Verwöhnung läßt spätere Versagung umso schmerzlicher empfinden, mag sie von der Mutter kommen oder von der weiteren Umwelt.

Um sich vor der Auslieferung an diese bindende und enttäuschende Mutter zu schützen, hatte sich das Kleinkind vermutlich auf sich selbst zurückgezogen, hatte versucht, ihr gegenüber gefühlskalt zu werden und hatte dann seine eigene ‚Kälte‘ auf sie projiziert.[56] So entstand jene Imago der kalten Mutter, die sich als „Kälte“ von Welt und Gesellschaft durch Brechts ganzes Werk zieht.[57] Die Unsicherheit der Mutter mochte von ihrer Krankheit rühren und sich durch die Geburt des jüngeren Bruders verstärkt haben. Da war Berthold aus dem Zentrum ihrer Aufmerksamkeit gefallen, und sie selbst könnte am Jüngsten erfahren haben, daß nicht jedes Kind so schwierig und anspruchsvoll sein muß wie ihr ältestes. So mag sie in den Widerspruch zwischen Zuwendung und Rückzug geraten sein. Damit wäre zu erklären, warum es Brecht nicht gelang, die Imago der schützenden und nährenden Mutter, das Ideal-Objekt, durch Internalisierung zu seinem inneren Besitz zu machen und so sein narzißtisches Gleichgewicht zu sichern.[58]

Sind das noch Vermutungen, so bieten die Kindergarten- und die ersten Schuljahre mehr biographisches Material. Sie zeigen eine Mutter,

54. Mentzos (1985), 21; Vogel (1985), 78 f.

55. Vgl. Bräutigam (1974), 110.

56. Enke und Müller (1966) betonen, daß überbehütende Mütter in der Regel als kühl erlebt werden.

57. Peter v. Matt (1976) hat diese „Kälte“ als erster aus der Sicht der neueren Narzißmustheorien untersucht. Er versteht sie vom Geburtstrauma und allgemeiner vom Individuationsprozeß her, sieht freilich noch nicht, daß sie im frühen Ambivalenzkonflikt vom Subjekt selbst produziert wird.

58. Richter/Beckmann (²1973) und Ammon (1974) sehen in der deshalb drohenden Gefahr der inneren Desintegration, auf die der Anfall antwortet, ein treibendes Moment der Herzneurose.

die sich ihres Kindes in besorgter Liebe annimmt und ihm dabei ungewollt ein Stück Freiheit verweigert. Wie dies vielfach über Mütter von
Angstneurotikern berichtet wird, so hat auch sie ihn wohl als zu klein,
schwach und unselbständig eingeschätzt, ihm stärkere Belastungen
nicht zugetraut, ihn unbegrenzt mit Nahrung und Sicherheit versorgt
und mit dem scheinbar Hilflosen eine gegen die feindliche Umwelt
möglichst abgeschlossene Symbiose errichtet.[59] Die Mutter, so schreibt
der jüngere Bruder, hatte Eugen „geliebt, weil er ihr Sorgenkind war"[60].
Andererseits wurde sie,

> die mit Sorge den Abstand sah, der sich zwischen ihrem älteren Sohn und
> allen anderen vergrößerte, wahrscheinlich auch mit Angst die ihn kenn-
> zeichnende Fremdheit empfand, ihm vielleicht gerade wegen dieses
> Fremdseins zur Zuflucht.[61]

Mit ihrer Sorge hatte sie ihn schon früh an sich gebunden, denn gerade
dadurch, daß er schwierig und kränklich war, gewann er ihre Liebe.
Kaum zu bewältigen war dann die Ablösung von ihr, an deren sichernder Hand das Mutterkind sich in die fremde Welt hinausbegeben hatte,
in Kindergarten, Schule und Sanatorien:

> Ihre ganze Liebe gehörte dem Aigin, dem älteren, immer etwas kränkeln-
> den und ziemlich früh als Außenseiter auffallenden ihrer beiden Söhne.
> Täglich brachte sie ihn zum Kindergarten.[62]
> In den ersten Jahren, als es der Mutter noch möglich war, brachte sie Eu-
> gen zur Schule.[63]

Solange es ihre Krankheit zuließ, kümmerte sie sich um die Schularbei-
ten.[64] Fühlte er sich beim Spielen bedrängt, „lief er schnell ins Haus und
rief nach der Mama."[65] Zu Hause besaß er „ein eigenes Kinderzimmer,
in dem man aber nicht spielen durfte, um die kranke Frau Brecht nicht
zu stören"[66].

Um aus der Gefangenschaft in der frühen Ambivalenz, die sich hier
nochmals verstärkt hatte, loszukommen und die Angst vor eigenen

---

59. Vgl. Roether (1985), 133; Markert (1985), 93.
60. W. Brecht (1984), 34.
61. Ebd. 210.
62. Völker (1978), 11 f.
63. Mittenzwei (1986, 1), 25.
64. Ebd. 28.
65. Ebd. 24.
66. Ebd. 24.

Schritten, vor Autonomie also, zu überwinden, war er vermutlich gezwungen, die „Kälte" des Mutterbildes projektiv weiter zu steigern. Er, den sie ja oft genug Trennungserfahrungen ausgesetzt hatte,[67] die ihn wegen seiner Bindung an sie wohl besonders schmerzten, konnte nun erfahren, daß die Trennung eindeutig von ihr ausging, und hatte jetzt gute Gründe, sich seinerseits von ihr zurückzuziehen. So bildete sich seine depressive Disposition aus.

Zu diesem Prozeß trug wohl auch die Dominanz der Mutter in der Erziehung bei; diese „war ganz ihre Angelegenheit, da der Vater im Geschäft alle Hände voll zu tun hatte".[68] Der Vater fiel wahrscheinlich zumindest teilweise als jene Instanz aus, die es dem Kind erlaubt, von ihr her aus sicherer Entfernung auf die Mutter zu blicken und den Reifungsschritt aus der symbiotischen Mutter-Kind-Dyade hin zur Triangulierung zu vollziehen.[69] Aus Brechts späteren Phantasien läßt sich schließen, daß der frühe Vater ihm den Weg zur Autonomie nicht ebnete und seinem Wunsch nach symbiotischer Ausschließlichkeit zu wenig entgegentrat; so blieb Brecht gefangen zwischen dem Wunsch nach Autonomie und dem nach Verschmelzung und entsprechend zwischen der Angst vor Verlassenheit und der vor Verschlungenwerden. Noch 1921 klagt er: „Immer läßt mich mein Vater im Stich, wenn die Gefahr kommt."[70] In der Ambivalenz von Zuwendung und Ablösung bildete er die Phantasie aus, von mütterlichen und väterlichen Objekten verlassen zu sein.

„Immer läßt mich mein Vater im Stich" — auch das ist nicht frei von Phantasie und keineswegs die ganze Realität von 1921, auch nicht die der zwanzig Jahre davor oder die der Jahre danach. In den allerersten Jahren, das müssen wir aus Brechts späterem Verhalten schließen, war der Vater nicht so gegenwärtig, wie ihn das Kleinkind benötigte. Ihm ging „die Fähigkeit des Zärtlichseins ab"[71], er war „hart gegen sich selbst".[72] Auch war, wie Brechts Bruder bemerkt,

67. Z.B. wurde der Zweijährige bei der Geburt des Bruders zu Verwandten in eine andere Stadt geschickt. Auch mußte ihn die kranke Mutter, wenn sie zur Kur fuhr, zu Hause lassen. Hecht (1978), 14.

68. So eine Cousine Brechts. Frisch/Obermeier (1976), 23.

69. Hartmann (1983), 69 f.; Pietzcker (1982); vgl. Roether (1985), 113.

70. Tb 136; 4. VI. 1921.

71. W. Brecht (1984), 156.

72. Ebd. 157.

seine Haltung zu Mama nicht ohne weiteres zu deuten. Ohne Zweifel war er von Liebe für sie erfüllt. Doch das vom Alltag bestimmte nüchterne Verhalten stand ihm im Weg. Hinzu kam die Scheu, Gefühle zu zeigen, und das Wissen um das zum Aufbrausen neigende Temperament, was ihm Beherrschung und Zurückhaltung abverlangte.[73]

So wird er sich wohl auch seinem kleinen Sohn gegenüber verhalten haben, der sich deshalb auf die Mutter zurückziehen mußte. Später wandte er sich dem Sohn jedoch zu, wohl auch hier ‚nüchtern‘ und voll „Scheu, seine Gefühle zu zeigen". Hier im emotionsfernen Bereich konnte der Heranwachsende sich mit ihm identifizieren und so, einige Entwicklungsstufen über seinem Grundkonflikt, Fähigkeiten zur Selbstbeherrschung, zu Aktivität und Organisation ausbilden: Er nahm in sein Selbst Einlagerungen auf von Vater- und selbstverständlich auch von Mutteranteilen, die dem frühen Konflikt nicht mehr ausgesetzt waren — eine Voraussetzung dafür, daß er dann schreibend mit ihm umgehen konnte.

Der Vater war umgänglich und tolerant, er hatte Sinn für Humor, schmunzelte über die Streiche seiner Buben, obwohl er für ihre Bestrafung eintrat[74]. Er lachte gutmütig, als sich sein kleiner Sohn an seinem Wein betrank,[75] und war immer für einen Scherz zu haben; so brachte er einmal Laubfrösche mit und freute sich, als sie zum Ärger der Mutter in die Suppe sprangen[76]. „Im Hintergrund der Spiele, die unsere Freizeit belebten, stand die freundliche Hilfe des Vaters",[77] schreibt der Bruder, und: „als Eugen älter war, spielte er oft mit ihm Schach."[78] Anders als die meisten deutschen Väter jener Zeit hat er das aufbegehrende Eigenleben seines Sohnes geduldet. Er gestand dem Achtzehnjährigen eine Räuberhöhle unter dem Dach zu und ging letztlich nicht gegen dessen provozierendes öffentliches Auftreten vor. Er förderte den jungen Schriftsteller, ließ das Manuskript des für Seinesgleichen unflätigen „Baal" abtippen und hielt zu seinem Sohn:

> Papa bekam aber dann manches zu hören, als Eugens Gedichte erschienen [...]. Dies zwang Vater eine nach außen hin verbindliche Haltung auf,

73. Ebd. 157.
74. Ebd. 34.
75. Ebd. 63.
76. Ebd. 19 f.
77. Ebd. 102.
78. Ebd. 102.

verursachte jedoch Ungemütlichkeiten bei Tisch. Immer aber verteidigte Papa seinen Sohn in der Öffentlichkeit[79]
In einer politisch gefährlichen, unruhigen Zeit ebnete ihm Vater trotz seiner eigenen ganz und gar bürgerlichen Überzeugung durch seine Beziehungen manche Wege. Er förderte Eugen materiell und hielt dem Sohn stets, wo immer der war, das Haus offen.[80]

Und das sogar, als 1926 Angestellte und Arbeiter der Firma, in der er arbeitete, von der Geschäftsleitung

> unter unflätiger Beschimpfung von Bertolt Brecht und seinem ‚moralisch und sittlich ebenso verkommenen Vater' dessen Entlassung

forderten.[81]

Dieser Vater, der sich eine steile berufliche Karriere erarbeitet hatte und im Betrieb wie in der Nachbarschaft beliebt war und Respekt genoß, lebte seinem Sohn beharrliches Tätigsein und dessen Belohnung vor. Er zeigte deutlich seinen Wunsch nach Autorität,[82] ohne ihn freilich brutal durchzusetzen:

> In Eugens Zimmer [...] der von Papa in der Schrankecke bereitgestellte Meerstock [...]. Doch es ist nie vorgekommen, daß Eugen damit gezüchtigt worden wäre.[83]

Ab 1916 kam es zu Auseinandersetzungen:

> Auftritte, die von Papa und Eugen mit gleicher Heftigkeit bestritten wurden. Bei Papa überwog die Stimmstärke, bei Eugen Trotz und Hohn, der besonders brisant wirkte. Anlaß konnte sein, daß sich Papa aus grundsätzlichen Erwägungen die Despektierlichkeiten verbat, die sich der Sohn seinen Lehrern gegenüber erlaubt hatte [...]. Nicht selten war es Eugen, der den Streit provozierte. [...] Eugen vertrat mit messerscharfer Rhetorik die Interessen der Armen, Verratenen und Unterdrückten und äußerte zunehmend politische Meinungen, die, vor dem Hintergrund des ins Scheitern geratenen Weltkriegs, den Auffassungen des streng national und kompromißlos denkenden Vaters schmerzlich zuwiderliefen.[84]

In solchen Auseinandersetzungen mit einem Vater, der ihm dennoch

---

79. Ebd. 65.
80. Ebd. 161.
81. Ebd. 155.
82. Ebd. 156.
83. Ebd. 55.
84. Ebd. 64.

zugetan war, konnte Brecht lernen, sich angstfrei abzugrenzen, er konnte Konfliktfähigkeit üben. Ganz allgemein konnte Brecht im identifizierenden Umgang mit seinem Vater Härte, Zurückhalten von Gefühlen, Rationalität (des Schachspiels z.B.), Beharrlichkeit, Organisations- und Durchsetzungsfähigkeit als ‚männliche' Eigenschaften ausbilden.

Dieser Vater hat seinem Sohn nicht im ödipalen Konflikt das Kreuz gebrochen. So mußte der ihn auch kaum als ödipale Instanz verinnerlichen; er mußte nicht autoritär werden und kaum gegen Vaterinstanzen ankämpfen. Das hatte wohl weitere Gründe: Da der Vater als triangulierende Instanz versagt hatte, wurden die unbewußten Bilder jener frühen Zeit auch auf den ödipaler Vater übertragen; er wurde nun nicht vorzüglich als ödipaler Gegner erlebt, sondern als einer, der ‚im Stich ließ'. Dementsprechend erfolgte der ödipale Angriff als Abwendung von einem Vater, dem seine Schwäche zum Vorwurf gereicht.[85] Da der Vater seiner Frau seine Gefühle nur schwer zeigen konnte, diese sich also vermutlich emotional vernachlässigt, wenn nicht sogar ‚im Stich gelassen' fühlte, hatte ihr Lieblingssohn den ödipalen Konflikt emotional schon nahezu gewonnen; die unbewußte Gefahr des Inzests lag so nahe, daß er den Kampf um die Mutter, den er beinahe nicht mehr zu führen brauchte, sogar meiden mußte. 1916, als der Achtzehnjährige in die späte Auseinandersetzung mit dem Vater ging, hatte er bereits zwei Jahre lang Gedichte veröffentlicht und wurde ihretwegen, die damals noch gesellschaftskonform waren, vom Vater wie von der Mutter anerkannt.[86] So gestärkt, konnte er auch hier dem Vater selbstbewußt und als ein Sieger gegenübertreten — und das umso mehr, als die politische Kraft für der Vater eintrat und die wiederum ihn stärkte, das so deutlich patriarchalisch strukturierte Kaiserreich, im Weltkrieg seiner Niederlage entgegenschwankte. Nehmen wir hinzu, daß Brecht schon zuvor die Auseinandersetzung um die bürgerlich-christlichen Normen und um gesellschaftliche Integration nicht mit seinem Vater, sondern mit der Mutter hatte austragen müssen,[87] so können wir verstehen, daß er ihn kaum als ödipalen Rivalen bekämpfte, sondern klagte „Immer läßt mich mein Vater im Stich".

*

85. U.S. 31, 39 f.
86. W. Brecht (1984), 218 „In der Familie war man stolz auf Eugen".
87. U.S. 31 ff.

Auf dem *Gang durch das schwer zu entwirrende Szenario der brecht-schen Phantasien und Verhaltensweisen, den ich jetzt antrete,* hoffe ich ihr Entstehen weiter zu erhellen und zugleich vieles zu bestätigen, was bis jetzt Vermutung bleiben mußte. Ich möchte zeigen, daß Brechts früher Konflikt in seinem späteren Verhalten wiederkehrt, daß dieses also auch von ihm her verstanden werden muß. Deshalb werde ich die Phanta-sien, die ich nun aus den Widersprüchen dieses Konfliktes zu begreifen suche, weiteranalysieren, wenn es dann um Brechts Schreiben, um sein politisches Denken, seine Theorie des Epischen Theaters oder um ein-zelne Texte geht.

Die Phantasie, von mütterlichen und väterlichen Objekten *verlassen zu sein,* begegnet im Frühwerk vielfach. In ungewöhnlicher Deutlich-keit tritt sie um 1918/19 hervor:

Als ich im Finstern war
Und das Licht kam nicht bis zu
Mir
Schrie ich laut in der Nacht wie
Ein Tier, das keine Hilfe
Hat
Und das Licht kam nicht zu
Mir.
Seitdem weiß ich, wenn ich im
Finstern bin
Kommt das Licht nicht zu mir.
Aber ich schreie immer, ob es
Gleich nicht kommt
Wie ein Tier, das keine Hilfe
Hat.[88]

An dem „Oratorium" von 1918[89] können wir ablesen, daß Brecht damals solche Verlassenheit im ‚Finstern' selbst aufsuchen und die Mut-ter wegschicken mußte, wollte er sie in seinem Kampf um Selbstbehaup-tung nicht offen angreifen. Wie im „Baal", so betritt auch hier eine Mutter den Raum des Sohnes:

DIE MUTTER *tritt ein verhüllt und wie gestorben, so ernst:* [...] Ich bitte dich, kehr um und tue Buße! Dir werden die Menschen verzeihen, dich

---

88. w.a. Suppl. III, 51 f.
89. Datierung nach Frisch/Obermeier (1976), 177.

wird keiner mehr beugen, wenn du dein Haupt selbst beugst [...] *Strei-*
chelt ihm über das Haar.

ER *fern und fremd, abwehrend*: Dank dir Mutter, daß du gekommen bist,
aber du mußt nun wieder gehen und ich bleibe allein. Ich kenne dich
nicht Weib. Mein(e) Erinnerung verlöscht.

MUTTER: Du lästerst Gott! Bekehre dich!

ER: Du mußt gehen, daß ich dich nicht verfluchen muß; denn meine Gedanken gehen andere Wege, sternhoch [...], schluchtentief [...] ich habe
dein Gesicht vergessen, wie ich den Himmel vergessen habe. Ich muß allein sein. Ich bin nichts mehr. Nichts muß allein sein.

MUTTER *ab*

ER: Nun ist sie doch gegangen und ich habe sie verjagt. Sie ist nicht geblieben, obgleich mein Herz tief innen wünschte, meine Stimme möge
vertrocknen, als ich sie fort jagte. [...]
Es wird Nacht, als die Tür sich hinter der Mutter schließt, als wäre die Helle
von außen hereingekommen.

ER *in der Mitte, völlig unsichtbar, leise*: Herr, nun will ich dir sagen, daß es
nichts auf sich hat mit dir [...] Nun will ich nichts mehr mit dir zu tun
haben [...] Ich will dich nicht sehen, wenn ich untergehe. Deine Gleichgültigkeit würde mich mit Scham erfüllen.[90]

Deutlich ist: Der Sohn schickt gegen den Wunsch seines ‚Herzens‘ die
Mutter weg, um sie vor seiner Wut zu schützen („daß ich dich nicht verfluchen muß“). So stellt er die „Nacht“ selbst her; dann weist er auch
noch den Vater von sich, gerät also durch eigene Tat in „Finsternis“ und
Verlassenheit. Unüberhörbar sind Anklänge an das Christentum. — So
sehr dies eine phantasierte Szene ist, sie läßt sich dennoch auf Brechts
Elternhaus beziehen. Dort vertrat vor allem die Mutter, und nicht der
Vater, dem Sohn gegenüber die christlich vermittelten Normen der Gesellschaft. So erfuhr Brecht in Pubertäts- und Adoleszenskonflikten
abermals an der Mutter seine Verlassenheit und die „wütende Angst,
verlassen, durchschaut, entlarvt, verlassen zu werden"[91]: die Angst, in
seinen verbotenen Wünschen nach Autonomie und in seiner Wut „entlarvt“ zu werden, und die vielleicht nur unbewußte Wut, die Mutter immer noch als bindend zu erfahren. Er war gezwungen, die der Mutter
geltende Wut gegen sich selbst zu wenden, denn er konnte die Mutter
nicht angreifen. Er liebte sie ja, sie saß während seiner Pubertät schon
im Krankenstuhl und: Sie ‚streichelt ihm über das Haar.‘

90. Brecht: Oratorium. In: Frisch/Obermeier (1976), 278-286; dort 279-281.
91. Er diagnostiziert dies scharfsinnig an seiner Geliebten. Tb 118; Mai 1921.

Seine Wut auf diese Mutter gilt auch den Normen der von ihr vertretenen Gesellschaft. Sein literarischer *Angriff gegen wohlanständige Sprache und Religion* ist zumindest unbewußt *Angriff auch gegen die Mutter*.[92] In ihrer Konfession, die sie engagiert vertrat[93], im Protestantismus, wurde er erzogen; ihrem Bereich gehörten Luther, Luthersprache und Bibel an. Wäre er nicht so heftig an die Mutter gebunden gewesen, hätte er auch das Christentum nicht so stark einsaugen müssen. Der Versuch, ihr narzißtisch und inzestuös nahe zu sein, trieb ihn ins Christentum. Der Versuch, sie fernzuhalten, entfernte ihn von ihm. Auch hier stand er in der inneren Spannung zwischen Zuwendung und Zurückweisung. Im „Oratorium" bestätigt er sogar noch im Zurückweisen von Mutter und Religion seine Bindung an beide: „Ich kenne dich nicht Weib" — großartig erhebt ER sich zur Autonomie, jedoch in der Nachfolge Christi.[94]

Das Kirchenlied „So nimm denn meine Hände" von Julie Hausmann, ein Toten- und Hochzeitslied, das Lieblingslied seiner Mutter,[95] läßt ahnen, wie innig für ihn Christentum und Herzneurose sich durchdrangen:

> So nimm denn meine Hände
> Und führe mich
> Bis an mein selig Ende
> Und ewiglich.
> Ich mag allein nicht gehen,
> Nicht einen Schritt;
> Wo du wirst gehn und stehen,
> Da nimm mich mit.

Die geliebte Mutter sang ihm als gebotene religiöse Haltung vor, was sie ihm ihr gegenüber lange genug aufgezwungen hatte: liebevoll freiwillige Unterwerfung unter die Symbiose, wie damals, als er an ihrer Hand in den Kindergarten gegangen war, ja weiter zurück: als sie dem Klein-

92. Der Bruder schreibt von ihrer „Abneigung gegen alles Harte, Derbe, Brutale" W. Brecht (1984), 195.

93. „Das kirchlich-religiöse Engagement von Brechts Mutter ist ablesbar auch an der Tatsache, daß es ihr gelang, sich mit ihrem katholischen Ehemann [...] protestantisch trauen zu lassen [...]. Diese Praxis ist [...] kirchenrechtlich als Ausnahmefall zu betrachten [...]. Vgl. [...] auch, daß Brecht ‚auf Wunsch der Mutter‘ in die evangelische Barfüßer-Schule gegeben wird". Rohse (1983), 456 f.

94. Joh. 2, 4; Christus zu Maria.

95. W. Brecht (1984), 349.

kind, das nicht selbständig gehen konnte, beide „Hände" reichte, nicht nur wie später die eine. Diese Passivität und Hilflosigkeit sollte „ewiglich" dauern. Unfähig und unwillig zur Autonomie sollte er sein und stets abhängig. Beim Anhören solch liebevollen Zwangs mußte das Herz dessen rebellieren, der, gebunden wie er war, eben doch eigenen Gang und eigene Lust begehrte. Dem Kinde freilich konnte geholfen werden:

> In dein Erbarmen hülle
> Mein schwaches Herz
> Und mach es gänzlich stille
> In Freud und Schmerz.
> Laß ruhn zu deinen Füßen
> Dein armes Kind;
> Es will die Augen schließen
> Und glauben blind.

Diese Religion sollte auch noch mütterlich-bergend das Herz beruhigen, das sich angesichts ihres liebeheischenden Zwangs beschleunigte. Infantil sollte der Leidende bleiben, arm, gläubig, blind, in der Symbiose gefangen. So sang es die Mutter. Nur zu verständlich, daß der Sohn, als er sich aus solch symbiotischem Zwang zu befreien suchte, auf den neugierigen Blick und das Wissen setzte. Kein Wunder auch, daß er noch lange, wenn er den Konflikt zwischen Unterdrückung und Befreiung gestaltet, den Christengott oder andere Götter ins Spiel bringen wird. Zu deutlich war ihm die ideologische Rechtfertigung jenes symbiotischen Zwangs, der zum „Herzkrampf" führt und ihn zugleich heilen soll, als Religion begegnet.

Der Angriff auf diese Mutter, die mit Religiosität und Anstand arbeitet, begegnet in Brechts Frühwerk allenthalben. Den Angriff auf ihre Sprache führt er gelegentlich sogar recht bewußtseinsnah. So schreibt er 1918 von der „Wäsche", die

> Zum Trocknen aufgehängt ist und pißt./ Meine Mutter sagt jeden Tag: Es ist ein Jammer/ Wenn ein erwachsener Mensch so ist/ Und so etwas sagt [...] So etwas nimmt man nicht in den Mund [...] Aber dann weint sie natürlich [...] Und ich brächte sie noch unter die Erde/ Und der Tag werde noch kommen, wo ich sie werde mit den Nägeln auskratzen wollen. [...]. Da kannst du nur weggehen und deine Erbitterung niederschlucken/ [...] und rauchen, bis du wieder auf der Höhe bist.[96]

96. „Auslassungen eines Märtyrers". w.a. 8,37; vgl. Hartmann (1983), 40.

Dem Angriff auf die Mutter folgen das Weggehen, die Wendung der Aggressivität gegen das Subjekt und der Rückzug auf die Zigarre. In dieser Szene wird der Kampf untergründig um sexuelle Unabhängigkeit geführt. „Pissen" ist bei Brecht mit dem Sexualakt assoziiert.[97] Die Auseinandersetzung gilt — unbewußt — der Onanie.

Nicht nur hier *geht der Kampf mit der Mutter auch um sexuelle Unabhängigkeit.* Aus seinen Onaniegedichten der frühen zwanziger Jahre können wir trotz Verschiebung und ironischer Brechung schließen, daß es die Mutter war, die seine Onanie bekämpfte:

> [...] dem hat seine Mutter nicht die Hände auf die Bettdecke binden müssen
> [...]
> Ich habe bei zwei Kerzenlichtern zu Gott gesprochen
> Es hat nichts geholfen, ich habe es nicht gehalten
> Nachts war eben wieder alles beim alten
> Meine Mutter hat es am Nachthemd gerochen.
> [...]
> So einer ist dann verfallen mit Haut und Haaren
> Er kann machen, was er will, er ist eben verloren
> Er ist einfach verdammt schon mit vierzehn Jahren.[98]

Die von der Mutter im Namen des Christentums bekämpfte Onanie führt zu Schuldgefühlen, zur Verdammnis. Doch auch vor ihr soll das Christentum retten:

> Meine Mutter sagte: Die Einfältigen liebt der Herr, Kind
> Und legte mir die Bibel immer auf den Tisch
> Ich habe drin gelesen, bis mir die Augen zugefallen sind
> Dann war ich am anderen Morgen auch frisch.
> Ich war immer gern lang auf dem Abort
> Und meine Mutter schämte sich vor anderen Leuten dessen
> [...]
> Jetzt liegt meine Mutter unter der Erde
> Ich höre sie noch, wie sie meinen Konfirmationsspruch spricht:
> Es ist ein köstlich Ding, daß das Herz fest werde.[99]

97. Als Marianne Zoff Mai 1921 ein von ihm gezeugtes Kind verloren hatte, notiert er narzißtisch gekränkt „So entlädt sich die schwangere Hure! Und diesen gesprungenen Topf, in den die Abflüsse aller Männer rinselten, habe ich in meine Stuben stellen wollen!", einen Pisspott also. Tb 118.

98. „Die Bekenntnisse eines Erstkommunikanten". w.a. Suppl. III,148 f.; um 1920-1923.

99. „Die Bibel"; ebd. 104; 1920, also im Todesjahr der Mutter!

Gegen die Onanie bietet die Mutter die Bibel und den Konfirmationsspruch auf „Es ist ein köstlich Ding, daß das Herz fest werde"[100]: fest gegen ‚fremde Lehren', gegen die Versuchung zur Onanie und wohl auch gegen den Anfall. Dies war tatsächlich Brechts Konfirmationsspruch[101]. Vermutlich hatte die Mutter ihn ausgesucht[102]. Zielte sie mit ihm auch auf seinen „Herzschock"? Bibel, Mutter, Konfirmation, Herz, Herzanfall und Onanie stehen für Brecht in engem Zusammenhang. Erinnern wir uns, daß er seinen Herzschaden in Verbindung mit der Musik bringt, die er in der Barfüßerkirche — dort wurde er konfirmiert — gehört hatte[103], nehmen wir hinzu, daß er nach einem Herzanfall schreibt, „Wedekind"[104], der „Erbauungsschriftsteller" sei „besser als die Konfirmation"[105], und vergessen wir nicht, daß die Onaniegedichte sich auf das vierzehnte Lebensjahr und die Konfirmation beziehen, so kann all dies uns zu dem Schluß berechtigen, daß es zum ersten Herzanfall im Umfeld der Konfirmation (März 1912) kam. Brecht selbst gibt das dreizehnte Lebensjahr an,[106] also 1910/11; die assoziative Verknüpfung mit der Konfirmation spricht eher für 1911.[107] Durch Konfirmation und Konfirmationsunterricht, den er eifrig besuchte, durch „Erbauung" also, hat er sich dann wohl gegen seine Ängste zu stabilisieren bemüht und hierbei die Unterstützung seiner Mutter gefunden. Doch das mußte den Konflikt weiter und zum nächsten Anfall treiben. Denn Berthold Eugen suchte unter dem Triebdruck der Pubertät onanierend eigene Lust zu gewinnen und sein in inneren Spannungen gefährdetes Ich unabhängig von der Mutter zu integrieren: Er such-

100. Hebr. 13,9: „Lasset euch nicht mit mancherlei und fremden Lehren umtreiben, denn es ist ein köstlich Ding, daß das Herz fest werde, welches geschieht durch Gnade, nicht durch Speisen, davon keinen Nutzen haben, die damit umgehen."
101. Das bestätigte mir Pfarrer Horst Jesse, Augsburg.
102. „Ist überdies anzunehmen, daß die Wahl dieses biblischen Erbauungs- und Warnspruchs [...] möglicherweise gar in Absprache mit der religiös und kirchlich engagierten Mutter Brechts [...] vorgenommen wurde?"; Rohse (1983), 51.
103. O.S. 14.
104. Das Motiv der Onanie ist für Brecht ziemlich sicher mit Wedekind assoziiert: In „Frühlingserwachen" findet sich eine Onanieszene (II, 3).
105. O.S. 19.
106. O.S. 13.
107. Auch Hartmann setzt den ersten Anfall in das Schuljahr 1911/12. Hartmann (1983), 36.

te Autonomie.[108] Dem wirkten Mutter und Christentum jedoch entgegen. Die Mutter schnüffelte ihm wohl nach, verurteilte mit christlichem Vokabular im Munde die Onanie, arbeitete mit moralischer Erpressung und machte ihn für ihren baldigen Tod verantwortlich („Und ich brächte sie noch unter die Erde"). So wurden seine frühen Konflikte weiter verstärkt, Schuldgefühle, Anpassung, Aggression und Triebdruck wuchsen: Die Spannung, die nicht bewußt zu lösen war, führte zum Anfall.

In der Auseinandersetzung um das Wort „Pissen" wiederholen sich hier in der Pubertät sehr wahrscheinlich viel frühere Szenen, in denen die ängstliche, aber dominierende Mutter versucht hatte, ihr Kind symbiotisch an sich zu binden. Dies wird auch von anderen Herzneurotikern berichtet. Deren Mütter drohen z.B.

> ,Du bist schuld, wenn mein Herz bald überhaupt nicht mehr schlagen wird!' Derartige Drohungen [...] schwächen [...] den Aufbau eines stabilen Selbstsicherheits- und Selbstwertgefühls im Kinde. Solche Kinder lernen, sich sofort schuldig zu fühlen, wenn sie ihren eigenen Bedürfnissen nachgehen und allmählich ausprobieren wollen, ob sie nicht auch ohne die kontinuierliche Fernlenkung durch die mütterlichen Wünsche und Erwartungen leben können.[109]

Die besorgte Mutter des künftigen Herzneurotikers nimmt ihr Kind an die Hand, läßt es nicht selbständig werden, verbietet ihm Vergnügungen, die ihrem strengen Normensystem zuwiderlaufen, macht es verantwortlich für ihre Leiden und ihre Rettung und erpreßt es moralisch. Das Kind seinerseits ist abhängig von der Mutter: Es flieht zu ihr, sucht sich ihren Anforderungen zu unterwerfen und sie zu retten, andererseits aber ihr zu entkommen und sie anzugreifen; und es läßt sich erpressen.[110] All diese Momente finden sich auch bei Brecht; sie ziehen sich zumindest durch die ersten drei Jahrzehnte seines Lebens. Wir begegnen ihnen ebenso in dem Schmutz, mit dem der Knabe seine sauberkeitsbedachte Mutter provozierte und dauernd mit sich beschäftigte,[111]

---

108. „Ich will meine Potenz für mich haben, selbständig werden und nicht bloß Stück der Mutter" sein. Das ist nach Fürstenau u.a. (1964) eine Phantasie, die zum Ausbruch des Anfalls führen kann (S. 185). Dort wird auch betont: „in der Entfaltung gestörte Regungen können Anfälle auslösen" (S. 179), also auch sexuelle Regungen!

109. Richter/Beckmann (1972), 37.

110. Sehr gut ist das zu studieren an Marie Cardinal (1979).

111. W. Brecht (1984), 210. Der Kampf um den Schmutz zieht sich als Kampf um Autonomie durch Brechts ganzes Leben. Schon als er 1916 wegen seiner Herzanfälle das

(und noch der Erwachsene legte Wert auf Schmutz und Gestank) wie in der Entscheidung für das Medizinstudium, die er traf, um die Mutter zu retten, oder in seinen Dichtungen, wo er z.B. seinem Baal eine Mutter beigab, die ihm normbewußt jammernd alle Vergnügungen auszutreiben sich müht, besonders die sexuellen.

In der Auseinandersetzung um das Wort „Pissen" wiederholen sich Szenen auch aus der Zeit zwischen dem frühen symbiotischen und dem späten pubertären Konflikt. Wir können sie aus dem provozierenden Verhalten des Pubertierenden erschließen, das der Schreibende 1918, also etwa sechs Jahre später, abermals provozierend vorführt. Bewußt sagt der Pubertierende hier ‚Die Wäsche „pißt"', also das, was seine Mutter so sehr schockiert, daß sie sich angeekelt beklagt. Dies ist ein phallisch-narzißtisches Verhalten.[113] Es bildet sich nach Wilhelm Reich[114] beim Knaben, wenn er, der von der Mutter bisher bewundert und verwöhnt worden war, sich ihr in der phallisch-ödipalen Phase voll Stolz exhibitionistisch nähert und weiter bewundert werden will. Die Mutter, die sich dann entsetzt oder entrüstet abwendet, stürzt ihn in Gefühle der Nichtigkeit (vgl. „Da kannst du nur weggehen und deine Erbitterung niederschlucken"); er aber sucht sich phallisch zu stabilisieren (vgl. „und rauchen bis du wieder auf der Höhe bist"). Auf Niederlagen antwortet der phallische Narziß nun womöglich ein Leben lang mit phallischem Angriff; von Gefühlen der Wehrlosigkeit getrieben und sie überspielend begibt er sich aktiv und provozierend in Gefahr, um sich so seine Potenz zu beweisen; noch als Mann besteigt er z.B. die höchsten und gefährlichsten Berge und demonstriert: Ich überlebe.

An dem Gedicht über das „Pissen" haben wir also mindestens vier Zeitstufen zu unterscheiden: den symbiotischen Konflikt von 1898/99 an, den phallisch-narzißtischen von etwa 1902, den pubertären von etwa 1912 und die provozierende phallisch-narzißtische Darstellung von

Zimmer hüten mußte, notiert er: „Kinder […]. Von denen weiß ich was, denn ich habe sie gern und erzähle ihnen gern. Sie kommen oft herauf zu mir. Meine Mutter zankt über den Lärm und den Schmutz, aber ich bitte sie immer wieder zu kommen". Brecht (1986), 1134. Zur Phantasie von der Verführungskraft des schmutzigen Mannes — „sein Kragen war auch am Sonntag nicht rein" — vgl. w.a. 2, 424.

113. Zu Brechts phallischem Narzißmus Pietzcker (1974), 230 ff.; dort auch zu dessen Zusammenhang mit Brechts homoerotischer Disposition. Zum Verhältnis von phallischem Narzißmus und Herzneurose o.S. 13.

114. Reich (1933), 226-233.

1918. Die vorangegangenen Konflikte kehren in den späteren wieder. Diese zeitliche Schichtung haben wir zu beachten, wollen wir Brechts Herzneurose verstehen und seinen schreibenden Umgang mit ihr. — Doch nun zurück zum „Oratorium" von 1918.

Die eben beleuchtete *Aggression auf die frühe Mutter* und ihre Nachfolger *führt zu Trennungsangst, vor der sich der Herzneurotiker in den Anfall rettet. Wollte Brecht diese Mutter nicht angreifen,* sich aber auch nicht dem nächsten Anfall ausliefern, so *mußte er sie* spätestens in der Pubertät *von sich weisen,* auch innerlich. Er mußte, wie er das im „Oratorium" darstellt und in vielen Liebesgedichten wiederholt, ihr „Gesicht vergessen", die Einsamkeit aufsuchen und ein „Nichts" werden, ein gefühlsleeres Ich. So stellte er dann wider Willen die „Nacht" und die „Finsternis" selbst her und vereinsamte. An die Stelle von Wut und Trennungsangst trat die versteckte Klage über erlittene Einsamkeit.

In solcher Einsamkeit überfielen ihn aber auch seine Anfälle. Er suchte vorher nicht die Nähe z.B. Bies,[115] sowenig wie Baal die seiner Mutter[116]. Zu groß war wohl sein Mißtrauen: die Angst vor der Anziehungskraft des Objekts und die Scham, sich ihm in seiner Ohnmacht zu zeigen. Zu deutlich spürte er wohl auch: ‚Ich muß da alleine durch, mir selbst helfen, sonst werde ich noch abhängiger!' Der Achtzehnjährige notiert, als er wegen seiner „Herzkrämpfe" das Zimmer hüten muß:

> Man wird stark, wenn man einsam ist und das beste Verhältnis zu den Menschen ist: weit weg. — Wenn man 5 Jahre einsam ist, kann man nimmer reden und wird krank. Jetzt bin ich an die 4 Jahre allein.[117]

Seine ‚Stärke' schlägt ihm in Schwäche um.

Mit dem Gedicht „Meines Bruders Tod" von 1920, dem Todesjahr der Mutter, das sich wie die verschobene Darstellung eines Herzanfalls liest,[118] gibt er zu erkennen, daß solche Einsamkeit dem Schutz vor dem Gefühl der anderen und so vor dem eigenen dient. Würde es angesprochen, begänne der Konflikt ja von neuem. Gerade während des Anfalls ist unmittelbare Nähe nicht zu ertragen, sie macht ‚eng': Angst.

115. O.S. 8.
116. O.S. 9.
117. Brecht (1986), 1133.
118. Verschiebung vom Herzanfall zum „Rausch", vom Ich zum „Bruder" und von der Innen- zur Außenperspektive. „Die Kehle war zu eng" erinnert an die Atembeschwerden des Herzneurotikers. (Schonecke (1986), 505) und „sammelte sich sich selbst in einem Blick" an die Wahrnehmungsverengung im Anfall.

Meines Bruders Tod

Im Rausch geschmissen auf die kalten Steine
So bog mein Bruder seinen Hals zurück
Und er verbat sich zitternd alles Weinen
Und sammelte sich selbst in einen Blick.

Er sah uns nicht. Ihn blendete das Helle.
Er sagte nichts. Die Kehle war zu eng.
Er langte an die Brust an jene Stelle
Wo er ein Herz hat, und er sagte streng:

Geht fort und schämt euch! Und es ward sehr stille.
Die Steine sind's, sagt er, die m i r gehören!
Und keiner weint, ihr, denn es ist mein Wille.
Da wagte keiner mehr von uns, ihn noch zu stören. [...][119]

Aktiv hergestellte Einsamkeit und hinter forcierter Negation („Und keiner weint") hervorschluchzende Klage, so verbirgt sich hier die Trennungsangst und äußert sich dennoch. Auch die Aggression, die ihr vorausging, bleibt nicht gänzlich verborgen: „Geht fort".

Ein Angriff war es ebenfalls, wenn Brecht sich damals mit seiner Einsamkeit schreibend auch von Vaterrepräsentanzen zurückzog, die gleichgültig blieben und nicht halfen. Den christlichen Vatergott z.B. greift er im „Oratorium" durch narzißtischen Rückzug an, nicht in ödipaler Attacke: weil er einen Vater nicht ertragen kann, der ihm die sichernde Triangulierung versagt und ihn den zerreißenden Widersprüchen seines Verhaltens zur Mutter-Imago ausliefert, nicht aber weil er mit dem Rivalen um die Mutter kämpft. Er ist narzißtisch gekränkt, „beleidigt" und schämt sich, daß er sich abhängig machte von einer Instanz, die ihm die Rettung versagt.

    Der Beleidigte

Gewiß: ich bin sofort heimgegangen.
Er hatte mich den ganzen Tag durch seinen blassen Himmel beleidigt.
Aber am Abend war das Maß seiner Vergehen voll. Ich ging heim. [...]
Ich habe eingesehen. Man liebt mich nicht. Ich kann wie ein Hund verrecken, sie trinken Kaffee. Ich bin überflüssig hinter meinen Gardinen.
[...]

---

119. w.a. 8, 87 f.; zu den ‚Steinen' o.S. 19; u. S. 105 der ‚harte Kirchenplatz'.

Die Wolken winken ab, das himmlische Konzert findet unter Ausschluß
meiner Persönlichkeit statt. [...]
Meine Mutter ist seit gestern abend tot [...]
Ich habe einen etwas beschleunigten Puls [...][120]

Herr, nun will ich dir sagen, daß es nichts auf sich hat mit dir. [...] Ich
will dich nicht sehen, wenn ich untergehe. Deine Gleichgültigkeit würde
mich mit Scham erfüllen.[121]

„Geht fort und schämt euch!" — in seiner Not erwartet er mitfühlende
Rettung; doch geängstigt verlangt er schamvollen Rückzug und erfährt
den, der hätte helfen sollen, als schamlos:

„Meine Mutter ist gestorben am 1. Mai. Der Frühling
Erhob sich. Schamlos grinste der Himmel."[122]

Dem Himmel schiebt er ein Stück der eigenen Aggression zu, aber auch
der eigenen Sehnsucht nach Verschmelzung und Leben. Das gilt sogar
im Herzanfall: „Noch flattert mein Herz. Noch bieten sich Himmel /
Mit großer Gebärde dem Absteigenden dar."[123] Doch solche Verlockung zur Nähe weist er narzißtisch gekränkt zurück: „Ich will dich
nicht sehen, wenn ich untergehe". Diese schamgetriebene aggressive
Abwendung von der Vater-Instanz begegnet in Brechts Texten als Zerstörung von tradierten Werten und Mustern der Weltdeutung: „Die
Himmel hören die Schreie der Ertrinkenden nicht."[124]

*

Wie die „Finsternis", so sollte auch die „Kälte", die ja oft mit ihr zusammen erscheint,[125] vor der eigenen Aggression schützen: ‚Ist das Objekt kalt und gleichgültig, so fühle ich mich nicht abhängig von ihm und
werde in meinem Autonomiebedürfnis nicht behindert; so muß ich
auch nicht aggressiv werden.' Deshalb stellte Brecht die „Kälte" aktiv
her („Und er verbat sich zitternd alles Weinen"; „es ist mein Wille"),

120. Tb 196; 2.V. 1920. Am 1.V. war Brechts Mutter gestorben.
121. O.S. 31.
122. w.a. Suppl. III, 65 („Tod meiner Mutter"); Mai 1920.
123. w.a. Suppl. III, 65; Mai 1920.
124. w.a. 8, 100; „Psalm"; 1921.
125. Z.B. „Bedenkt das Dunkel und die große Kälte" (w.a. 2, 486) und „Ich [...] bin
aus den schwarzen Wäldern [...] Und die Kälte der Wälder" (w.a. 8, 261).

zerstörte ‚wärmende' Zusammenhänge und zog sich angesichts des nun
‚kalten' Objekts auf die sichernde Position seiner Vereinzelung zurück:
„Der warme Wind bemüht sich noch um Zusammenhänge [...] Ich
komme sehr vereinzelt vor"[126]. Auch vor der gefährlich lockenden
Wärme des Objekts soll eigene „Kälte" also schützen:

> Marianne[...] heiratet jetzt mich[...]. Aber wenn ich mich in die Schale
> zurückziehe (und Eisluft abfließt), fällt sie um und hat blaue Hände, kann
> nicht mehr heran.[127]

Solche „Kälte" sicherte ihn davor, sich mit der Mutter zu identifizieren
und von ihr, die ja wirklich krank lag, mit in den Untergang gerissen zu
werden. Und sie schützte vor Schuldgefühlen, wenn er „vor Mutterzäh-
ren troff"[128], weil er sie im Stich gelassen hatte.[129] Hatte er die Position
der „Kälte" einmal erreicht, so konnte er halbverborgen über diese
„Kälte" klagen: „Wenn ihr ein Schiff vollstopft mit Menschenleibern,
daß es birst, es wird eine solche Einsamkeit in ihm sein, daß sie alle ge-
frieren."[130]

Zwar ist die „Kälte" des Objekts zunächst die nach außen projizierte
„Kälte" des Subjekts, in die dieses sich zuvor schon geflüchtet hatte.[131]
Doch umgekehrt läßt auch die „Kälte" des Objekts das von ihm abhän-
gige Subjekt „kalt" werden: Es erfährt an ihr seine eigene Sehnsucht
nach Wärme und rettet sich vor deren Gefahren weiter in eigene
„Kälte". Das zeigt eine Tagebuchnotiz von 1920, einen Tag nach dem
Tod der Mutter.

> Ich bin, mit offenem Hemd auf der Brust, ohne Gebete im Gaumen,
> preisgegeben dem Stern Erde, der in einem System, das ich nie gebilligt
> habe, im kalten Raum umgeht.
> Meine Mutter ist seit gestern abend tot [...]
> Ich habe einen etwas beschleunigten Puls, sehe noch klar, kann gehen, ha-
> be zu Abend [gegessen.][132]

126. „Erster Psalm", w.a. 8, 241; um 1920-1921.
127. Tb 79; 27.II. 1921.
128. w.a. 8,22 f. „Prototyp eines Bösen"; um 1918-1920.
129. W. Brecht (1984), 262: „Wenn wir nachts vom Theater, Konzert oder vom Bei-
sammensein mit Freunden heimkamen, brannte in ihrem Zimmer noch Licht. Dann
wußten wir, daß sie seit Stunden wach lag. Wir machten uns schweigend den Vorwurf,
die Mutter im Stich gelassen zu haben."
130. Shlink in „Im Dickicht der Städte"; w.a. 1, 187.
131. Vgl. o. S. 24.
132. Tb 196; 2. V. 1920.

Der Tod der Mutter belebt den unbewußten Konflikt; die aktuelle wirkliche Verlassenheit weckt die frühe Sehnsucht nach Nähe, die Erfahrung der Ohnmacht und das Phantasma vom kalten Objekt. Dieses weitet sich ins Kosmische und erscheint als ‚kalter Raum'. Im beschleunigten Puls kündigt sich nun der „Herzkrampf" an.[133] Doch Brecht bändigt seine Erregung, wird angesichts des ‚kalten Raums' selbst kalt: ‚sieht klar', geht essen und distanziert dies alles, indem er es niederschreibt.

Solch eigene „Kälte" gewährt jedoch keine sichere Zuflucht. Sie liefert den an das frühe Objekt Gebundenen erneut seinem Ambivalenzkonflikt aus. Dies gibt das am selben Tag entstandene „Lied von meiner Mutter" zu erkennen:

> 2. Zwanzig Winter hatten sie bedroht, ihre Leiden waren Legion, der Tod schämte sich vor ihr. Dann starb sie, und man fand einen Kinderleib. [...]
> 6. Oh, warum sagen wir das Wichtige nicht, es wäre so leicht und wir werden verdammt darum. Leichte Worte waren es, dicht hinter den Zähnen, waren herausgefallen beim Lachen, und wir ersticken daran in unserem Halse.
> 7. Jetzt ist meine Mutter gestorben, gestern, auf den Abend, am 1. Mai! Man kann sie mit den Fingernägeln nicht mehr auskratzen![134]

Der Tod, den er ihr unbewußt gewünscht, und mit dem sie ihn moralisch erpresst hatte, nun ist er eingetroffen; doch seine „Kälte" hatte „das Wichtige", die gefährlichen Worte der Liebe, zurückgehalten. So fühlt er sich doppelt schuldig; die innere Spannung wächst. Auch eigene „Kälte" schützt also nicht; sie ist ein vergeblicher Versuch, „kein Herz" zu haben:[135] Sie findet sich nun „*in* seinem Herzen", das Herz aber bleibt. So ist er im Zirkel gefangen:

> Immer wieder bricht es aus: die Anarchie in der Brust, der Krampf. Der Ekel und die Verzweiflung. Das ist die Kälte, die man in seinem Herzen findet. Man lacht, man verachtet das, aber es sitzt im Lachen selbst, und es nährt die Verachtung.[136]

133. Zu diesem Ablauf vgl. „Ich komme sehr vereinzelt vor. [...] Wir fahren mit großer Geschwindigkeit auf ein Gestirn in der Milchstraße zu. Es ist eine große Ruhe im Gesicht der Erde. Mein Herz geht zu schnell. Sonst ist alles in Ordnung." „Erster Psalm", 1920/21; w.a. 8, 241.
134. w.a. 8, 79, vgl. o.S. 9, 33.
135. Vgl. „Du hast kein Herz, Johnny" w.a. 8, 327; u.S. 51.
136. Tb 178; 9.XII. 1921.

Selbst die „Kälte" also, „die man in seinem Herzen findet", treibt zum „Krampf" dieses Herzens. Dort führt der Herzneurotiker dann unbewußt die Auseinandersetzung mit der frühen Mutter, mag die wirkliche auch längst gestorben sein:

> Das gesunde Herz erscheint wie die gute, fütternde Mutter, wenn es den Körper mit Blut und Kraft versorgt. Aber man wird von ihm bestraft, wenn man böse zu ihm ist. So wie die Mutter verlangt, daß man sich ihr unterwirft, so darf man auch das Herz nicht herausfordern, etwa durch zu wenig Schlaf, Genußgifte und dergleichen. Die ungleichmäßigen Schläge bei arrhythmischer Aktion, die verlängerten Pausen bei einer Extrasystolie erscheinen wie die Androhung des Liebesentzugs seitens der Mutter. So wird das Herz zu einer Art von Partner, von dem man zwar tyrannisiert wird, ohne dessen Schutz man indessen vollkommen wehrlos wäre.[137]

Brechts jagendes Herz repräsentiert das frühe Objekt, das böse wurde,[138] auch weil er es durch Wachbleiben und Rauchen ‚herausgefordert' hatte. Da er es in sich trägt, attackiert er jedoch an ihm sich selbst. Die vielleicht extremste Ausformung solchen Angriffs auf die vom eigenen Herzen repräsentierte böse Mutter, und so gegen sich selbst, ist wohl sein Wunsch, nach seinem Tod möge man ihm die Herzschlagader öffnen.[139]; oder drastischer: „He asked for a stiletto to be put through his heart as soon as the doctors were shure he was dead"[139b]. Hier greift er wahrscheinlich unbewußt das Bild einer bösen Mutter an, die ihn überleben könnte: Wenn er schon sterben muß, möchte er diese Mutter wenigstens mit in den Untergang reißen. Es ist ein Angriff wohl auch auf jene böse Mutter-Imago, in deren Umarmung er nach einem Scheintod in der Finsternis des Sarges ohnmächtig zu erwachen fürchtet.

Die „Kälte" des verinnerlichten bösen Objekts, „die man in seinem Herzen findet", ist die eigene; dem bösen ‚kalten' Objektbild entspricht deshalb das böse ‚kalte' Selbstbild. Vor beiden ekelt sich Brecht, vor der frühen Mutter-Imago und vor sich selbst: vor seiner „Kälte" und vor seinen Versuchen, sich durch kaltlachende Verachtung aus ihr zu retten. So ist sein „Lachen", bei dem die ‚leichten Worte' der Liebe kaum wahr-

---

137. Richter/Beckmann (1972), 95; vgl. Richter in Ditfurth (1966), 85.
138. Vgl. Richter (1986) 222.
139. Mittenzwei (1986, 2), 664.
139b. Hayman (1983), 388.

43

nehmbar herausfallen, gebrochen; beinahe wie im „Herzkrampf" ‚erstickt er daran in seinem Halse'.

*

Der „Ekel" vor bösen Selbst- und Objektbildern kommt Schuldgefühlen entgegen, die wegen der Todeswünsche entstanden, die sich gegen das Objekt richten, und Schuldgefühlen wegen der Wünsche nach Autonomie und sexueller Lust.[140] Er befriedigt das Über-Ich und führt zu dem *Wunsch, Selbst wie Objekt mögen untergehen*; nach innen und nach außen gerichtete aggressive Tendenzen verschmelzen. „Ich habe die Liebe zu den Untergehenden und die Lust an ihrem Untergang."[141]

Da im Szenarium ambivalenter Objektbeziehungen böse Bilder immer wieder auch hinter den guten aufzutauchen drohen, wünscht Brecht, daß auch das vergeht, was er mit „Vergnügen" sieht, Häuser, Frauen oder seine eigenen Gedanken.

> Nach Genuß von etwas schwarzem Kaffee erscheinen auch die Eisenzementbauten in besserem Licht. Ich habe mit Erschrecken gesehen [...], daß diese Wolkenkratzer auch in dem Erdbeben von San Franzisko stehenblieben, aber im Grund halte ich sie doch nach einigem Nachdenken für vergänglicher als etwa Bauernhütten; die standen tausend Jahre lang, denn sie waren auswechselbar, verbrauchten sich rasch und wuchsen also wieder auf ohne Aufhebens. Es ist gut, daß mir dieser Gedanke zu Hilfe kam; denn ich betrachte diese langen und ruhmvollen Häuser mit großem Vergnügen. [...] Ich freue mich, daß in den Varietés die Tanzmädchen immer gleichförmig aufgemacht werden. Es ist angenehm, daß es viele sind und daß man sie auswechseln kann. Ich habe kein Bedürfnis danach, daß ein Gedanke von mir bleibt. Ich möchte aber, daß alles aufgegessen wird, umgesetzt, aufgebraucht.[142]

Die „langen und ruhmvollen Häuser", die er „mit großem Vergnügen"

---

140. Sie begegnen 1920, wenn auch ironisch gebrochen, in kaum verdecktem Zusammenhang mit dem Herzanfall: „1. Nachts erwache ich schweißgebadet am Husten, der mir den Hals einschnürt. Meine Kammer ist zu eng. Sie ist voll von Erzengeln. 2. Ich weiß: ich habe zuviel geliebt. Ich habe zuviel Leiber gefüllt [...]. Ich soll ausgerottet werden." „Vision in Weiß" w.a. 8,76. Hier läßt sich ein weiteres Mal der Zusammenhang zwischen Brechts christlicher Sozialisation und seinen Anfällen studieren.

141. Tb 195; um 1920.

142. Tb 205; 1925; vgl. Tb 193.

betrachtet, ‚gute‘ Objekte also, müssen vergehen, damit dies Vergnügen nicht verdorben wird, wenn sie in ‚böse‘ umschlagen. Das gilt für „Bauernhütten“ und Frauen ebenso: Sie sind „angenehm“, wenn sie auswechselbar, als einzelne also vergänglich sind. So ist er der Ambivalenz von Anziehung, Abstoßung und Haß weniger ausgesetzt, die bei einem Anwachsen der Gefühle droht. Auch seine eigenen Gedanken, die er ja hoch einschätzt, wünscht er „aufgegessen“, vergänglich. Städte, Frauen und eigene Gedanken[143] müssen vergehen oder „kalt“ betrachtet und verlassen werden, sofern sie im Schema der frühen Objektbeziehung das gute Objekt- oder Selbstbild annehmen:

Komm mit mir nach Georgia

1

Sieh diese Stadt und sieh: sie ist alt
Erinnere dich, wie lieblich sie war!
Jetzt betrachte sie nicht mit dem Herzen, sondern kalt
Und sage: sie ist alt.
　Komm mit mir nach Georgia
　Dort bauen wir halt eine neue Stadt
　Und wenn diese Stadt zu viele Steine hat
　Dann bleiben wir nicht mehr da.

2

Sieh diese Frau und sieh: sie ist kalt
Erinnere dich, wie schön sie einst aussah!
Jetzt betrachte sie nicht mit dem Herzen, sondern kalt
Und sage: sie ist alt.
　Komm mit mir nach Georgia
　Dort laß uns schaun nach neuen Fraun
　Und wenn diese Fraun wieder alt ausschaun
　Dann bleiben wir nicht mehr da.

3

Sieh deine Ansichten und sieh: sie sind alt
Erinnere dich, wie gut sie einst waren!
Jetzt betrachte sie nicht mit dem Herzen, sondern kalt
Und sage: sie sind alt.

143. Zu dieser Zusammenstellung auch Tb 32; 1920.

Komm mit mir nach Georgia
Dort, wirst du sehn, gibt es neue Ideen
Und wenn die Ideen wieder alt aussehn
Dann bleiben wir nicht mehr da.[144]

Er hatte die ambivalente Szene abgewehrt, gutes Objekt- und Selbstbild vom kalten, bösen abgespalten, um ambivalenzfrei sichere Nähe zu genießen. Doch diese Spaltung läßt sich nicht aufrechterhalten; wer sich Phantasien früher Einheit hingibt, der wird in der Objektwelt notwendig Frustration erleiden: kaltes Objekt- und Selbstbild kehren ihm wieder. Um sich vor dieser Bedrohung zu schützen, fordert dies Ich hier auf, sie vorwegzunehmen, sich „nicht mit dem Herzen, sondern kalt" zu verhalten, sich zu verabschieden und Sicherheit zu wahren, indem man sich aktiv nach Neuem aufmacht: „Dann bleiben wir nicht mehr da". Wer selbst weggeht, kann nicht verlassen werden.

Das wird in phallisch-narzißtischer Provokation vorgetragen und gibt sich unbekümmert. Doch ein Blick in das Tagebuch der frühen Zwanziger Jahre zeigt, daß positive Selbstbilder großartiger Potenz,[145] die sich im sichernden Rückzug vor dem gefährlichen Objekt ausgebildet hatten, mit Nichtigkeitsphantasien[146] wechseln, durch die das Ich angstvoll seiner Aggressivität zu entkommen sucht — wie sich ja schon am „Oratorium" erkennen ließ: „Ich bin nichts mehr. Nichts muß allein sein".[147] Das derart vernichtete und „vorläufig" gewordene Ich sucht sich in der Ungeborgenheit bei einem Objekt einzurichten, das es alsbald wieder verlassen kann, denn auch dieses ist „vorläufig". „Das kommt alles daher/Weil ich so sehr für das Vorläufige bin und an mich/Nicht recht glaube."[148] Noch in den ‚Flüchtlingsgesprächen' treffen Ziffel und Kalle sich in einem „Lokal, das ihnen beiden wegen seiner Ungemütlichkeit lieb geworden war."[149] Und der aus der Emigration heimgekehrte Brecht bemerkt angesichts der zerbombten Städte, daß

144. w.a. 8, 135 f.; um 1925.
145. „Vierzig Jahre und mein Werk ist der Abgesang des Jahrtausends." Tb 195; um 1925.
146. „Alles, was wir machen, ist leichtfertiges Zeug, Affengeturne, rein beiläufig!" Tb 188; 12.II.1922.
147. O.S. 31.
148. Tb 182; 19.XII.1921.
149. w.a. 14, 1473.

in meiner Vorstellung diese Städte immer das Mal der Zerstörbarkeit auf der Stirn getragen hatten, als hätte man geplant, auf dem freilich etwas kostspieligen Umweg über die Zerbombung eigens aufgestellter Städte zu den riesigen Schutthaufen zu kommen, die einem vorschwebten. Ich sehe große Städte, die heute noch stehen, mit demselben Kainsmal behaftet.[150]

Das zerstörende böse Objekt muß selbst zerstört werden; das „Kainsmal" des Mörders ist Zeichen seiner künftigen Vernichtung.

Vor dem Umschlag des guten ins böse Objekt schützte zunehmend Schonung.[151] Sie läßt sich auch an Brechts Umgang mit der Natur beobachten. Während er 1918/19 in seiner Lyrik[152] und im „Baal" die große gefräßige Natur feierte und wie früher mit seinen Kumpanen in die Lechauen zog, läßt er später dann seinen Herrn Keuner sagen:

Es ist nötig für uns, von der Natur sparsamen Gebrauch zu machen. Ohne Arbeit in der Natur weilend, gerät man leicht in einen krankhaften Zustand, etwas wie Fieber befällt einen[153]

— ein Fieber womöglich wie beim Anhören von Beethoven.[154] War Brecht nun der Natur ausgesetzt, so suchte er, sich zu schonen und sich vor ihr zu verschließen:

Was die Schönheiten der kalifornischen Landschaft betrifft, so erzählt ein Freund Brechts, er habe ihn einmal auf eine Spazierfahrt im Auto eingeladen; während der Wagen auf der Küstenstraße an atemberaubend schöner Landschaft vorbeifuhr, saß Brecht mürrisch und stumm neben ihm. Aber als der Wagen einige der weniger respektablen Vororte des Hafens von Los Angeles, ein Gewirr von Schuppen und Baracken, erreichte, erhellte sich Brechts Antlitz sofort. Mit einem glücklichen Lächeln sagte er: ‚Was für eine herrliche Landschaft!' Und er meinte dies durchaus ernst.[155]

Nun war er wieder in der Vorläufigkeit und sicher.

*

150. „Gespräche mit jungen Intellektuellen" in: Hecht (1978), 245.
151. Zur Schonung o.S. 15.
152. Z.B. u. S. 79.
153. w.a. 12, 382.
154. O.S. 14.
155. Esslin (1962), 115 f.; vgl. Mittenzwei (1986,1), 209 f.

Das zwischen ungesicherten Selbst- und Objektbildern schwankende Selbstvertrauen des an die frühe Ambivalenz Fixierten findet seinen Ausdruck auch auf der Ebene frühester Triebbefriedigung: im *oralen Bereich*. Rückblickend schreibt Brecht:

> Große Appetite gefielen mir sehr. Es schien mir ein natürlicher Vorzug, wenn Leute viel und mit Genuß essen konnten, überhaupt viel wünschten, aus den Dingen viel herausholen konnten usw. An mir mißfiel mir mein geringer Appetit. Freilich hatte auch ich heftige Wünsche, dies oder das zu besitzen, aber sie waren plötzlich und unregelmäßig, statt stetig und verläßlich, wie sie mir gefallen hätten. Und vor allem: hatte ich, was ich mir gewünscht hatte, so war ich so bald satt; so daß ich geradezu Unbehagen spürte vor einem Teller mit begehrten Speisen, ich könnte ihn nicht aufessen können, da mein Magen zu klein war.[156]

Da die frühe narzißtische Beziehung zum Objekt konfliktuös ist, gilt das auch für die orale. Weil es Brecht nicht gelungen war, eine gute Mutter-Imago zu verinnerlichen, fiel es ihm schwer, gegenüber sich selbst unbewußt die Funktionen der bergend-nährenden Mutter zu übernehmen, sich also psychisch selbst zu nähren. Das Selbst, das keine gute Mutter in sich trägt, und entsprechend das Gefühl innerer Leere verlangen nun gierig nach Füllung von außen und benutzen hierzu auch die Triebe. Das trifft besonders die Oralität: Essen und Trinken werden überformt vom Konflikt mit der Mutter. Wird Brecht nun vorgesetzt, was er wünscht, so läuft er Gefahr, daß die frühe Ambivalenz erwacht und mit ihr die unerträgliche Spannung zwischen dem unbewußten Wunsch, essend die Einheit mit dem frühen Objekt herzustellen, und der unbewußten Angst, es dabei aggressiv zu vernichten[157] und sich so seines Schutzes zu berauben. Die Speise wird zur gefährlichen Gabe des bösen Objekts, wie dies noch in den Bildern eines Gedichts von 1953 begegnet:

Der Himmel dieses Sommers

Hoch über dem See fliegt ein Bomber.
Von den Ruderbooten auf
Schauen Kinder, Frauen, ein Greis. Von weitem

---

156. Tb 214; um 1930.
157. Vgl. „Seht mir zu, wie ich eß. / Ist es weg, dann hab ich Ruh / Weil ich es vergeß." „Jakob der Vielfraß" w.a. 2, 533.

Gleichen sie jungen Staren, die Schnäbel aufreißend
Der Nahrung entgegen.[158]

Oder aber: In diesem frühen Schema oraler Welterfahrung droht das böse Objekt das Subjekt zu fressen; dieses aber kann überleben, wenn es seinerseits das Objekt verschlingt:

> Zu den feisten Geiern blinzelt Baal hinauf
> Die im Sternenhimmel warten auf den Leichnam Baal.
> Manchmal stellt sich Baal tot. Stürzt ein Geier drauf
> Speist Baal einen Geier, stumm, zum Abendmahl.[159]

Da Brecht die vom frühen Konflikt überformte Nahrung nicht wie andere Objekte räumlich, intellektuell oder phantasmatisch von sich distanzieren konnte, sondern in seinen Körper aufnehmen mußte, sah er sich gezwungen, auf die Befriedigung heftiger oraler Wünsche, und das sind auf späterer Ebene auch Besitzwünsche, zu verzichten, und sie nur an anderen, z.B. an seinen Figuren zu genießen, selbst aber der Speise mit einiger „Kälte" und ‚vorläufigem' Appetit zu begegnen.

Brechts von der frühen Objektbeziehung geprägte Oralität gab seiner Darstellung von Objektbeziehungen oft eine triebhaft-emotionale Tönung. Die Liebe z.B. erscheint nun als Fressen.

> Aber die Liebe ist auch wie eine Kokosnuß, die gut ist, solange sie frisch ist, und die man ausspeien muß, wenn der Saft ausgequetscht ist und das Fleisch bleibt über, welches bitter schmeckt.[160]

So erscheint ganz allgemein das Leben: „Kalt hat man ihn mit dem Schlangen-/fraß des Lebens abgespeist."[161]. Die bedrohliche Imago der aufsaugenden und vereinnahmenden Mutter wird zum Bild der fressenden:

> Prometheus
>
> Das ist die Stunde ihres Triumphes:
> Die blauen Wälder sind wie wie Eisenspiegel aufgebaut.
> Sie selbst steht wie ein weiß Gespenst verbrannt im Dunst des Sumpfes.
> Der Felsen wächst durch rohe Fetzen meiner Haut.

---

158. w.a. 10, 1015.
159. w.a. 8, 250; „Der Choral vom Manne Baal"; 1918. Der Geier ist beim jungen Brecht durchaus ambivalent besetzt: Den verehrten toten Wedekind sah er im Bild des ‚Geieraases'. Mittenzwei (1986,1), 69.
160. w.a. 1, 12; „Baal".
161. w.a. 8, 23; „Prototyp eines Bösen"; um 1917.

Aus dem entfleischten Himmel steigt sie nackt
Bleich mit gebleckten Zähnen, ohne Mühe.
Ich lasse sie aufgehen jede Frühe
Und lege mich zum Fraß dem Katarakt.

Und wenn sie's satt hat, dann erbleicht das Gras
In Rauch verhüllt der Himmel sein Gesicht:
Von obenher kam durch den dunklen Himmel ohne Licht
Von dem es heißt: daß er gern Leber fraß.[162]

An den Felsen geschmiedet, ist dieser Prometheus ohnmächtig der als
nackte und gefräßige Mutter aufgehenden Sonne ausgeliefert — wie
Brecht und Baal ‚gegen Morgen' dem „Herzkrampf"[163]. Doch phallisch-
narzißtisch nimmt er kontraphobisch die Gefahr in eigene Regie: „Ich
lasse sie aufgehen jede Frühe/ Und lege mich zum Fraß dem Katarakt"
— „erzielte ich durch verwegenheit einen nachweislichen
herzschock"[164]. Der väterliche Himmel ist ‚entfleischt' und schwach.
Er hilft nicht, sondern „verhüllt [...] sein Gesicht"; ‚dunkel' und „ohne
Licht" läßt er den fressenden Adler durch sich fliegen. Vergessen ist nahezu, daß er von Zeus, einem Vatergott kam; das Bild der gefräßigen
Mutter hat sich vor das des kastrierenden Vaters geschoben. Das gilt
auch später noch, z.B. im ‚Puntila' (1940):

Es war eine Lieb zwischen Füchsin und Hahn
‚Oh, Goldener, liebst du mich auch?'
Und fein war der Abend, doch dann kam die Früh
Kam die Früh, kam die Früh:
All seine Federn, sie hängen im Strauch.[165]

Auch für diesen Liebhaber gilt, „daß ihm des Weibes Loch das Grab-
loch war":[165b] im Zeichen der Oralität ein gezähnter Rachen, der „Haifischhimmel", die vagina dentata[165c].

*

Die gegen das mütterliche Objekt gerichteten aggressiven Wünsche, gegen die er sich auf so mannigfache Weise zu sichern suchte, konnte
Brecht lange nicht zulassen. Sie begegnen uns lediglich, nach innen ge-

162. w.a. 8, 87; 1920.
163. O.S. 9; u.S. 136.
164. O.S. 14.
165. w.a. 4, 1694.
165b. w.a. 2, 461; „Ballade von der sexuellen Hörigkeit".
165c. U.S. 79; zur vagina dentata Pietzcker (1974) 207 f.

wendet, in jenem Blütenstrauß masochistischer Phantasien, die schon mit den ersten Gedichten einsetzen und sich bis in die Mitte der Zwanziger Jahre hinziehen.[166] Und sie begegnen mittelbar in den zahlreichen Formen ihrer Abwehr, aus denen sie halbverborgen emporzucken. Erst 1926/27 konnte er mit der ‚Seeräuber-Jenny‘ die Aggression gegen ein Objekt darstellen, von dem sich das Subjekt in Ohnmacht und Vereinzelung gefangen fühlt: „Und wenn dann der Kopf fällt, sag ich: Hoppla!"[167]. Den Wunsch, die Mutter zu töten, konnte er freilich auch in jener Zeit nur in grotesker Entstellung zulassen: Ein Elefantenkalb wird angeklagt, seine Mutter ermordet zu haben, die dies auch noch bezeugt;[168] und Galy Gay bringt als Elefantenkalb den Soldaten Jesse, der dessen Mutter spielt, beinahe um.[169]

Erst um 1925 auch gelang es Brecht, mit dem ‚Lied vom Surabaya-Johnny‘ jene frühe Ambivalenz zu gestalten, in der das Kind sich an die Mutter gebunden, zugleich aber von ihrer „Kälte" zurückgestoßen erfährt und mit Schmerz, Wut und Vereinigungswunsch antwortet. Doch auch da blieb verborgen, daß Wut zunächst aufkommt, weil die symbiotisch bindende Mutter Autonomie behindert. Seiner offenen Identifikationsfigur, dem Mann, schob Brecht hier den Part der zurückweisenden Mutter zu und der Frau, seiner verdeckten Identifikationsfigur, den des abhängigen Kindes:

> Du hast kein Herz, Johnny
> Du bist ein Schuft, Johnny
> Du gehst jetzt weg, Johnny, sag mir den Grund.
> Ich liebe dich doch, Johnny
> Wie am ersten Tag, Johnny
> Nimm die Pfeife aus dem Maul, du Hund.
>> Surabaya-Johnny, warum bist du so roh?
>> Surabaya-Johnny, mein Gott, warum liebe ich dich so.
>> Surabaya-Johnny, warum bin ich nicht froh?
>> Du hast kein Herz, Johnny, und ich liebe dich so.[170]

Schreibend zahlt Brecht es der Mutter heim und läßt an ihrer Statt die Frau jetzt leiden, was er damals meinte durchmachen zu müssen. Die

166. Pietzcker (1974), 219 ff.; 294 ff.
167. w.a. 2, 414 ff.; Pietzcker (1986).
168. w.a. 1,381 f.; „Anhang zu ‚Mann ist Mann‘ ".
169. Ebd. 388.
170. w.a. 8, 326 f.; wohl 1927.

Ambivalenz, die sein Schreiben von früh an bestimmte, jetzt ist sie sichtbar. Doch obwohl seine Aggressivität mit dieser Ambivalenz ins Licht seiner Texte trat, mußte er ihr im gewöhnlichen Leben auch weiterhin aus dem Weg gehen, besonders wenn sie der Mutter galt, mochte diese auch nur in symbolischer Gestalt erscheinen.[171] Da konnte er seine Aggressivität allenfalls leben, wenn er sie delegierte: an eine mütterliche Frau. Wie Ruth Berlau berichtet,

> mußte die Weigel mit einer Fliegenklatsche jede Fliege abklatschen. Selbst konnte er nichts totschlagen. Den größten Respekt hatte er vor Spinnen.[172]

Diese Angst hatte er vermutlich von seiner Mutter übernommen.[173]

171. Zur Bedeutung der Spinne als phallischer Mutter in Traum und Spinnenphobie Abraham (1971), 245 ff.

172. Bunge (1985), 62. Die verlockende und vernichtende Witwe Begbick lauert den Männern denn auch in einer „Netzestadt" auf: eine Spinne (w.a.2, 502; „Aufstieg und Fall der Stadt Mahagonny"). Vgl. u.S. 57.

173. Sie hatte Angst vor Spinnen und Mäusen. W. Brecht (1984), 61.

Öffnet der Herzneurotiker sich seinen Gefühlen, so läuft er Gefahr, daß die frühe Szene wieder auflebt und mit ihr die Aggression gegen das symbiotische Objekt, die zur Trennungsangst führt, zur Angst, in ohnmächtiger Verlassenheit zu zerfallen und seine seelische Einheit zu verlieren. Diese Angst kann ihn zum „Herzkrampf" treiben und zur Angst, daß sein Herz stehen bleibt, zur Todesangst. Um das zu verhindern, suchte Brecht sich vor seinen Gefühlen, insbesondere vor Trennungsangst zu schützen. Sein Bruder berichtet:

> Am Abend des Tages, der dem Tod der Mutter folgte, lud er seine Freunde in die Mansarde ein. Es ging so lärmend zu wie sonst. Wer weiß, mit welchen Gefühlen die Freunde dem extravaganten Verhalten zusahen, diesem Verhalten, das sich verächtlich jeder Gefühlsäußerung versagte. Wer weiß, warum er dies in seiner Trauer tat. Wir anderen, die das Haus bewohnten, waren stumm.[174]

Es ist derselbe Tag, an dem er das „Lied von meiner Mutter" schrieb[175] und seinem Tagebuch anvertraute „Ich bin [...] preisgegeben dem Stern Erde, der [...] im kalten Raum umgeht"[176]. Er mußte seine Angst überschreien. Andere Mittel, sich vor ihr zu schützen, sind uns bereits begegnet: die Vermeidung angstauslösender Situationen[177] und Aktivitäten, eine entsprechende Schonungstendenz,[178] die Zuflucht zu „Kälte", Essen[179], Zigarre, steifem Hut, Alkohol, Literatur, „Geschwätz", zur ‚barbarischen Freude' mit der geliebten Frau, zu „Sternenhimmeln" und „Romantik"[180].

Deutlich ist die Tendenz zu beobachten, sich „mit Hilfe des Äußerlich Konkreten zu beruhigen"; sie ist bei ihm, wie bei anderen Angstneurotikern auch,

> ein durchgehender Zug [des Patienten] sowohl im Umgang mit sich als

174. W. Brecht (1984), 350.

175. O.S. 42.

176. O.S. 41.

177. Von hier aus ist auch seine Scheu vor Toten zu verstehen. Vgl. die Tagebucheintragung nach dem Tod der Mutter: „Es waren Knochen, die sie in ein Laken legten. Er reist ab, vor Erde sie deckte. Wozu dem Selbstverständlichen zusehen?" Tb 196, Mai 1920.

178. O.S. 15, 47.

179. O.S. 41 f.

180. O.S. 19.

auch mit dem anderen. Dies gilt[...] für seinen Gesamtumgang mit der Umwelt und seinem realen Partner. Er nennt das oft ein „Sich-Ablenken", womit er aber meistens meint, daß er, sofern er nicht die Möglichkeit hat, aktiv im Äußerlich-Konkreten, Strukturierenden Zuflucht zu finden, sofort dem Zustand der Panik zusteuert.[...] Auch die Realpartner[...] werden in ähnlicher Weise zur Vermeidung dieser Panik verwendet, also aktiv dazu benutzt, äußerlich konkrete Stützung zu geben. Dabei entwickelt der angstneurotische Patient oft eine erstaunliche Fähigkeit, das Objekt in gewisser Hinsicht zu manipulieren bzw. durch eine indirekte omnipotente Kontrolle es verfügbar zu machen.[181]

Ein Blick auf Brechts Biographie zeigt, daß er bis weit in die Zwanziger Jahre hinein auch in der Rolle des Cliquen-Führers, in Hochmut, Provokation, demonstrativer Selbständigkeit und Gefühllosigkeit seine Zuflucht suchte. Als Jugendlicher gab er sich „gebieterisch überlegen" und sparte nicht „mit Gereiztheit und Schmähungen"; „zum Herauskehren der Überlegenheit gehörte es, uns häufig als die Dummen, die hoffnungslosen Idioten zu behandeln."[182] Jedoch: Nötiger Schutz hin oder her — Brecht mußte nicht Überlegenheit spielen, er *war* überlegen und er hat es durch sein Werk bewiesen.

Ein Tagebucheintrag von 1916 zeigt deutlich den für ihn typischen Wechsel zwischen dem Gefühl der Bedrohung, dem Versuch sich zu schützen, dem Unterliegen und einem erneuten Versuch, sich zu schützen:

19.10.[19]16
[...] Immer geht Sturm. Gestern und vorgestern. Ich sitze in meiner Kammer. Wegen meiner Herzkrämpfe sagt der Doktor, ich muß ins Bett. Ich gehe nicht ins Bett. Dort wird man krank.[...]
21.10.[19]16
[...] Jetzt werde ich gesünder. Der Sturm geht immer noch, aber ich lasse mich nimmer unterkriegen. Ich kommandiere mein Herz. Ich verhänge den Belagerungszustand über mein Herz. Es ist schön zu leben.
22.10.[19]16
Nein. Es ist sinnlos, zu leben. Heute nacht habe ich einen Herzkrampf bekommen, daß ich staunte, diesmal leistete der Teufel erstklassige Arbeit. Heute philosophiere ich wieder......[183]

181. Mentzos (1985), 137.
182. W. Brecht (1984), 209.
183. Brecht (1986), 1133 f.; zum Zusammenhang von „Herzkrampf" und Sturm, „Herzkrampf" und Sinnlosigkeit o.S. 19 f.

Er schützte sich, indem er Passivität mied, nicht ins Bett ging und sitzen blieb; im Liegen nämlich wäre, wie Herzneurotiker berichten, sein Körper zum Resonanzraum des Herzschlags geworden: Ihm hätte er sich ausgeliefert. Er schützte sich, indem er sich beherrschte und zum Befehlshaber seines Herzens aufschwang, seiner eigenen Natur also. Über dies Herz verhängte er die Ausgangssperre, ließ es nicht frei schlagen und fühlen. So meinte er, die Gefahr bändigen zu können, ja mächtig zu sein: Lebensfreude kam auf. Die zerstörten dann der Anfall und die Erfahrung, ihm machtlos, einsam und ohne schützende Instanz — ohne einen Vater, einen Gott? — ausgeliefert zu sein, wie dem Werk eines Gegengottes, des ,Teufels'. Seiner Verlassenheit und Ohnmacht preisgegeben, erfuhr er nun das Leben als „sinnlos". Doch erneut schützte er sich: durch ,Philosophieren', Tagebuchschreiben und ironisch distanzierendes Formulieren: „diesmal leistete der Teufel erstklassige Arbeit".

Verlassenheitserfahrung, Trennungsangst und Mechanismen des Schutzes vor ihnen prägten sein Erleben der Objektwelt in unterschiedlichen Bereichen, sie prägten auch sein Denken. Er verallgemeinerte sie und schrieb 1921:

> Fast alle bürgerlichen Institutionen, fast die ganze Moral, beinahe die gesamte christliche Legende gründen sich auf die Angst des Menschen, allein zu sein, und ziehen seine Aufmerksamkeit von seiner unsäglichen Verlassenheit auf dem Planeten, seiner winzigen Bedeutung und kaum wahrnehmbaren Verwurzelung ab.[184]

Das führte er 1922 in der Nachfolge Nietzsches weiter aus:

> Wenn man nur Mut hätte, wäre es spottleicht, fast alle Ideale und Institutionen [...] auf die verzweifelte Sucht des Menschen zurückzuführen, seine wahre Lage zu verschleiern. Anerkennung der Familie, Lob der Arbeit, Ruhmsucht, Religion, Philosophie, Kunst, Rauchen, Rausch sind nicht einzeln und klar in ihrem Wert abgeschätzte und als *Mittel* (moyens) erkannte Aktionen gegen das Gefühl der Einsamkeit, Ausgeliefertheit und Rechtlosigkeit des Menschen, sondern die sichtbaren Bürgschaften gestapelter ungeheurer Werte und Sicherungen. Hierher, aus dieser Verführung zur Gemütlichkeit, kommt die Sklaverei des Menschen.[185]

Er verschiebt den Widerspruch seiner Selbsterfahrung nach außen, überträgt die Funktion seiner Schutzmechanismen auf die gesellschtli-

184. Tb 154.
185. Tb 186 f..

chen „Ideale und Institutionen". Dort, wo er sie von sich weggeschoben hat, greift er dann ihre für ihn lebensnotwendige Funktion kulturkritisch an: ihre Funktion, die Aufmerksamkeit von seiner „unsäglichen Verlassenheit" abzulenken. Er kann dies, denn nun hat er einen neuen Schutzmechanismus gefunden gegen seine Angst, sich verlassen und ohnmächtig aufzulösen: die Aktivität des Kulturkritikers, die auch Klage und Aggressivität noch Raum gewährt. Die gesellschaftlichen Schutzmechanismen nehmen Züge der symbiotisch bindenden Mutter an: „Hierher, aus dieser Verführung zur Gemütlichkeit, kommt die Sklaverei des Menschen". Der Kampf gegen sie bezieht seine Kraft nun aus dem frühen Kampf um Autonomie. Brecht kann den kulturkritischen Kampf besser führen als den innerpsychischen. Er hat ihn ja nach außen verlagert und so Distanz zum bindenden Objekt gewonnen. Diese Verlagerung des Kampffeldes ist eine jener Komponenten, die ihn zur Gesellschaftskritik treiben werden und zur marxistischen Auseinandersetzung mit der kapitalistischen Gesellschaft.[186] Sie läßt ihn auf diesem Gebiet scharfsinnig werden und steigert hier seine Fähigkeit zur Erkenntnis: Im angstgetriebenen Kampf um psychische Autonomie, nimmt er den gesellschaftlichen Kampf um Autonomie ernster als andere — und kann ihn deshalb weiter durchdringen und besser gestalten.

Brechts Kritik an den kulturellen Schutzmechanismen hat eine emotionale Wurzel auch in der widersprüchlichen Erfahrung der eigenen Schutzmechanismen, die ja wenig halfen oder sogar bedrohlich wurden: Vermeidung schränkt den Bewegungsraum ein, Schonung schwächt den Körper und kann deshalb zum Tod führen; „Kälte", ‚Vorläufigkeit' und Überschreien der Angst verstärken die Einsamkeit und wecken so die gefährliche Sehnsucht nach Nähe; mit dem Essen steigen aggressive Impulse auf, und hinter den sichernden guten Objekt- und Selbstbildern, hinter Frauen, Häusern, eigenen Ansichten, hinter eigener und fremder Literatur drohen die bösen Bilder hervorzutreten.[187]

*

186. U.S. 140 ff.
187. O.S. 43 f.

Wie sehr *sich an den „Mitteln" seine ambivalente Beziehung zu jenem frühen Objekt wiederholte, vor dem sie doch gerade schützen sollten,* das läßt sich beispielhaft an seinem Verhältnis zur Zigarre bzw. Pfeife und zum Alkohol studieren. Die Zigarre, die er bewußt wohl von seinem zigarrenrauchenden Vater[188] übernommen hatte, trägt bei ihm Züge eines phallischen Fetischs, mit dessen Hilfe der Bedrohte sich in phantasmatische Potenz zu flüchten sucht. Er verdankte diesen Fetisch wohl vor allem der unbewußten Identifikation mit der phallischen Mutter: „Im Zahnfleisch die dicke Importe / Von der Trinitatisbarfose / (Zu dick für das Loch einer Fose)", heißt es in einem Fragment[189], und die zigarrenrauchende Witwe Begbick[190] bringt Galy Gay das Rohr für seine Kanone[191]. Die Zigarre, an der saugend der rauchende Brecht sich unbewußt den väterlich-mütterlichen Phallus und die Brust der frühen Mutter verfügbar hielt, sollte als ein stärkendes Übergangsobjekt ihm und seinen Figuren zu rettendem Abstand von den Gefahren der frühen Ambivalenz verhelfen, insbesondere von der verschlingenden Mutter: „Wir haben Zigarren geraucht, wenn die dunklen braunen Abende uns angefressen haben."[192] Mit der Zigarre suchte er sich vor einem Anfall zu sichern,[193] aber auch vor gefährlichen öffentlichen Situationen, z.B. als er 1947 vor dem Un-American-Activities Committee auf seine politische Zuverlässigkeit hin verhört wurde,[194] ja eigentlich immer, wenn es galt,

188. W. Brecht (1984), 60. Ein Onkel väterlicherseits besaß sogar einen Tabakladen mit eigener Fabrikation. (Ebd. 179).

189. w.a. Suppl. III, 108; um 1920-1921; Fose = Dirne.

190. w.a. 1, 337.

191. Ebd. 372. Der Phallus der Mutter hat sogar die Fähigkeit zu gebären: „ihr Söhne einer Kanone" heißt es dort S. 354. Zur phallischen Mutter vgl. o.S. 52. Der Ambivalenzkonflikt zwischen Mutter und Sohn geht auch um den sichernden Phallus: „Nimm doch die Pfeife aus dem Mund, du Hund.", o.S. 51. Vermutlich ist die allmächtige Brust der frühen Mutter Urbild dieses Phallus. Bei oraler Frustration verschob der Knabe seine Libido wohl von ihrer Brust auf den eigenen Penis, der zum Brustersatz wurde. Die hier phantasierte Potenz, aber auch die eigene Aggressivität, wurde dann rückwirkend auf die Mutter als phallische projiziert. Entsprechend erscheint ja auch die eigene orale Gier im Bild der verschlingenden Mutter.

192. w.a. 8, 100; „Psalm"; 1921.

193. O.S. 19.

194. R. Berlau: „Das Bildmagazin ‚Life' veröffentlichte ein Foto von Brecht, auf dem man ihn vor dem Mikrofon in seiner eigenen Zigarrenwolke sieht." In: Bunge (1985), 186. Er machte ihnen einen blauen Dunst vor.

einer Gefahr kühlen Kopfes ins Auge zu blicken, z.B. als er im Exil eine Rede des siegreich angreifenden Hitler hörte:

> Sie rauchten, Eisler eine Zigarette nach der anderen, Brecht, im Schaukelstuhl, Zigarren, die immerfort ausgingen. Sie wechselten Blicke, nickten sich zu, schwiegen. Aber zu keiner Zeit habe ich Niedergeschlagenheit bei ihnen bemerkt.[195]

Die Zigarre wurde Brecht zum Bild demonstrativer[196] und wirklicher Gelassenheit, ihr Erlöschen zu dem emotionaler Erschütterung:[197] Zigarre oder Pfeife sollen dem Bedrohten auch in der größten Gefahr nicht ausgehen, nicht beim Weltuntergang,[198] und nicht bei der Kastration: Als Blody Five sich kastriert, ermahnt er sich zu männlicher Ruhe, „Dabei darf mir noch nicht einmal die Pfeife ausgehen."[199] Doch das rettende Mittel wirkt auch vernichtend: Man „raucht sich zu Tode"; die Zigarre, so stolz er auch sein mochte „die stärkste" zu rauchen[199b], führt zur Selbstzerstörung.[200] Das Nikotin greift das ,mütterliche' Herz und so das eigene Leben an.[201] Mit einiger Wahrscheinlichkeit wurde dies 1956 bitterer Ernst: Brechts Körper war durch Schonung und Grippe geschwächt;[202] dennoch rauchte er und griff nach einem weiteren seiner „Mittel", nach intensiver Arbeit. Das schwächte ihn noch mehr und trug wohl zu seinem baldigen Tode bei. Insofern läßt dieser sich wohl auch als „psychosomatisches Ende" und unbewußter „Selbstmord" verstehen.[203]

195. R. Berlau. In: Bunge (1985), 106.

196. „Ich rauche, verbreite eifrig Ruhe."; Tb 85.

197. U.S. 201.

198. U.S. 126.

199. In: Wege (1982), 216. Hier zeigt sich die Nähe zum steifen Hut, der nach einer (symbolischen) Kastration helfen soll: „Man hat mir den vorderen Zahn gezogen, den halben Kiefer zermalmt. Ich setze den steifen Hut auf" Tb 145. O. S. 19.

199b. Vgl. Dürrenmatt (1981), 326: „Zu meiner Verwunderung war er [Brecht] der Meinung, die Brasil sei die stärkste Zigarre; daß die Havanna stärker ist, wollte er mir nicht glauben".

200. O.S. 19; vgl. „Von seiner Sterblichkeit": „Mir sagte der Arzt: Rauchen Sie ruhig Ihre Virginien! / Um die Ecke muß schließlich mit oder ohne ein jeder. / In der Schleimhaut meiner Pupille z.B. sind krebsige Linien. / Daran sterbe ich früher oder später." w.a. 8, 114; um 1920-1922. 1920 war Brechts Mutter vermutlich an Krebs gestorben.

201. O.S. 43.

202. Zur Bedeutung grippaler Intoxikation o.S. 20.

203. Adler (1976), 225; vgl. O.S. 22 f.

Die Zigarre sicherte ihm die kontraphobische Haltung des distanzierten Beobachters; deshalb zog Brecht, obwohl ihm ihre Gefährlichkeit bewußt war, sie dem Alkohol vor, der diese Haltung ja eher bedrohte. Nach einem Anfall wollte er „gern Schnaps trinken"[204], ein „Mittel"; seine Verlassenheit zu ertragen.[205] Doch im Rausch drohte mit der Regression auf die frühe Szene der Anfall: Rausch und Herzanfall sind bei ihm nahe verwandt, Baals Mutter z.B. hält ihren Sohn nach dessen Anfall für betrunken[206], und im tödlichen „Rausch" des ‚auf die kalten Steine' geschmissenen Bruders läßt sich die Verschiebung eines Anfalls erkennen.[207] Das „Mittel" Alkohol drohte also sehr schnell, aus einer rettenden zu einer zerstörenden Kraft zu werden. Deshalb wurde es von Brecht vorsichtig dosiert. Hanns Eisler berichtet aus der Zeit, als Brecht in New York Schwierigkeiten mit der Aufführung seines Stückes „Die Mutter" hatte:

> Brecht trank überhaupt nie. Sie wissen, er trank ein Glas Bier — und Schluß. Er hatte damals eine dünne, kleine, silberne Flasche mit Whisky drin und sagte: ‚Hör zu jetzt, das weißt du doch, ich trinke nie, aber in dieser Stadt muß ich von Zeit zu Zeit' — er hat da so viel genippt wie ein … also sehr bescheiden […], ich halte es ohne Whisky nicht aus. Ich muß von Zeit zu Zeit einen kleinen Schluck nehmen.' Nun, ich hab' das ja genau beobachtet — diese Flasche hielt ja für Wochen. Er muß also wie ein Vogel einen Tropfen … […] das ist das einzige Mal, wo Brecht Alkohol mit sich herumtrug. Und es war ja auch entsetzlich. Dringend brauchte Brecht eine Theateraufführung. Schrecklich.[208]

Eine angemessene Aufführung seines Stückes, das wäre sein „Mittel" gewesen, nun aber mußte er zum Tropfen greifen. Etwas größere Mengen benötigte er, wenn er sich Schlaf, also ein vorläufiges Ende seines Verlassenheitsgefühls erhoffte: „In Berlin hat er abends zwei bis drei Flaschen Bier als Schlafmittel getrunken."[209]Hinter dem Schutzwall seines Schreibens allerdings konnte er sich kontraphobisch die Darstellung der ersehnten gewaltigen Räusche gestatten, z. B. den seines Puntila[210] oder

204. O.S. 19.
205. Vgl. u. S. 83.
206. O.S. 9. Baal zittert im Anfall, sie aber meint: im Rausch.
207. O.S. 38.
208. Eisler (1986), 103 f.; vgl. Bunge (1985), 156.
209. R. Berlau in: Bunge (1985), 156.
210. w.a. 4, 1704 ff.

Baal[211]. Drohte ihm selbst dagegen ein Rausch, so mußte er sich schützen:

> Ein einziges Mal habe ich Brecht mit einem Schwips erlebt, am Neujahrsabend in Finnland [...]. Bei den Finnen muß man einfach mittrinken [...]. Brecht, der wohl merkte, daß er ein bißchen beschwipst war, versuchte, sich das nicht anmerken zu lassen. Aber das schlug ins Gegenteil um. Er wurde auffällig steif und machte ganz schnelle hölzerne Bewegungen, wenn er durch die Räume ging.[212]

Stolzierte er nach einem Anfall herum „wie aus Glas",[213], so nun „steif" wie aus Holz. Er gab dem Regressionswunsch nicht nach, ließ sich nicht gehen, sondern suchte sich zu schützen. Hier blieb ihm nur die verspannte Haltung des Körpers. Dem Zuschauer seines Epischen Theaters aber wird er als Schutz gegen „Rausch" die Pose des zigarrerauchenden Beobachters bieten.[214]

Da ihn seine „Mittel" so deutlich bedrohten, mußte Brecht sogar sie nur „vorläufig" benutzen, um sie notfalls abstoßen zu können. 1925 notiert er:

> Du hast einen Cocktail vor dir, den du selber gemacht hast, eine starke schwarze Zigarre, einen Stuhl für dein Hinterteil, einen Stuhl für die Füße [...], und du bist nicht zufrieden, Bidi. In Kalifornien sind Erdbeben, in Galizien ist eine Überschwemmung. Du kannst im Kaffeehaus Zeitungen [...] lesen. [...] Du bist listig genug, angenehm zu sein. [...] es ist deine beste Zeit jetzt, die dir zu wenig ist [...]. Was dir zu kalt ist, war dein Sommer; wenn es dir zu dunkel war an deinem Tag, jetzt kommt die Nacht. Und vor du zerschlagen bist, wirst du schon zufrieden sein.[215]

All seine „Mittel" genügen nicht, „Kälte" und „Nacht" zu vergessen; und doch hofft er, angesichts des drohenden Todes (Herzanfalls?) „zufrieden" zu sein. So sucht er, sich mit ihnen wenigstens „vorläufig" einzurichten.

Durch sein ganzes Werk zieht sich das Motiv vom Versagen der „Mittel", 1920 z.B. in der

---

211. w.a. 1, 8 f., 14 ff., 41.
212. Ruth Berlau in: Bunge (1985), 157.
213. O.S. 19.
214. U.S. 200 f.
215. Tb 204.

Ballade von den Selbsthelfern

1
Noch sitzen sie rauchend da
Im grünen Strandgesträuch
Da wird schon ihr Himmmel
Verkümmert und bleich.

2
Sie haben mit Branntwein wohl
Ihr Herze kühn gemacht?
Da sehen sie staunend
Die Schwärze der Nacht.

3
Sie trinken? Sie lachen noch?
Gelächter steigt wie Rauch
Und plötzlich, verrückt, hängt
Der Mond rot im Strauch.

4
Ihr Himmel verbleicht wohl schon?
Wie schnell es doch geschah!
Ihr Tag ist schon nicht mehr
Und sie sind noch da?

5
Sie wiehern wohl immer noch?
„Selbst hilft sich der Mann?"
Da weht sie ein Hauch an
Vom morschenden Tann:

6
Die trostlosen Winde wehn
Die Welt hat sie satt!
Und schweigend verläßt sie
Der Abend im Watt.[216]

Das Meer — der „Herzkrampf"? — wird sie verschlingen.

Um 1953 sind schützende „Mittel" z.B. die ‚Bücher' und die „Flasche" mit Oteselut, seinem Herzmittel.[217] Sie sollen vor Schuldgefühlen schützen, die wohl im Zusammenhang des 17. Juni entstanden:

216. w.a. 8, 205 f.
217. Bock (1987a), 19.

Eben war ich wieder in Buckow
Dem hügeligen, am See
Schlecht beschirmt von Büchern
Und der Flasche. Himmel
Und Wasser beschuldigen mich, die Opfer
Gekannt zu haben.[218]

Schuldgefühle könnten zum „Herzkrampf" führen.
Wenn „Mittel" versagen, muß Brecht kräftigere suchen.

Mein Appetit ist zu schwach. Ich bin gleich satt!! Die Wollust wäre das
einzige, aber die Pausen sind zu lang, die sie braucht! Wenn man den Ex-
trakt ausschlürfen könnte und alles verkürzen! Ein Jahr vögeln oder ein
Jahr denken![219]

Sein „Appetit ist zu schwach": Selbst wenn beim Essen keine aggressiven Tendenzen drohten, der Esser stieße an dessen Grenze, und so an
die der unbegrenzten Einheit mit dem Objekt. Nur einmal kann er ja,
indem er essend stirbt, die Wahrnehmung jener Grenze meiden.[220]
Auch kann er diese Einheit mit sich selbst essend nicht herstellen: „Alles ist nur halb / Ich äße mich gerne selber".[221] Da sind ‚Vögeln' oder
‚Denken' schon wirksamere „Mittel": Er kann seine ohnmächtige Passivität verlassen und aktiv die Einheit mit einem guten Objekt herstellen,
das er beherrscht: die Frau oder, was weniger gefährlich ist, die eigenen
Gedanken, oder gar schreibend: das eigene Werk. Doch wenn seine Aktivität nachläßt, die Einheit mit dem Objekt zerbricht und das von Größenphantasien getragene Hochgefühl zerstiebt, erfährt er auch hier die
erschreckende Leere der „Pausen", seine Ohnmacht und Verlassenheit:
„es ist zuviel Pause zwischen den Sternenhimmeln":[222] Essen, ‚Vögeln',
‚Denken' und auch Schreiben sind keine zuverlässigen „Mittel".[223] Den-

218. Knopf (1986), 4.
219. Tb 209; 1927.
220. Die Männer in „Aufstieg und Fall der Stadt Mahagonny": „Sehet, Schmidt ist gestorben! / Sehet, welch ein glückseliger / Sehet, welch unersättlicher / Ausdruck auf seinem Gesicht ist! / Weil er sich gefüllt hat / Weil er nicht beendet hat / Ein Mann ohne
Furcht!" w.a. 2, 533.
221. „Jakob der Vielfraß"; ebd. 533.
222. O.S. 19.
223. Vgl. auch: Wir sind mit uns allein geblieben
              Das haben wir nicht gut verdaut.
              Mit Frauenliebe, Kälberzungen

noch suchte er vor allem bei *Frauen* und im *Schreiben* Schutz vor der Angst. Sie waren seine wichtigsten „Mittel".

*

Letzte Fassung des „Baal" (1955):

BAAL [...] Jetzt schmiere ich den vierten Tag das Papier voll mit rotem Sommer: wild, bleich, gefräßig, und kämpfe mit der Schnapsflasche. [...] Aber jetzt zittern mir die Hände. [...] *Er horcht.* Das Herz schlägt wie ein Pferdefuß. *Er schwärmt:* O Johanna, eine Nacht mehr in deinem Aquarium und ich wäre verfault zwischen den Fischen! Aber jetzt ist der Geruch wilder Mainächte in mir. Ich bin ein Liebhaber ohne Geliebte. [...]. Ich muß ausziehn. Aber erst hole ich mir eine Frau. Allein ausziehen, das ist traurig. [...] Irgendeine! Mit einem Gesicht wie eine Frau! *Summend ab.* [...]
BAAL *schleift Sophie Barger herein.*[224]

In der ersten Fassung folgte auf das Herzklopfen der *Anfall;*[225] hier bleibt er aus. *Stattdessen* holt Baal sich, nun, da sein Herz klopft, *eine Frau,* „Irgendeine!". Nachdem er sich doch erst kürzlich vor der Auflösung, die ihn in Johannas „Aquarium", also wohl in ihrer Umarmung, bedrohte, in brutalen Rückzug und ins Schreiben gerettet hatte.

Der achtzehnjährige Brecht notiert:

19.10. (19) 16
[...] Wegen meiner Herzkrämpfe sagt der Doktor, ich muß ins Bett. Ich gehe nicht ins Bett. [...] Ich kann nichts arbeiten; aber manchmal denke ich an das Mädchen, das in der Gartenstraße wohnt und hauptsächlich stille Augen hat, die schön sind und klug und in denen ich ein Tiger bin. [...]
]20.10. (19) 16
[...] Heute bin ich wirklich in der Frühe die Kreuzstraße hinaufgegangen. Es regnete und der Wind ging immer noch und mein Herz war sehr rebellisch. Aber ich mußte die kleine Ostheimer sehen oder ihre stillen Augen, denn ich mußte wieder etwas haben, an das ich den ganzen Tag und

> Und manchem roten Varieté
> Ist es uns wahrlich nicht gelungen
> Das Herz zu schützen vor dem Schnee.
> (w.a. Suppl. III, 107; 1921-1922)

224. w.a. 1, 24.
225. O.S. 9.

die ganze Nacht denken kann. Aber sie kam nicht oder war schon in der Schule. Das ärgerte mich und ich ging so schnell als möglich (d.h. kriechend wegen dem Herzen) heim, daß sie dort nichts merken.

Ich denke mir: Man kann vielleicht mit ihr gehen und muß nichts reden. Das kann man mit Freunden nicht. Auch ist sie vielleicht gütig, sie hat ein gutes Lächeln, besonders wenn sie auf Kinder sieht. [...] Die Ostheimer hat etwas kindliches und etwas mütterliches im Gesicht, das ist schön. [...] Ich würde gern mit ihr reden, nichts sonst. Sie hat etwas wunderbar Reines an sich.[226]

Um sich vor dem nächsten „Herzkrampf" zu schützen, sucht er, wenn er „nichts arbeiten", nicht schreiben kann, eine Frau. Wenn er dauernd an sie „denken" könnte, wäre er abgelenkt von der drohenden Gefahr. Die Frau, die er sucht, ist ‚klein', ‚kindlich', ‚rein', ungefährlich asexuell und doch ‚mütterlich'; so wäre wortlos-symbiotisches Einverständnis möglich. In ihren Augen sieht er sich als „Tiger": von wilder rücksichtsloser Potenz, wie er sie Baal anphantasiert. Solche Potenz könnte ihn sichern. — Die Frau, schon diese Zitate zeigen es, ist eines der wichtigsten „Mittel" Brechts. Ihre Hauptaufgabe ist es, als gutes Objekt ihm „innere Ruhe" zu geben.[227] Das kann sie vor allem als asexuelle Mutter und als weiblicher Körper — und so als jemand, an den er „den ganzen Tag und die ganze Nacht denken kann".

Gutes Objekt ist zunächst der wärmespendende Körper: „Ich habe die Tiere beobachtet. Die Liebe, Wärme aus Körpernähe, ist unsere einzige Gnade in der Finsternis!", läßt er seinen Shlink kurz nach dessen Satz über „die unendliche Vereinzelung des Menschen" feststellen.[228] Hier spricht die Sehnsucht nach jenem frühen Hautkontakt mit der Mutter, an deren wärmendem Körper der Säugling Vertrauen zu sich und ihr hätte ausbilden können. Doch mit dem Phantasma der Symbiose kehren auch deren Gefahren wieder: Die Mutter, an welche der Säugling sich schmiegt, ist verlockend und bedrohlich. Der Liebende, der bei ihr Wärme sucht, gerät in ‚unangenehme Zustände', „in zusammenhanglose Träumereien"[229]; er verliert die Kontrolle, denn hinter dem

226. Brecht (1986), 1133 f.
227. Vgl. hierzu Ruth Berlaus Tagebuchnotiz von 1952 „Bertolt Brecht teilte mir heute mit, daß ich ihm nicht die innere Ruhe geben kann, die er braucht." Berlau (1985), 34.
228. w.a. 1, 187; „Im Dickicht der Städte". Hier ist dies allerdings homoerotisch gewendet.
229. w.a. 12, 570; „Me-ti": „Bevor ich wußte, daß Lai-tu mich liebte, ängstigte sie

guten droht das böse Objekt aufzutauchen. Sind die Frauen „vollgesogen", singt Baal,

> wie Schwämme mit Liebe, dann werden sie wieder Tiere, bös und kindisch, unförmig mit dicken Bäuchen und fließenden Brüsten und mit feuchtklammernden Armen wie schleimige Polypen[230]

Dem, der das böse Objekt liebt, droht der Untergang. Das hat Brecht besonders in der Verschiebung auf homosexuelle Beziehungen ausphantasiert; an der Liebe seines Bargan z. B., der,

> nur weil er etwas haben wollte, dem er nützen konnte, sich an diesen Aussatz gehängt hatte und alles sein ließ für ihn und wohl noch froh war, daß es kein guter Mann war, den er liebte, sondern ein böses gefräßiges Kind, das ihn ausschlürfte wie ein rohes Ei, mit einem einzigen Zug:[231]:

> so konnte es jedem von uns gehen, mitten im Licht wurde man überfallen, so unsicher sind wir alle auf diesem Stern.[232]

Den in der Liebe drohenden Umschlag des geliebten Menschen in solch ein zerstörerisch fressendes Objekt gilt es zu meiden.

Die Symbiose mit dem guten Objekt ist gefährdet; sie ist es zunächst, weil dessen Repräsentantin den Liebenden verlassen und so das ängstigende Bild der kalten Mutter annehmen könnte. Deshalb suchte Brecht sich, „von Eifersucht gepeinigt"[233], vor dem Umschlag des guten ins böse Objektbild zu schützen. Er nahm ihn in Gedanken vorweg, bekämpfte ihn an der Geliebten und suchte sie dadurch an sich zu binden: „Brecht hat mir fünfzehn Jahre lang verboten zu lächeln. ‚Dein Hurenlächeln!' nannte er mein Lächeln. Ich wurde grau."[234] Oder er vollzog diesen Umschlag in Gefahrensituationen selbst, entwertete die eben noch Geliebte zum bösen Objekt und brachte sie so auf sichere Distanz. „Du hast dich benommen wie eine Dirne" fuhr er Bie an, als sie es wagte, mit einem anderen zu flirten.[235] Ähnlich erging es Marianne Zoff, als

---

mich mit der Schilderung unangenehmer Zustände, in die sie verfiel, wenn sie allein war. Sie saß […] in zusammenhanglose Träumereien versunken […]. Als sich meiner selber ähnliche Zustände bemächtigten, wußte ich, daß ich sie liebte."

230. w.a. 1, 11.

231. w.a. 11, 36 „Bargan läßt es sein"; 1921. Vgl. „Leben Eduard des Zweiten von England" w.a. 1, 195 ff.

232. w.a. 11, 35.

233. Seine Geliebte Bie in: Banholzer (1981), 32.

234. R. Berlau in: Bunge (1985), 269.

235. Banholzer (1981), 33.

sie ein von ihm gezeugtes Kind verloren und ihn dadurch narzißtisch gekränkt hatte: „Die Hure sollte kein Kind haben, mein Kind ging von ihr, da sie kein reines Herz hatte!"[236] Ruckartig flüchtet er sich aus der Symbiose und schützt sich durch die aus der Therapie von Angstneurotikern bekannten

> starken Vorwürfe, Entwertungstendenzen [und durch] die Feindseligkeit [...], die der Patient entwickelt, wenn er aus der symbiotischen Einheit mit der Mutterfigur auszuschlüpfen beginnt.[237]

Er schützte sich durch Spaltung des Frauenbilds vor den Gefahren der frühen Mutter-Kindbeziehung, vor denen die Frauen ihn schützen sollten, denen sie ihn jedoch immer wieder auslieferten. Durch Spaltung suchte er alles Unangenehme in der Beziehung, jedes Umschlagen und besonders „Szenen" auszuschalten; diese haßte er.[238] Als „Mittel" hatten die Frauen unterschiedlichen Aufgaben zu genügen: Er idealisierte die als gutes Objekt erfahrene, auch körperlich ‚wärmende' Frau („Er vergötterte mich so sehr, daß es mir peinlich war", schreibt Bie[239]), er distanzierte sie oder er entwertete sie zur Hure. Diese Spaltung des Frauenbilds zieht sich durch sein Werk.[240] Als eine weitere Variante kommen dort die idealisierten und weitgehend entsexualisierten Jungfrauen und Mütter hinzu[241], wie Johanna Dark, Pelagea Wlassowa, Grusche oder Shen-te: Die sexuell nicht anziehende Frau lockt den Mann weniger in den Strudel der frühen Symbiose. So konnte Helene Weigel, nachdem die Sexualität zwischen den beiden kaum eine Rolle mehr spielte, wenigstens zeitweilig zum verläßlichen guten Objekt werden. Ruth Berlau berichtet:

> Als ich einmal über einen Menschen sehr enttäuscht war, weil er nicht hielt, was wir uns von ihm versprochen hatten, nahm Brecht einen Bleistift und zeichnete mir auf: ‚Von einem Menschen kannst du zum Beispiel soviel erwarten, von einem anderen soviel und von einem dritten nur so-

---

236. Tb 117; 9.V.1921.
237. Roether (1985), 91.
238. Mittenzwei (1986,1), 714.
239. Banholzer (1981), 31.
240. Pietzcker (1974), 273 ff.; dort begriff ich die Spaltung vom ödipalen Konflikt her. Die ödipale Bedeutung der Spaltung bleibt unbestritten; sie folgt bei Brecht jedoch der Matrix der präödipalen Problematik.
241. Schneider (1979), 42 ff.

viel. Du darfst nie beleidigt oder enttäuscht sein, wenn deine Vorstellungen nicht erfüllt werden. Dann hast du Vorurteile gehabt. Wenn du *einen* Menschen hast, auf den du dich hundertprozentig verlassen kannst, dann hast du viel. Zwei solcher Menschen gibt es nicht.' Für Brecht war dieser eine Mensch die Weigel. [...] Brecht war an und für sich sehr einsam. Er mußte sich schützen — zu allen Zeiten, nach allen Seiten. Er hatte wirklich nur die Weigel, auf die er sich völlig verlassen konnte.[242]

Um sich vor narzißtischer Kränkung zu schützen („Du darfst nie beleidigt oder enttäuscht sein"), benutzte er Anteile der Frauen, nicht jedoch die ganze Person, als „Mittel" gegen seine „Verlassenheit". Helene Weigel hatte bald den Part der asexuellen wärmenden und nährenden Mutter zu übernehmen, süddeutsch-österreichisch zu kochen, ein Heim einzurichten und zu sichern. „Daß Brecht während seines ganzen Exils nicht auf das gewohnte häusliche Leben verzichten mußte, war dem Verständnis, dem Geschmack, ja der Aufopferung Helene Weigels zu danken."[243] Sie führte wohl auch die Rolle der Dienstmädchen, der verläßlichen Maries[244] fort, die Brecht auch später im System seiner Bemutterung unterbrachte. Er konnte es in Ostberlin noch vervollkommnen: Die Frau, die ihn dort versorgte, hieß mit Familiennamen „Mutter"[245]. ‚Frau Mutter, bringen Sie bitte das Essen!' — was konnte ein alternder Muttersohn sich Schöneres wünschen? Als Hausherr hatte er die „Mutter" nun in seine Dienste genommen und war ihr beim Essen nicht mehr ausgeliefert wie das Baby seiner allmächtigen Mutter. Nun konnte er sein Essen eher genießen. Lebenslang hat er es verstanden, einen mütterlichen Kokon um sich zu tragen, bis hin zur Einrichtung seiner Zimmer, zur Kleidung, und natürlich bis hin zum Essen:

> Er aß ungern andere Gerichte, als die, die er von seiner Geburtsstadt Augsburg her gewohnt war, und die konnte nur seine Frau zufriedenstellend zubereiten. Konfrontierte man ihn mit luxuriösen und raffinierten Mahlzeiten, so betrachtete er die Anrichtung und sagte mit einem spöttischen Ausdruck mißbilligend: ‚So ißt man in Augsburg nicht!'[246]

Mütterliche Fürsorge verschaffte er sich aber auch bei seiner Arbeit, z.B. als es um die Leitung des ‚Berliner Ensembles' ging:

242. In: Bunge (1985), 142.
243. Mittenzwei (1986,1), 493.
244. Vgl. W. Brecht (1984), 84.
245. Nach Mitteilung von John Fügi.
246. Engberg (1974), 98.

Er brauchte jemand, der sich in der gesamten Planung und in der Lösung unmittelbar praktischer Fragen auf ihn einstellte, ohne daß vorher alles abgesprochen werden mußte. An der Spitze sollte jemand stehen, der ihn völlig verstand, aber nicht den Ehrgeiz besaß, selbst die Richtung bestimmen zu wollen. In dieser Hinsicht war Helene Weigel die ideale Person. Sie wußte genau, wie Brecht diese oder jene Frage entschieden hätte, andererseits wäre es ihr nicht eingefallen, über Brechts episches Theater Erklärungen abzugeben.[247]

Einmal mehr hatte er sie zu jener „omnipotenten, gewährenden, schonenden Mutter" gemacht, „die möglichst Frustrationen, Versagungen und unangenehme Gefühle dem Kind zu ersparen sucht"[248].

Schon 1916 hatte er geschrieben:

Heute nacht habe ich einen Herzkrampf bekommen, daß ich staunte [...]. Ich bin schon etwas verdorben, wild, hart und herrschsüchtig. Wenn ich jemand hätte, der still ist, gütig und mit mir gegen mich kämpfen wollte, könnte alles wieder gut werden. Wenn ein Mann richtig lebt, lebt er wie im Sturm, den Kopf in den Wolken, mit wankenden Knien, im Finstern, lachend und kämpfend, stark und schwach, oftmals besiegt und nie unterworfen. Aber er braucht etwas, was ihn auf die [!] Erde hält, einen Schoos, den müden Kopf hineinzulegen, weiche Hände, Natürlichkeit, Liebhaben, Reinheit. — Ich denke wieder oft an die kleine Ostheimer, die sehr lieblich aussah als sie mit dem Kind sprach.[249]

Sein herzneurotisches Erleben stilisiert er kontraphobisch zum schlechthin männlichen Leben: den „Sturm" des „Herzkrampfs",[250] die selbsterzeugte „Finsternis",[251] die Versuche gegen die Gefahr anzukämpfen, den ‚lachenden' Genuß phallischer Potenz, sein Erliegen und Sichwiedererheben.[252] Um dieses Leben, das dem Konflikt mit der frühen Mutter entstammt, zu bestehen, sucht er eine gegenwärtige Mutterfigur, die sich zu ihm wie zu einem Kinde verhält, z.B. „die kleine Ostheimer". ‚Still' und „gütig" sollte sie ihm in seinem inneren Kampf beistehen und gelegentlich seinen Kopf in ihrem „Schoos" halten wie die Mutter einstmals den Säugling.

247. Mittenzwei (1986,2), 362.
248. Markert (1985), 89.
249. Brecht (1986), 1134 f.
250. Zur Nähe von Sturm und „Herzkrampf" o.S. 7, 19, 54, u.S. 106 ff., 157, 170ff.
251. O.S. 31 ff.
252. Vgl. w.a. 1, 47 f.

Um 1932, als Helene Weigel ihn wegen seiner Beziehung zu Margarete Steffin verlassen wollte, hatte er, um sich zu schützen, Sexualität und Psyche zu trennen und wenigstens auf sexueller Ebene eine sichere Gemeinschaft mit ihr zu erhalten versucht:

> Ich habe nun oft gemeint, man sollte sich bemühen, das Körperliche nicht nach dem Psychischen zu richten, da es die naivere und unbelastetere Verständigung ergibt. Und auch ist es fast immer ein Mißverständnis, wenn man das Körperliche (wenn einmal etwas nicht klappt) als Ursache nimmt. Ich weiß von mir, daß ich Dir immer nah stehe darin, auch über Verstimmungen hinweg, auch während derselben. Wenn es nicht so scheint, vergiß nicht, ich lebe gerade (und meistens) in schwieriger Arbeit und schon dadurch ohne rechte Möglichkeit, mimisch usw. mich auszudrücken, und fürchte Privatkonflikte, Szenen usw., die mich sehr erschöpfen.[253]

Später verlor die Sexualität an Bedeutung zwischen den beiden. Helene Weigel rückte immer eindeutiger in die Rolle der zuverlässigen und versorgenden Mutter, und Brecht vervollkommnete sein Bemutterungs-, sein Geliebten- und sein Mitarbeitersystem, kombinierte, was er so sorgfältig aufgespalten hatte, und tarierte es aus:

> Da Brecht immer seine Mitarbeiterinnen zu seinen Geliebten machte bzw. die Geliebten zu Mitarbeiterinnen und sie in beiden Eigenschaften möglichst oft um sich haben wollte, mußte er Helene Weigel als Chefin des Ensembles in eine Lage bringen, die sie nicht anders als deprimierend empfinden konnte. Er dagegen meinte, zu alldem gäbe es keinen Grund, eben weil seine Beziehung zu Helene Weigel unverändert geblieben war. [...] Er war auf kameradschaftlichen Kontakt und ungestörte Familienbeziehungen aus, zusammengehalten durch vergangene Gemeinsamkeit und Übereinstimmung in der künstlerischen Produktion. Seinen Freiraum jedoch wollte er unangetastet wissen.[254]

Die Spaltung des Frauenbilds hat *als* Spaltung eine Verachtung wirklicher Frauen zur Voraussetzung, die möglicherweise nicht nur unbewußt ist; eine Verachtung auch der idealisierten Frauen. Sie wurde von den wenigsten seiner Mitmenschen erkannt. Ruth Berlau schreibt 1951 an Peter Suhrkamp zu dem Schlußkapitel eines Buchs, das sie gemeinsam mit Brecht verfaßt hatte:

253. Brecht (1981), 157 f.; um 1932.
254. Mittenzwei (1986,2), 550.

Es ist eine Kritik an Frauen. Und, glauben Sie mir, da ist Brecht groß. Eigentlich verachtet er ja uns Frauen tief, nur über Rosa Luxemburg und über Krupskaja, Lenins Frau, kann man ihm Gutsagen abpressen. Ja, und natürlich über Weigel!!! Mich hat er immer behandelt wie den letzten Dreck — leider liebe ich ihn.[255]

Das schreibt eine gekränkte Frau, doch zumindest die halbe Wahrheit hat sie erkannt.

Spaltung schützte ihn nicht davor, daß hinter dem Bild der guten verläßlichen Frau das jener Mutter hervortrat, welche die Unabhängigkeit des Sohnes beschneidet, besonders die sexuelle. An dieses Mutterbild war er so gebunden, daß er auch als Erwachsener gelegentlich seine Autonomie schuldbewußt als zerstörerischen Angriff erfuhr, den er sich versagen mußte[256] oder wenigstens doch so behandeln, als gäbe es ihn gar nicht. „Es nützt nichts", schreibt Ruth Berlau,

> mal muß ich es trotz aller Liebe sagen: Er war feige. Ich kann mir vorstellen, daß es drei Monate gedauert hat, bis er der Weigel sagen konnte: ‚Die Grete ist auch da.'[257]

Als er Ruth Berlau in New York besucht hatte, war er ängstlich besorgt, daß nichts ans Licht kam, obwohl alle, die es wissen wollten, im Bild waren.[258] Da war ihm an die Stelle der einschränkenden Mutter die Öffentlichkeit geraten.

Wollte er sich vor den Verlockungen der Frau bewahren, die er als sicherndes „Mittel" doch gerade suchte, so mußte er sich von ihr zurückziehen und sie vergessen, eine kaum verborgene Aggression.[259] Hatte er sich zu stark an sie gebunden und fühlte er sich von ihr bedrängt oder narzißtisch verletzt, mußte er sie sogar gewaltsam aus seinem Innern entfernen, wie damals Marianne Zoff: „Heraus aus mir! Heraus! Her-

255. In: Bunge (1985), 268.
256. O.S. 31 ff.
257. In: Bunge (1985), 110.
258. Bunge (1985), 317; vgl. Brecht (1981), 453, 457.
259. Die Aggression entsteht im Autonomiekonflikt; sie gilt zunächst der symbiotisch vereinnahmenden Mutter, die durch die sekundäre Aggression des Vergessens dann vor der ersten Aggression geschützt wird (o.S. 31 ff.). Die Aggression gilt aber auch der in die Symbiose lockenden Mutter-Imago. Deren Vernichtung hat Brecht um 1917 in „Tarpeja" phantasiert (w.a. 8, 24). Zum Motiv des Vergessens: Pietzcker (1974), 261 ff. Auch hier gilt, daß die ödipale Problematik durch die frühe Mutterbeziehung geprägt ist, und daß die ödipalen Lösungen den frühen Lösungsstrategien folgen.

aus! Jetzt sie als Hure benutzen lassen, den andern hinwerfen".[260] Oder er kehrte die frühe Situation um und arbeitete nun mit derselben Erpressung wie früher die Mutter:

> Brecht sagte mir gestern [...]: ‚Ich werde dir jetzt etwas sehr Schlimmes sagen, Ruth, aber du mußt es wissen: Wenn ich morgen auf der Straße tot umfalle, bist du schuld. Du hast mich fünf Jahre meines Lebens gekostet. Ich bin jetzt dreiundfünfzig und sehe fünf Jahre älter aus, und du bist daran schuld'[261]

— „Aber gnädige Frau, ein Mann hat immer Angst vor einer Frau, die ihn zu sehr liebt"[261b].

Da er die Gefahren der Nähe spürte, auf Nähe jedoch nicht verzichten konnte, wahrte er Abstand sogar in der Nähe. Ruth Berlau berichtet:

> Als wir uns zum erstenmal sahen, gab er mir zwar seine Hand, trat aber gleichzeitig einen Schritt zurück. Dieses Kunststück macht dem Brecht so leicht keiner nach. Abstand, um Gottes willen Abstand! Nicht nur in seiner Regie forderte er Abstand, sondern auch privat.[262]

Um den Sog zu verlockender Liebesverschmelzung, um heftige symbiotische Bedrohung, Verlassenheitserfahrung und aggressive Distanzierung zu meiden, suchte er vorsichtigen Abstand zur Geliebten.[263] „Wenn deine Freundin schreibt, daß sie kommen will / Glaube ihr nicht."[264]

> Als sie nicht kam, schrieb er [d.i. Kin-jeh = Brecht; C.P.] ihr: Ich habe dich oft angehalten, nicht zu mir zu sagen: ich liebe dich, sondern: ich bin gern mit dir zusammen; nicht: verlaß dich auf mich, sondern: rechne in bestimmten Grenzen mit mir; nicht: für mich gibt es nichts als dich, sondern: es ist angenehm, daß es dich gibt. Daß ich einmal fälschlich geglaubt habe, du habest mich ganz und gar verraten, war schlimm, denn danach glaubte ich, ich könne mich ganz und gar auf dich verlassen.[265]

Noch mißtrauischer sicherte er sich durch mehrere Geliebte davor, von

260. Tb 118; 9.V.1921.
261. R. Berlau in: Bunge (1985), 30. Vgl. o.S. 9 f., 33, 36, 42, u.S. 149.
261b. Polly in der ‚Dreigroschenoper'; wa 2, 470.
262. In: Bunge (1985), 46.
263. Vgl. Roether (1985), 108, 123 f. und Markert (1985), 95.
264. w.a. 12, 580 „Me-ti".
265. w.a. 12, 579 „Me-ti".

einer einzigen verschlungen zu werden, aber auch, von ihr verlassen, dann allein in der „Kälte" zu stehen. Er richtete sich auch bei Frauen nur „vorläufig" ein:

Es ist angenehm, daß es viele sind und daß man sie auswechseln kann[266];

oder literarisch stilisiert:

Komm mit mir nach Georgia
Dort laß uns schaun nach neuen Fraun
Und wenn diese Fraun wieder alt ausschaun
Dann bleiben wir nicht mehr da.[267]

Ebenso hieß das Mädchen nicht andauernd Marie, es wechselte im Gegenteil andauernd seinen Namen, was albern und störend genug war. Welch ein Unfug, jedem Mädchen einen anderen Namen aufzuhängen! Hieß etwa jedes Hemd anders, die Hemden waren doch auch gleich, folglich auch der Name![268]

Solche Beziehungen lassen jedoch die „Kälte" wieder spüren und mit ihr die Sehnsucht nach der Nähe des guten Objekts. Der Kreislauf setzt sich fort.

Um sich hiervor zu schützen, kannte er weitere „Mittel": eine Anhänglichkeit, die den Gedanken an Trennung gar nicht erst aufkommen ließ, das Errichten sozialer Sicherungssysteme, wie etwa des Bemutterungssystems, machtgestützte Kontrolle und Lehrerhaltung.

„Er konnte sich von keiner Frau, der er zugetan war, wirklich trennen";[269] das ging so weit, daß er z.B. noch 1924, nachdem er 1922 schon Marianne Zoff geheiratet hatte, den Ehemann Paula Banholzers zu verdrängen suchte.[269] Mit wem er sich angefreundet hatte, dem bewahrte er auch über politische Gegensätze hinweg treue Anhänglichkeit.

In ihren Liebesäußerungen wirken angstneurotische Patienten oft sehr egozentrisch, eigennützig, besitzergreifend, ausbeuterisch, tyrannisch, aber auch anhänglich, zutraulich und innig.[270]

Sie wollen, wie auch Brecht, die Einheit mit dem anderen „erhalten, um

---

266. Tb 205; o.S. 44.
267. w.a. 8, 135f.; o.S. 45.
268. Tb 193; um 1920.
269. Mittenzwei (1986,1), 153.
270. Markert (1985), 94.

die unangenehmen Gefühle der Trennung zu vermeiden; seien sie nun Wut, Schmerz oder Angst."[271]

> Hat der Angstneurotiker erst einmal einen Partner gefunden, hält er — gegen jede aktuelle Erfahrung mit ihm — unerschütterlich an dieser Beziehung fest. Es geht dabei nicht um [...] das Dogma der Unauflöslichkeit einer engen Partnerbindung, sondern um die Unfähigkeit, einen solchen Schritt überhaupt in der Vorstellung entwickeln und halten zu können.[272]

Treue Anhänglichkeit und schnelles Austauschen der ,Vorläufigen', „Mittel" in zwei voneinander abgespalteten Bereichen, entspringen bei Brecht beide der Angst vor Trennung.

Ihr entsprang auch sein Bemühen, sich andere in seinem Bemutterungs-, Mitarbeiter- oder Geliebtensystem verfügbar zu halten.[273] Verband er sich z.B.

> mit einer Mitarbeiterin, dann geschah das auf eine alles beanspruchende Weise. Wenn vielleicht auch unausgesprochen, so verlangte er, daß sie ihr Leben auf ihn einstellte, ohne daß er zu Gleichem bereit war.[274]

Er verlangte von seinen engsten Mitarbeitern, „sich bedingungslos auf ihn einzustellen, sich ihm mit ihrem ganzen Privatleben auszuliefern".[275] Als z.B. Margarete Steffin wegen einer offenen Ohrentuberkulose ins Krankenhaus sollte, protestierte er: „Ja, das nützt nichts, jetzt kann sie nicht im Krankenhaus liegen, denn ich brauche sie."[276]

> Brecht war immer dagegen, daß seine Freunde heirateten, denn danach waren sie irgendwie anders engagiert und hatten gerade dann keine Zeit, wenn Brecht sie brauchte.[277]

Es ist bekannt, daß Angstneurotiker sich auf die Kunst verstehen, andere in ihre Dienste zu nehmen. Bei Horst Eberhard Richter lesen wir:

> In manchen Familien hatte ein Herzneurotiker seine Angstdurchbrüche weitgehend verloren. Dafür hatte er seine Angehörigen mit seinem Lei-

271. Ebd. 95.
272. Roether (1985), 103.
273. Vgl. Roether (1985), 104, 108.
274. Mittenzwei (1986,1), 306 f.
275. Mittenzwei (1986,2), 399.
276. Mittenzwei (1986,1), 516.
277. R. Berlau in: Bunge (1985), 180.

den derart eingeschüchtert, daß diese ihn wie ein rohes Ei behandelten und sich seinem übervorsichtigen Lebensstil gefügig anglichen.[...] Fragte man die Angehörigen, wie sie seinen Zustand einschätzten, so fanden sie diesen keineswegs gebessert. Sie orientierten sich an dem Druck, mit dem er ihr Leben einengte. Als Preis dafür, daß sie ihm überall angstauslösende Reize ersparten, hatten sie hingenommen, daß sich die Familie in eine Art Sanatorium verwandelt hatte.[278]

Da Angstneurotiker dem Objekt mißtrauen, sind sie, wenn sie sich an Bau und Erhalt solch eines Sanatoriums machen, „tief überzeugt, daß der andere ständig zu Zuwendung und Hilfeleistung gezwungen werden muß, und dazu gehört, daß der Angstpatient seine Rolle überzeugend ausgestaltet".[279] Er muß sein Leiden inszenieren, um den anderen zu erpressen und ihm das erhebende Gefühl zu verschaffen, ihn vor der Angst zu retten.[280] Ob Brecht genauso verfuhr, konnte ich nicht klären. Sicher aber ist: er arbeitete damit, daß er die Geliebte, die Mutterfigur oder den Mitarbeiter wissen ließ, daß er sie „brauchte"[281], in der Regel zur künstlerischen Produktion, und dies dringend. Dem konnte sich kaum jemand entziehen; wer es dennoch wagte, der hatte, wie Hanns Eisler, mit arger Verstimmung zu rechnen.[282]

Das psychosoziale Arrangement, das Brecht sich so erpreßte, verdankt sich seiner Sozialisation.

> So wie der Angstpatient seinen Partner zu manipulieren sucht, seine Eigeninitiative unterbindet und jeden seiner Schritte kontrollieren möchte, so war er selbst in der Beziehung zu seiner Mutter ein Manipulierter, dessen Selbständigkeitsbestrebungen entmutigt, dessen Protest unterbunden, relativiert oder belächelt wurde, dessen Ablösungsversuche zwecklos und indiskutabel waren.[283]

Doch Brecht wiederholte nicht einfach Erfahrungen seiner Sozialisation; er stellte sie in den Dienst seiner Produktivität. Diese Produktivität aber galt bald „Selbständigkeitsbestrebungen", „Protest" und „Ablösungsversuchen" — draußen in der Gesellschaft.

Wollte er die sichernde Nähe des guten Objekts erhalten, mußte er

278. Richter (1986), 223 f.
279. Roether (1985), 107.
280. Ebd. 122 f.
281. Vgl. o.S. 73.
282. Mittenzwei (1986,1), 560 ff.
283. Roether (1985), 116.

Macht über es gewinnen und machtgeschützt dann symbiotischer Vereinnahmung wie kränkendem Verlassenwerden entgegenwirken. „Warum bin ich zu feig, großen Kränkungen in die schielenden Augen zu sehen? Immer sehe ich gleich ein, was mich lähmt: Daß ich über niemanden Macht habe", vertraut er 1920 seinem Tagebuch an.[284] Der ‚Lähmung' zu entgehen, suchte er Macht, auch über Frauen. Sein übermäßiges Kontrollbedürfnis, das bei Herzneurotikern ja vielfach beobachtet wird,[285] diente der Machtsicherung angesichts des gefährlichen frühen Objekts. Bie z.B. erzählt, daß er sie von zuverlässigen Freunden überwachen ließ[286] und sie „zu beherrschen und gänzlich von anderen Männern fernzuhalten [suchte]. Ich war sein persönliches Eigentum, und er ließ mich das durchaus fühlen."[287] Und Marianne Zoff berichtet von einem Ehevertrag: „Er wollte fremdgehen dürfen, ohne daß ich mich darüber aufzuregen hätte. Und ich sollte ihm treu sein."[288] Die Frau band er und sicherte sich ihre schützende Nähe, sich selbst aber hielt er alle Optionen offen. Dieses Verhalten begegnet uns in unterschiedlichen Bereichen, z.B. in der kaum überschaubaren Fülle von Verträgen, die er mit Verlagen und Einzelpersonen schloß oder zu schließen suchte. Er schrieb mehr Verträge als abgeschlossene Werke; John Fügi liegen über 50 000 Blatt solcher Verträge vor.[289] Verträge waren ihm lebenslang ein „Mittel", Herrschaft über das ambivalent erfahrene Objekt zu erlangen und sich selbst dabei möglichst großen Freiraum zu sichern. So verwundert es nicht, daß er 1925 die „Beziehungen der Menschen untereinander" ganz allgemein als Vertragsbeziehungen verstand:

> Sobald zwei Menschen zueinander in Beziehung treten, tritt auch, in den allermeisten Fällen stillschweigend, ihr Vertrag in Kraft. Dieser Vertrag regelt die Form der Beziehung. [...] Was zuerst da ist, ist immer die Beziehung, der Vertrag setzt dann ein, wenn zumindest eine Seite erkannt hat, welchen Wert die andere Seite für ihn [!] hat [...]. Abweichen der Vertragsausfertigung könnte [...] zu unliebsamen Folgen führen, die besonders für die Seite unliebsam sein würde, die das größte Interesse an der

284. Tb 69; 24.IX.1920.
285. Schonecke (1986), 517.
286. Banholzer (1981), 41.
287. Banholzer (1981), 39.
288. Ebd. 178.
289. John Fügi (1986).

Aufrechterhaltung der Beziehung mit der anderen Seite hätte. [...] Mit jedem Menschen muß man einen besonderen Vertrag machen. Dabei sind natürlich Sonderverträge für bestimmte Zeiten oder Angelegenheiten möglich [...]. Bei Mann und Frau ist es meistens so, daß der Mann kraft seines Vertrages ungeheuer viel verlangen kann und die Frau ungeheuer viel zugeben muß.[290]

Der Muttergebundene sichert sich, angstvoll soziologisierend im bürgerlich-patriarchalischen Schema.

Eine gemäßigtere Form solcher Kontrolle entwickelte er, indem er seine Geliebten für sich agieren ließ: als Mitarbeiterinnen oder Schauspielerinnen seinen Vorstellungen folgend, Erweiterungen seiner selbst,[290b] distanziert, beherrscht, zumeist in der Mehrzahl und immer auf ihn bezogen. Auch wenn sie gerade nicht für ihn arbeiteten, hatten Frauen als sichernde Objekte wohlkontrolliert zur Verfügung zu stehen. Ruth Berlau notiert 1954 zu seiner „Telefonzeit“:

> Mit ‚Telefonzeit‘ meine ich die Zeit, zu der er alle anruft, alle [seine Frauen; C.P.] der Reihe nach. Das ist neunzehn Uhr [im Falle Ruth Berlaus; C.P.]. Und dann ein kurzes „Gute Nacht“ um dreiundzwanzig Uhr. Wenn man etwas zu sagen vergessen hat und zurückrufen will, ist sein Telefon schon besetzt.[291]

Da er das gute Objekt nicht sicher verinnerlicht hatte, blieb er abhängig von den Objekten draußen, erfuhr deshalb Alleinsein als Einsamsein und konnte sich wohl schwer nur — oder gar nicht? —, wenn er allein war, dem gegenwärtigen Augenblick passiv öffnen. Mißtrauen, Trennungsangst trieben ihn aus der Einsamkeit zum Objekt: Er wurde neugierig.

> Er war unglaublich neugierig und fürchtete immer, etwas zu verpassen, wenn er nicht dabei war. Einmal habe ich ihn überrascht, als er, im langen Nachthemd, durchs Schlüsselloch guckte. Er wollte feststellen, was wir ohne ihn unternehmen.[292]

Dienten Distanzierung, treue Anhänglichkeit und Spaltung der Vermeidung und Schonung, so ist die Kontrolle bei ihm ein kontraphobischer Schutzmechanismus: Sie hält das frühe Objekt gegenwärtig, erlaubt,

---

290. w.a. 20, 22 f.
290b. Vgl. Raddatz (1973), 156.
291. In: Bunge (1985), 277; vgl. Roether (1985), 126.
292. R. Berlau aus der Zeit im dänischen Exil. In: Bunge (1985), 62.

ihm ohne Furcht ins lockend furcherregende Antlitz zu schauen, hilft Aktivität bewahren und sichert vor der Auslieferung an die Gefahr. So ist sie wie seine sozialen Sicherungssysteme eine Voraussetzung der Kreativität Brechts, die in der Spannung zwischen Schutz und Bedrohung den Schritt wagt nach draußen ins Neue und Ungewisse.

*

Weit ausgebildet und zentral ist in seinem Werk, und durchaus mit lebensgeschichtlichem Hintergrund, die *Haltung des Lehrenden*. Auch sie erlaubt es, sichernde und machtbewußte Aktivität zu wahren und sich dennoch dem Kitzel der gefährlich drohenden Symbiose auszusetzen. Als Lehrer ging er auch mit seinen Geliebten um; „Er wollte etwas aus den jungen Frauen machen."[293] In seinen Liebesgedichten begegnet die Lehrerhaltung uns vielfach.

Sonett Nr. 10 (Von der Scham beim Weibe)

Ich lieb es nicht, wenn Weiber lange brauchen
Denn mir gefällt, die unersättlich kam
Und rasch gestillt wird ihre schnelle Scham
Zwischen Durst und Abwehr pausenlos verhauchen.

Der Liebesakt muß sie von Grund verändern
Bis zur Entstellung! Mit vermischten Leibern
Sei'n bei den Männern und sei'n bei den Weibern
Die Köpfe so entfernt wie in verschiedenen Ländern.

Zu große Scham, dem Mann ans Fleisch zu greifen
Zu große Lust, es ganz sich zu verkneifen
Das Weib soll sein an seiner Lust gemessen.

Zu schön, sich nicht zum Warten zu bequemen
Zu unersättlich, nicht alles zu nehmen
Ist es gestattet ihr, sich zu vergessen.[294]

Es spricht der erfahrene Meister in Liebessachen. Der Lehrer meldet seine Wünsche an, wertet, verbietet und erlaubt. Im schützenden Panzer der didaktischen Haltung lehrt er die Frau, das zu tun, wozu er selbst sich verlockt fühlt, wovor ihm aber auch graut: sich dem ängstigenden

293. Mittenzwei (1986,2), 552.
294. w.a. Suppl. III, 197; um 1926.

Kampf zwischen „Durst und Abwehr" auszusetzen, im Orgasmus die Kontrolle zu verlieren, „sich zu vergessen", sich „von Grund verändern" zu lassen, und das bis „zur Entstellung!". Da läßt er als Regisseur die Frau auf der Bühne der Leidenschaften spielen und sitzt zugleich unten im Parkett als der virginienrauchende Zuschauer seines Epischen Theaters, geschützt vor gefährlich „aristotelischer" Einfühlung und doch die Leidenschaft vor Augen — aber ja nicht im Herzen! „Da behält man seinen Kopf oben/ Und man bleibt ganz allgemein."[295]

Diese kontraphobische Haltung schützt vor Hingabe, Passivität und Verletzbarkeit. Doch sie läßt gerade deshalb die Darstellung der gefährlichen Sexualität in einem Ausmaß zu, wie dies die deutsche Literatur zuvor nicht gekannt hatte. Und sie hilft, dem anderen eine Freiheit einzuräumen, die den symbiotisch Gebundenen sonst in Panik oder womöglich zum „Herzkrampf" triebe:

> Als du das Vögeln lerntest, lehrt ich dich
> So vögeln, daß du mich dabei vergaßest
> Und deine Lust von meinem Teller aßest
> Als liebtest du die Liebe und nicht mich.[296]

Daß zumindest der Schein aufkommt, als vergäße sie ihn, wie sonst er die Frauen, das kann er zugestehen; indem er es lehrt, behält er die Zügel ja doch in der Hand: Er füttert sie mit einem „Teller" voll „Lust" — eine männliche Größenphantasie.

Eine Variante der Lehrerhaltung ist die der Anleitung. Sie gibt die Sicherheit erprobter und praktikabler Technik angesichts einer allgemeinen und schon oft gemeisterten Situation, und sie hilft, sich dem individuellen bedrohlichen Objekt dadurch zu nähern, daß sie es zum allgemeinen Fall macht: „Engel verführt man gar nicht oder schnell"[297] — oder:

> Am besten fickt man erst und badet dann.
> Du wartest, bis sie sich zum Eimer bückt
> Besiehst den nackten Hintern, leicht entzückt
> Und langst sie, durch die Schenkel, spielend an.[298]

Lehrend bestätigt er sich Potenz und Autonomie.

---

295. w.a. 2, 423.
296. „Das neunte Sonett", w.a. Suppl. IV, 282; 1933.
297. „Über die Verführung von Engeln"; w.a. Suppl. IV, 401; 1948.
298. „Sauna und Beischlaf"; ebd. 401; 1948?

Die Haltung des aufklärenden, anleitenden oder wertenden Lehrers setzt Brecht in eigentlich allen Bereichen ein, ob im privaten oder politischen, ob in seiner reflektierenden Prosa oder in der Theaterarbeit. Deutlich läßt ihre Funktion sich an einem frühen Naturgedicht erkennen:

Vom Schwimmen in Seen und Flüssen

Im bleichen Sommer, wenn die Winde oben
Nur in dem Laub der großen Bäume sausen
Muß man in Flüssen liegen oder Teichen
Wie die Gewächse, worin Hechte hausen.
Der Leib wird leicht im Wasser. Wenn der Arm
Leicht aus dem Wasser in den Himmel fällt
Wiegt ihn der kleine Wind vergessen
Weil er ihn wohl für braunes Astwerk hält.
[...]
Der Schlamm ist warm. Wenn kühle Blasen quellen
Weiß man: ein Fisch ist jetzt durch uns geschwommen.
Mein Leib, die Schenkel und der stille Arm
Wir liegen still im Wasser, ganz geeint
[...]
Am besten ist's, man hält's bis Abend aus.
Weil dann der bleiche Haifischhimmel kommt
Bös und gefräßig über Fluß und Sträuchern
Und alle Dinge sind, wie's ihnen frommt.
[...]
Natürlich muß man auf dem Rücken liegen
So wie gewöhnlich. Und sich treiben lassen.
[...]
Man soll den Himmel anschaun und so tun
Als ob einen ein Weib trägt, und es stimmt.
Ganz ohne Umtrieb, wie der liebe Gott tut
Wenn er am Abend noch in seinen Flüssen schwimmt.[299]

Eine beglückende Phantasie der Vereinigung mit dem frühen Objekt bis hin zum Verschwinden der Körpergrenzen. Solche Preisgabe an die

299. w.a. 8, 209; 1919. Zur psychoanalytischen Interpretation Pietzcker (1974), 204 ff. Wie auch sonst: Die dort vorgetragene Deutung unter dem Aspekt der Ödipalität ist um die Matrix der frühen Störung zu ergänzen, die den ödipalen Konflikt strukturiert.

Symbiose einigt den eigenen Körper, „Leib", „Schenkel" und „Arm".
Sie wird zugelassen und gesichert durch die distanzierende Haltung des
Anleitenden; er ist ihr ja nicht ausgeliefert. Kurz nur taucht hinter dem
ins Unkonturierte gleitenden guten, bergenden und tragenden Objekt
‚bös und gefräßig' das gefährliche auf, das gerade in solchen Situationen
beglückenden Schwimmens oftmals den Herzanfall auslöst; besonders
wenn der Schwimmer, wie hier, allein ist, ohne ein konturiertes sicherndes Objekt also. Doch die Einheit bleibt erhalten, „alle Dinge
sind, wie's ihnen frommt"; der Schwimmer wendet dem gefährlichen
lockenden Sog des Wassers den Rücken und läßt sich auf ihm treiben,
passiv, sicher und wie von der Mutter gewiegt: ein göttlicher Säugling.
Und weiter zurück: das Phantasma vom Embryo, der, in ozeanischem
Gefühl und im Fruchtwasser getragen, die Enge des Uterus hinter sich
gelassen hat, seinen Blick vom verschlingenden Wasser ab- und dem
Himmel zuwendet, nun jedoch die Gefahr spürt, daß seine Großartigkeit in dessen Grenzenlosigkeit verpufft, daß ihn also der „Haifischhimmel" frißt. So kehrt in der Glücksphantasie die Bedrohung wieder;
doch sie bleibt gebannt.

Hier liegt eine wesentliche Struktur der Texte von Brecht beinahe offen zu Tage: Die gespannte widersprüchliche Einheit zwischen einer
frühen Phantasie des symbiotischen Szenariums und einer kontraphobischen Reaktion, die sie zuläßt und vor ihr schützt, ja mehr noch: die
phallisch-narzißtisch sich ins Zentrum der Gefahr begibt, ganz wie der
auf dem Rücken liegende Schwimmer, der, um sich seine Potenz zu beweisen, dem gefräßigen „Haifischhimmel" den Penis provozierend in
den gezähnten Rachen streckt. Je heftiger das böse Objekt droht und die
Angst kitzelt, desto besser kann der Anleitende sich seiner Potenz versi-
chern, und das heißt: seines Phallus, seiner körperlichen und seelischen
Integrität, seiner Unverletzbarkeit und Autonomie. Solcher Angstlust
wegen trägt diese Struktur ihre eigene Gefährdung in sich: der „Haifischhimmel" könnte ja zuschnappen und aus wär's mit der Potenz. Das
erhöht die innere Spannung brechtscher Texte. Mit ihnen öffnet Brecht
sich verlockenden symbiotischen Phantasien, spürt, wie sie ihn verführen, die Subjekt-Objekt-Grenze aufzugeben, und zugleich, wie sie ihn
zu verschlingen drohen. Dieser Drohung bietet er die Stirn, geht auf sie
zu, erprobt hierbei seine Fähigkeit, sie zu kontrollieren und ihr in intellektueller wie gestaltender Herrschaft standzuhalten. So beweist er sich
seine Sicherheit und die Freiheit von symbiotischer Bedrohung — und

das genießt er. Doch damit er sich seine Freiheit beweisen kann, muß er die Drohung stets von neuem aufsuchen.

Wie stark seine phallisch-narzißtische Reaktion innerlich bedroht war, beleuchtet eine biographische Situation. Bie berichtet: Er ließ ihre Flirts von seinen Freunden kontrollieren, „und ohne Umschweife bestellte er entschlossen den jeweiligen vermeintlichen Rivalen zu sich [...] und bombardierte den Gegner [...] mit hochtrabenden Reden."[300] Später gestand er ihr dann, daß „er dabei stets innerlich gezittert habe, weil er fürchtete, daß ich aufstehen und sein Zimmer verlassen könnte. Und er gab zu, daß er dann nicht gewußt hätte, was zu tun sei"[301] — sie wäre zum ‚kalten', zum bösen Objekt geworden, und die mühsam bekämpfte Trennungsangst wäre nun doch noch ausgebrochen.[302] Solcher Angriff aus Angst vor der Angst kann zur Eroberung der halben Welt führen, doch beim Verlust nur eines kleinen „Mittels", z.B. der Zigarre oder der Pfeife, droht der Zusammenbruch; „ich weiß, daß die Eroberer von Weltreichen geneigt sind, beim Verlust einer Pfeife Selbstmord zu begehen. So wenig hält sie."[303] Doch gerade die als besonders bedrohlich phantasierte Gefahr, spornte Brecht zur Aktivität. 1949 z.B., als es um den Aufbau der Theaterarbeit in der DDR ging, schrieb er an Berthold Viertel:

> Glauben Sie mir, es ist wirklich wichtig, eine Produktionsgruppe zu bilden [...]. Das Feld dort muß auch gehalten und d.h. erobert werden, denn wenn es verloren geht, werden wir überall einfach zertreten[304]

—„zertreten", zermatscht, gewaltig droht die Gefahr, und das treibt zum Handeln.

Ein Foto von 1927 setzt Brechts kontraphobischen Umgang mit dem Bedrohlichen in Szene:[305] Der körperlich weit überlegene Boxweltmeister Paul Samson-Körner legt die Linke mütterlich behütend auf Brechts kleinen Intellektuellenschädel, drückt ihn dabei jedoch leicht

300. Banholzer (1981), 40.
301. Banholzer (1981), 42.
302. Auch seine anderen phallisch-narzißtischen „Mittel", die er weniger provozierend gegen die Herzangst einsetzte, halfen auf die Dauer nicht: Der ‚steife Hut' und die Zigarre gaben nur kurzfristigen Halt, und wenn er sich selbst, steif wie „Glas", zum Phallus machte, trug er die zum Bersten drängende Spannung in sich selbst.
303. Tb 209; 1927.
304. Brecht Briefe (1981), 595.
305. Hecht (1978), 69; vgl. u.S. 151, 162.

nach vorn und hält ihm die massig geballte Rechte entgegen, freilich ohne Wut in den Zügen. Gelassen, vielleicht etwas beklommen, aber doch lächelnd blickt der schmale Brecht, die Hände in der Hosentasche, auf die drohende Faust; er hat dies für den Fotografen ja selbst inszeniert: ein Spiel mit der Gefahr. Der Regie des Bedrohten unterstehen das Verlockende, die Bedrohung und der kontraphobische Blick und eine Botschaft an den Betrachter: „Tu mir nichts! Das Bedrohliche ist im Bündnis mit mir. Ich bin bedrohlich. Wenn du mich nicht bedrohst, können wir freilich lässig spielen." — Die Struktur seiner Texte agiert er als Foto.

> Und das große Weib Welt, das sich lachend gibt
> Dem, der sich zermalmen läßt von ihren Knien
> Gab ihm einige Ekstase, die er liebt
> Aber Baal starb nicht: er sah nur hin.[306]

306. w.a. 1, 3; „Baal".

SCHREIBEN: KONTRAPHOBISCHER UMGANG MIT DEM FRÜ-HEN TRAUMA

„Wenige Aussprüche über die Kunst", notiert Brecht 1922, „haben mich ebenso gepackt wie Meier-Graefes Satz über Delacroix: ‚Bei ihm schlug ein heißes Herz in einem kalten Menschen.'"[307] Das ‚heiße', von der symbiotischen Mutter umgetriebene „Herz" und, es umschließend, auf es bezogen und in einem Körper mit ihm vereint, der ‚kalte Mensch'; das meint auch: Distanz, Technik, Genauigkeit, „ernsthafte, oft nüchterne Hingabe an die Idee und die ebenso oft fanatische an das Handwerk"[308]. — In dieser Spannung vollzieht sich sein Schreiben; sie ist dessen unbewußter Motor. Es „gibt keine Kunst ohne Abstand"[309], betont er und sieht wie so oft nur die eine Seite. „Auch ist es wichtig, sich nie nach außen zu stülpen, immer dunkel und massig zu bleiben. Nur keine Exhibition!"[310] Schreibend verhält er sich „kalt" gerade zum Inneren, zu den Gefühlen; „Kälte" verhindert „Exhibition". Wo dies nicht möglich ist, kann er nicht schreiben: „Warum kann ich nicht über Menschen schreiben, die ich liebe? Man sieht nur das Sachliche. Das Gefühl ist zu stark."[311] „Er sagte: Ich fühle nur, wenn ich Kopfschmerzen habe, nicht wenn ich schreibe, dann denke ich nämlich."[312] 1942 notiert er:

> Fast ein Jahr fühle ich mich jetzt schon bedrückt durch den Tod meiner Mitarbeiterin und Genossin Steffin. Wirklich darüber nachzudenken habe ich bis(her) vermieden. Ich fürchte nicht so sehr den Schmerz, als daß ich mich seiner schäme. Aber vor allem habe ich nicht genug Gedanken darüber. Freilich weiß ich, ich kann den Verlust nicht verschmerzen, höchstens ihn mir verheimlichen. Manchmal habe ich sogar einen Schluck Whisky getrunken, wenn ihr Bild vor mir aufstieg. […] Ich bin der Meinung, daß solche Mittel ebenso tauglich sind wie andere, die für respektabler gelten. Sie sind gewiß äußerlich, aber ich kann keine innerliche Lösung dieses Problems sehen. Der Tod ist zu nichts gut. […] Es kann keinen Trost geben.[313]

307. Tb 186; 10.II.1922.
308. Tb 122; 20.V.1921.
309. Tb 146; 15.IX.1921.
310. Ebd. 146.
311. Tb 168; 25.X.1921.
312. R. Berlau in: Bunge (1985), 285.
313. Tb 232.

Den Schmerz des Verlassenen, schreibend distanziert er ihn im Tagebuch. Kaum wagt er, sich ihm auszuliefern, denn er ‚schämt sich' seiner Ohnmacht. Um sich zu schützen, greift er zu seinen „Mitteln", auch zu „Gedanken". Margarete Steffin, nach der Mutter vielleicht die Frau, an die er sich am stärksten gebunden fühlte, hatte er lieben können, weil er sich vor ihr durch die Rolle des erweckenden Liebeslehrers und durch literarische wie politische Zusammenarbeit schützte, durch die ‚dritte Sache' also. Jetzt, da er nach ihrem Tod seine Verlassenheit erfährt, wäre Schreiben ein guter Schutz; doch der setzt seinerseits Abstand voraus.

Deshalb stellte Brecht beim Schreiben den nötigen Abstand selbst her. Zunächst durch „Gedanken": „ ‚Ausmathematisieren' bei Brecht hieß: die Sache zum Skelett zuerst machen"[314], sie so abstrahieren, daß er frei von Emotionen mit ihr umgehen, und dann erst wohlkontrolliert seine Emotionen wieder zulassen konnte, nachdem sie seine dem Schein nach reine Rationalität im Hintergrund mitgeleitet hatten. „ ‚Einen Stoff ausmathematisieren', diesen Ausdruck verwendete er. Einen Stoff in Szenen aufteilen, ihn abschätzen, wo sind Verbindungsstücke?"[315]

> Ein Mensch, der zum erstenmal in ein Brechtstück geht, ist vor allem von der Originalität gepackt. Und wenn er nun jetzt hören würde, wie diese Originalität hergestellt wurde — nämlich mit dem schärfsten Nachdenken und der schärfsten, unerbittlichen Analyse einer Situation oder eines Verhaltens einer Person in bestimmten Umständen —, der wäre außer sich gewesen. Das ist nämlich eine durch Denkprozeß hergestellte Originalität. Die Originalität nämlich tritt da nur merkwürdigerweise ein, wenn sie konkretisiert wird. Und das machte Brecht überhaupt keine Mühe. Brecht würde sagen: ‚Weißt du, wenn wir mal die Konstruktion zusammenhaben, das andere, das ist nix, das mach ich dann schon so.' Sein untrüglicher Sinn für deutsche Formulierungen, für die deutsche Sprache — das war ihm so angeboren, damit hat er so frei operiert, daß ihm gar nicht zu Bewußtsein kam, welche Virtuosenarbeit das ist.[316]

Der „Gedanke", die Theorie, die ästhetische, wie die politische, waren ihm „Mittel", die halfen, kreativitätsfördernden Abstand zu gewinnen und zu bewahren. Ein anderes waren ihm Mitarbeiter, der Schutz

314. Eisler (1986), 172.
315. Ebd. 55 f.
316. Eisler (1986), 55 f.

des gemeinsamen Gesprächs, ihrer Vorschläge, Korrekturen und eigenen Beiträge,[317] der es ihm gestattete, mit seinem Thema, seinem Werk und seinem Unbewußten umzugehen.

Denn nicht immer konnte sich Brecht gleich in den ersten Sätzen klar ausdrücken. Ich hatte oft bemerkt, bei Diskussionen mit Brecht, daß die erste Stunde ein Hin und Her war — ein zähes Hin und Her — mit scheinbar völlig beziehungslosen Ausflügen in verwandte oder nicht verwandte Gebiete, bis erst nach eineinhalb, zwei Stunden plötzlich sich etwas herauskristallisierte. Diese Hartnäckigkeit des Denkprozesses — die Umwege — sind besonders wichtig bei Brecht. Auf diesen Umwegen kamen die erstaunlichsten Sachen heraus, oft ganz einfache. Die einfachsten Sätze wurden geschrieben nach zwei Stunden erbitterter Diskussion, die von der Relativitätstheorie — ich weiß nicht — zur Tagespolitik gingen. Dann kam heraus: Guten Tag, mein Herr! Ich sage das also jetzt karikierend. Es ist wirklich so. Aber in diesen zwei Stunden hat Brecht nie den

317. Es gelang ihm, einen ganzen Mitarbeiterstab für sich arbeiten zu lassen, dessen Werk, von ihm adaptiert und mit dem Autornamen „Brecht" versehen, dann weitgehend als Werk einer Person in die Literaturgeschichte einging. Seine Mitarbeiter, vor allem die Frauen, hatten sich mit ihm zum Teil so stark identifiziert, daß sie, z.B. Elisabeth Hauptmann (mündliche Mitteilung von John Fügi), in seinem Stil schrieben, und dies der Öffentlichkeit dann als sein Werk übergeben wurde, ohne daß er den Text auch nur überprüfte. Vermutlich hatte er Frauen, die im Bereich der Schriftstellerei Autonomie zu erreichen suchten, unbewußt die Teilhabe an ihm als ihrem Selbst-Ideal angeboten, so daß sie in der Identifikation mit ihm als ‚genialem Schriftsteller', der mit ihnen auch ins Bett ging, und in der auf ihn bezogenen Arbeit zu Scheinautonomie und schriftstellerischer Aktivität fanden. Wahrscheinlich band er sie so stark auch dadurch, daß er sie seine Einsamkeit spüren ließ und ihnen zu verstehen gab, daß er auf ihre Mitarbeit angewiesen war, sie „brauchte"; so gerieten sie in die Mutterrolle und in die von ‚des schwachen Mannes schwachem Stab', zwei Rollen, denen in unserer Gesellschaft Frauen ohne ausgeprägtes Selbstbewußtsein kaum widerstehen können. (Zum Chefsekretärinnensyndrom — ‚des schwachen Mannes schwacher Stab' —: Janine Chasseguet-Smirgel (1974), 171 ff.). Auch brachten die Nebenbuhlerinnen zumindest den Vorteil, daß keine Frau die Last der Verantwortung für dieses ‚schwierige Kind' allein zu tragen hatte. — Er erkannte die Leistungen seiner Mitarbeiterinnen an und unterstützte sie in ihren eigenen künstlerischen Bemühungen. Doch sie konnten aus ihm nicht so viel Gewinn ziehen, wie er aus ihnen; es fehlte ihnen an künstlerischer Kraft. In der Tendenz wenigstens hatte er recht, wenn er 1956 an R. Berlau schrieb „wir sind nicht zwei dramatiker, die zusammen stücke geschrieben haben. wenn du mir hin und wieder einen rat gegeben hast, so habe ich auch dir rat erteilt, und wenn ich aus deinem rat mehr machte als du aus meinem, so ändert das nichts daran, daß du einen winzigen teil bekommen würdest von sagen wir PUNTILA". Zit n. Mittenzwei (1986,2), 557.

Faden verloren — um was es eigentlich ging —, während ich schon völlig erschöpft war.[318]

Der Mitarbeiter war „Mittel" und so auch ermüdbar; Brecht dagegen suchte nach dem Satz oder der rational begründeten Szene für eine Phantasie und eine Emotion, die er sonst nicht zulassen konnte. So verlor er auch über lange Zeit den „Faden" nicht.

Seine Mitarbeiter hatten den Part des guten, nährenden und spiegelnden Objekts zu übernehmen.

> Anteilnahme an seiner Arbeit und Zustimmung waren immer ein Elixier für Brecht, so wie das Ausbleiben eines Echos Langeweile und Lähmung herbeiführen konnte.[319]
> An Brecht kam Kritik nur heran und wurde für ihn nur verwendbar, wenn sie in großer Liebe vorgebracht wurde. [...] Es gab Zeiten, in denen man nichts Negatives sagen durfte. Man durfte nur auf das Positive eingehen [...]. Bei einer späteren Gelegenheit konnte ich diese Einwände vorbringen. Hätte ich gleich etwas gesagt, hätte Brecht nicht weitergeschrieben. Es wäre ein Tag verlorengegangen. Und solche verlorengegangenen Tage waren nicht auszuhalten.[320]

Auch für die Mitarbeiter also! Er verstand es, sie von seinem Wohlbefinden abhängig zu machen. Als gute Objekte halfen sie, den Abstand zu dem ambivalent erlebten Primärobjekt zu sichern, mit dem er schreibend umging. Nahmen sie durch unvorsichtige Kritik jedoch selbst Züge des bösen Objekts an, so versagte seine Kreativität und er litt. Ohne ein in der Außenwelt gefundenes spiegelndes oder triangulierendes Objekt war es ihm nur schwer möglich, zu denken und zu schreiben: Der Abstand zum wohlwollend mitdenkenden Gegenüber, von dem aus er auf sich selbst zurückblicken konnte, erlaubte es ihm, „genug Gedanken" zu seinen eigenen Emotionen und Phantasien zu finden. Selbst wenn die anderen nur zuhörten, schützten sie ihn davor, in der Sprachlosigkeit der frühen Ambivalenz zu versinken. Nun konnte er seine eigenen „Ansichten" „vorläufig" in den Raum stellen, sie mit dem verfremdenden Blick der anderen betrachten, sie erproben und verändern. Und er konnte die Gedanken anderer aufnehmen und sich anverwandeln, distanziert und doch eigen:

318. Eisler (1986), 143.
319. Bunge (1985), 313.
320. Berlau in: Bunge (1985), 103.

Brecht spazierte, behaglich an seiner Zigarre schmauchend durchs Zimmer, hörte sich dabei Argumente und Gegenargumente von Dutzenden von Leuten an, witzelte, zwinkerte, und blieb doch unbeirrbar auf seiner Linie. Er ritt seinen Gedanken weiter, bis er ihn, großartig formuliert, gleich vor einem Miniaturpublikum einem seiner stets anwesenden dienstbaren Geister diktierte. Sein Hirn schien mir ein tintenfischähnliches Saugorgan, sich ständig mit Polypenarmen Material zuwachelnd.[321]

Mitarbeiterin und Geliebte zugleich, das war die ideale Kombination von „Mitteln". Weil als sicherstes „Mittel" sich das Schreiben erwiesen hatte, rangierte im Zweifelsfalle die Mitarbeiterin vor der Geliebten. Die Frauen, Ruth Berlau zeigt es, wußten dies wohl:

> Er brauchte immer Mitarbeiter und Schüler. Weil ich so lange in Spanien blieb und damit nicht erreichbar für ihn war, konnte er schlechter arbeiten. Der Mangel an Mitarbeitern war der Grund, warum er sich so an mich klammerte. […] als Brecht nach Finnland floh, hat er mich […] bedrängt […], meine Heimat zu verlassen und ihm zu folgen. Ausschlaggebend waren nicht in erster Linie Privatangelegenheiten, sondern ihm ging es hauptsächlich um seine Arbeit. Jemand mußte dasein, der ihm zuhört.[322]

Abstand suchte er durch „Gedanken", durch Mitarbeiter, dadurch, daß er an mehreren Werken gleichzeitig arbeitete, sich mit dem einen vor dem gefährlichen Sog des anderen schützte, wie mit der einen Frau vor der anderen,[323] oder dadurch, daß er die Ablenkung in die Situation beim Schreiben aufnahm: „Brecht sagte, er habe das Telefon immer auf dem Tisch und könne nur schreiben, wenn es oft läute."[324] Hatte er, wie auch immer, Distanz gewonnen, konnte er seine psychischen Schutzmechanismen lockern und unbewußte Phantasien zulassen:

Der Insasse

Als ich es vor Jahren lernte
Einen Wagen zu steuern, hieß mich mein Lehrer
Eine Zigarre rauchen; und wenn sie mir
In dem Gewühl des Verkehrs oder in spitzen Kurven

321. Bronnen (1954), 97 f.
322. In: Bunge (1985), 79.
323. Vgl. auch „Laster sind was, weiß man, was man will. / Sucht euch zwei aus: eines ist zuviel!"; w.a. 8, 249 „Der Choral vom Manne Baal"; 1918.
324. Canetti (1980), 306.

Ausging, jagte er mich vom Steuer. Auch
Witze erzählte er während des Fahrens, und wenn ich
Allzu beschäftigt mit Steuern, nicht lachte, nahm er mir
Das Steuer ab. Ich fühle mich unsicher, sagte er.
Ich, der Insasse, erschrecke, wenn ich sehe
Daß der Lenker des Wagens allzu beschäftigt ist
Mit Lenken.

Seitdem beim Arbeiten
Sehe ich zu, mich nicht allzu sehr in die Arbeit zu vertiefen.
Ich achte auf mancherlei um mich herum
Manchmal unterbreche ich meine Arbeit, um ein Gespräch zu führen.
Schneller zu fahren als ich noch rauchen kann
Habe ich mir abgewöhnt. Ich denke an
Den Insassen.[325]

Die „Zigarre", sein „Mittel" gegen Trennungsangst und „Herzkrampf", hilft nun, Abstand vom gefährlichen „Gewühl des Verkehrs"
zu finden und so auch vom verkrampften „Steuern": Der Fahrer bleibt
ihm nicht distanzlos ausgeliefert, droht nicht zu verunglücken. Die rettende Zigarre wird zum Bild der gelassenen Distanz des Schreibenden,
der sich mit freischwebender Aufmerksamkeit steuernd und kontrollierend im „Gewühl" seiner frühen Phantasien bewegt. In der Sicherheit
des Zigarrenrauchers wagt er lässig und kontraphobisch die Fahrt, an
den Insassen denkend und, klug wie er ist, nur so weit und so schnell,
daß ihm die Zigarre nicht ausgeht: Seine Schutzmechanismen müssen
nicht unmittelbar und nicht auf höchste Bedrohung reagieren; er muß
nicht steif werden „wie aus Glas"[326], in verkrampfter Ruhe bis zur Ex-
plosion gespannt. Es kommt nicht zum Unfall, zur Angst, zum Anfall.

Kein Wunder, daß er sein Schreiben im Bild des Autofahrens faßt.
Vermutlich zeigte er ja zumindest zeitweise agoraphobes Verhalten.[327]
Die Straße mit ihrem „Gewühl", mit ihrer Vielfalt nichtzubewältigen-
der Eindrücke, weckte wahrscheinlich das lockend-ängstigende Bild der
verschlingenden Mutter und mit ihm auch Todesangst,[327b] so daß er allein längere Strecken nicht zu Fuß gehen konnte und das „Gewühl"
meiden mußte, es sei denn, er setzte sich in ein Auto. Die Karosserie des

325. w.a. 9, 559; um 1935.
326. O.S. 19.
327. O.S. 15.
327b. Vgl. o.S. 71 „wenn ich morgen auf der Straße tot umfalle" und u.S. 168.

Autos bildet eine schützende Grenze zwischen dem Agoraphoben und der Objektwelt; sie schafft einen kleinen geschlossenen Raum, in dem er sich auf sich selbst zurückziehen kann. Durch die Fenster jedoch oder mehr noch, wenn er im Kabrio das Dach zurückklappt, kann er gesichert nach draußen blicken. Nimmt er nun das „Steuer" in die Hand, so kann er sich aktiv ins „Gewühl" wagen, dorthin, wo es am gefährlichsten ist. Brecht war seit Mitte der Zwanziger Jahre, als er sich in der verkehrsreichen Großstadt Berlin aufhielt, ein begeisterter — zwanghafter? — Autofahrer. Das Auto, das er gern und schnell fuhr, wurde ihm zum Sinnbild von Beweglichkeit und Fortschritt.[328] Auch später noch benutzte er es selbst für kürzeste Strecken; es war eines seiner „Mittel". Keine Woche vor seinem Tod, obwohl „er sich auch an diesem Tag bereits früh wieder müde und abgespannt fühlte, steuerte er seinen BMW-Sporteinsitzer selbst."[329] Zu solch einem Auto hat er sich sein Schreiben, seine Literatur- und seine Theatertheorie ausgebaut.

*

Schreibend steuerte er gelassen im „Gewühl" seiner Phantasien und Emotionen, aber auch in dem der äußeren Realität. Wir können es *exemplarisch an der Entstehung der ersten Lai-tu-Geschichte* studieren: Ruth Berlau berichtet, daß sie Brecht im dänischen Exil mit dem Motorrad zu ihrem Häuschen fuhr. Sie kamen

> im Schnee nach Wallensbäck. Ich beeilte mich mit dem Feuermachen, weil wir durchfroren waren. Es war mühsam, das Holz zum Brennen zu bringen. [...] Als ich Wasser holen wollte, war die Pumpe vereist. Ich war völlig verzweifelt. Schließlich nahm ich Schnee und schmolz ihn. Brecht saß inzwischen da mit seiner Zigarre, die ihm nie ausging — nicht einmal auf dem Motorrad —, beobachtete alles und sagte kein Wort.[330]

Nach einiger Zeit

> bekam ich die Geschichte „Das Feuermachen der Lai-tu" mit der Post zugeschickt, einfach so, ohne Brief und Gruß. In der Geschichte warf er mir vor, daß ich mich beim Feuermachen zu ungeschickt und zu langweilig angestellt oder dem Haus die Ruhe genommen habe. Das war die Höhe!

328. Mittenzwei (1986,1), 498, 547.
329. Mittenzwei (1986,2), 661.
330. In: Bunge (1985), 80.

Ich hatte gegen die Kälte und das Eis gekämpft und wollte das Zimmer schnell warm haben und den Tee aufbrühen, und ich war verzweifelt, daß alles nicht schnell genug ging. Und er hat meine Arbeit als ‚Sklaverei' empfunden! Ich hätte ihn durch mein Verhalten als ‚Ausbeuter' qualifiziert. Natürlich nahm er nicht mich, sondern sich in Schutz.[331]

Die Geschichte findet sich in Brechts „Me-ti":

Das Feuermachen der Lai-tu

Me-ti sagte zu Lai-tu: Ich habe dir zugesehen beim Feuermachen. Kennte ich dich nicht, wäre ich gewiß beleidigt. Du sahst aus wie jemand, der gezwungen wird, Feuer zu machen, und da nur ich selber da war, mußte ich annehmen, ich sei dieser Ausbeuter. Sie sagte: Ich wollte die Stube so schnell wie möglich warm haben. Me-ti sagte lächelnd: Was du wolltest, weiß ich. Aber weißt du es? Du wolltest es mir, deinem Gast behaglich machen; es sollte rasch geschehen, damit das Gespräch anfangen konnte; ich sollte dich lieben; das Holz sollte anbrennen; das Teewasser sollte kochen. Aber von alldem kam nur eben das Feuer zustande. Der Augenblick ging verloren. Es ging rasch, aber die Gespräche mußten warten; das Teewasser kochte, aber der Tee war nicht fertig; eines geschah fürs andere, aber nichts für sich selber. Und was hätte alles im Feuermachen zum Ausdruck kommen können! Es ist eine Sitte darinnen, die Gastlichkeit ist etwas Schönes. Die Bewegungen, mit denen das schöne Holz zum Brennen gebracht wird, können schön sein und Liebe erzeugen; der Augenblick kann ausgenutzt werden und kommt nicht wieder. Ein Maler, der hätte malen wollen, wie du deinem Lehrer Feuer machtest, hätte kaum etwas zu malen gehabt. Es lag kein Spaß in diesem Feuermachen, es war nur Sklaverei.[332]

Sie war aktiv und dominierend, hatte ihn zu ihrem Haus gefahren, und dort begann sie sogleich mit der Arbeit für ihn und sich. Er dagegen war passiv gewesen, hatte sich in ihren Bereich fahren lassen; und dort half er ihr nicht: Er „saß", schaute zu und ließ sich von ihr versorgen, während sie sich überfordert in der Rolle einer wärmenden und nährenden Mutter zu bewegen suchte, die sich ihrem Kind unterordnet und sich von dessen Wohl her versteht, und in der Rolle einer Gastgeberin, die sich verantwortlich fühlt für ihren Gast. Als Schwierigkeiten aufkamen, wurde sie unruhig und „völlig verzweifelt". Doch er durchbrach

331. Ebd. 85.
332. w.a. 12, 574.

ihre Rollenverfangenheit nicht, sondern verharrte seinerseits in der Rolle des passiven Kindes. Genießen konnte er diese Rolle oder gar die Lust wohligen Zurücksinkens in frühe Passivität freilich nicht. Im Gegenteil, er mußte sich vor seinen Regressionswünschen, vor dem gefährlichen Sog der frühen Szene, schützen und an seiner „Zigarre" saugen. Aktiv ‚beobachtete er alles', besonders aber das Verhalten der Geliebten: wahrte Abstand vom „Gewühl" in seinem Inneren wie von dem im Zimmer, beherrschte es und blieb schauend mit ihm verbunden.

Die verzweifelte und sich für ihn aufopfernde Geliebte hatte vermutlich das unbewußte Bild der weinenden Mutter geweckt, die ihr Kind durch Leiden erpreßt und in Abhängigkeit hält: Gefühle von Schuld und Angst kamen auf und die Angst, vereinnahmt zu werden. Ruths Unruhe und ihr Mangel an Selbstkontrolle hatten ihn wohl die Gefährdung seiner eigenen Souveränität spüren lassen, und ihre Abhängigkeit von ihm („Sklaverei") die seine von der frühen Mutter.

Als er sich zeitlich und räumlich aus jener Situation entfernt hatte, in der er nicht sprechen konnte, hatte er endlich Worte gefunden.

> ich schreibe, statt zu sprechen, weil das leichter ist, gegen das Sprechen [in schwierigen Situationen; C. P.] habe ich eine solche Abneigung, das ist immer ein Kämpfen.[333]

Schreibend setzte er nun die gelebte Situation fort, benutzte das Beobachtete als Stoff, ging stilisierend mit seiner inneren Unruhe um, wandte sich mit dem Geschriebenen seiner Geliebten wieder zu und suchte sie als Schülerin an sich zu binden. Aus der Situation im dänischen Holzhaus wurde eine chinesische Parabel, aus ihm und der Geliebten ein chinesischer Weiser und dessen Schülerin. Wie auf eine fremde, seit Jahrhunderten vergangene Welt blicken beide nun auf ihr Zusammensein, auf ihre episch distanzierten Sätze und ihr in fremdem Kostüm vorgeführtes Verhalten. In dieser Selbstinszenierung ist die Unmittelbarkeit der Situation aufgehoben wie im übersandten Text dann die des Briefes und der liebenden Zuwendung. Aus dem bedrohlichen Hier und Jetzt ist das weniger gefährliche Dort und Dann geworden. Die emotionsferne Weisheit des ‚chinesischen' Gleichnisses, hier zeigt sie sich als „Mittel", das Bedrohliche auf Abstand zu halten, sich ihm aus vermeidender Distanz kontraphobisch aber doch wieder zuzuwenden, nur so weit freilich, daß die „Zigarre" nicht ausgeht.

333. Brecht (1981), 157.

In der Literarisierung erscheint Brechts eigenes Verhalten als selbstverständlich, es wird sogar zu dem eines Weisen überhöht. Das Verhalten der Geliebten aber wird lehrend kritisiert; an ihm läßt sich lernen. Hinter dem wissenden Zuschauen des Weisen, das dessen Rolle wie selbstverständlich entspringt, verschwinden Brechts Unfähigkeit, helfend Hand anzulegen, seine Passivität und seine innere Unruhe, hinter Me-tis Gedanken („wäre ich gewiß beleidigt") Brechts Schuldgefühle und hinter Lai-tus Liebesbedürfnis („ich sollte dich lieben") das seine. Die Rolle des Weisen, der lehrend das letzte Wort behält, hilft aus Passivität und Unterlegenheit zur Überlegenheit des Verzeihenden, zu der des unangreifbar Freundlichen („sagte lächelnd") und zu der jener frühen gefährlich vereinnahmenden Mutter, die alles weiß: „Was du wolltest, weiß ich. Aber weißt du es?"[334] Mit der Rolle des Weisen nahm Brecht die Imago der allmächtigen Mutter in sein Selbstbild auf, wohlabgemildert und hinter der chinesischen Tusche von seinen Lesern kaum zu erkennen.[335]

Als Liebhaber, der sich schreibend zum Lehrer seiner Geliebten macht, hielt Brecht sie auf Abstand und in Abhängigkeit zugleich und verlagerte die gefährliche Beziehung ein Stück weit auf das Feld der Literatur und des Intellekts, wo er sich sicheren Fußes und aktiv bewegen konnte. Von hier aus suchte er dann, die „Zigarre" in der Hand, auf die Geliebte zu wirken. „Die Lai-tu-Geschichten", schreibt Ruth Berlau, sind

> der Versuch, mir ein moralisches Verhalten beizubringen. Ich sollte mir immer vergegenwärtigen, wie wichtig Me-ti — also Brecht — für mich ist und daß ich als seine Schülerin ihn mir zum Vorbild nehmen soll.[336]

Wie eine Gläubige soll sie sich die Bedeutung ihres Guru vor Augen halten, der sie besseres und freieres Verhalten lehrt. Sie soll „ihn zum Vorbild nehmen"; doch das ist eine Falle: Wenn auch sie sich setzte und rauchte, die Stube bliebe kalt. So ist das freilich gar nicht gemeint. Auch wenn sie sich freier verhielte: Er soll ihr Vorbild *bleiben*.

334. Zur Angst, durchschaut zu werden, o.S. 31.
335. Das wohl früheste Beispiel, an dem sich der Übergang der Mutter-Imago ins Bild des Weisen studieren läßt, ist die „Ballade vom Weib und dem Soldaten" (w.a. 8, 239): „Ach, bitter bereut, wer des Weisen Rat scheut — [...] Sagte das Weib zum Soldaten", der, um seine Autonomie vom „Weib" zu gewinnen, „mit dem Messer im Gurt" aufbricht und prompt verschlungen wird: „das Wasser fraß auf, die drin waten."; 1921/22.
336. In: Bunge (1985), 78 f.

Auf dem Weg von der Lebenssituation zum Text wurde aus dem passiven aber beobachtenden Zigarrenraucher, der wohl schon um des Schreibens willen beobachtete, der aktiv Schreibende, die stilisierte Figur „Me-ti" und schließlich der lehrende Liebhaber. Brecht, der mit seinem Text die Änderung von Verhalten anregt, hat die Struktur seines eigenen Verhaltens, des gelassen-distanzierten ‚Steuerns' hierbei nicht geändert, sondern sie produzierend sublimiert und schließlich in der Figur des „Me-ti" überhöhend festgeschrieben. Das inszenierte Selbstbild „Me-ti" sichert nun vor der Gefahr, läßt aktiven Umgang mit ihr zu, befriedigt Größenphantasien und gibt in deren Schutz eigener Bescheidenheit und der gezügelten Freiheit anderer Raum. Dieses Selbstbild wird als ein Schaubild, als eine Fassade, die ihre angstbestimmte Kehrseite verdeckt, anderen, der Geliebten und schließlich dem Publikum zur Identifikation angeboten, mag dies auch Brechts bewußtem Verständnis keineswegs entsprechen. Nun sitzt er als zigarrerauchender Chauffeur am „Steuer" zunächst eines Privatwagens und führt seine Geliebte, die ihn sich „zum Vorbild nehmen", aber nie ans „Steuer" darf, durch das „Gewühl" ihrer Liebe. Dann aber wechselt er den Wagen, setzt sich ans „Steuer" eines Omnibusses und führt, durch die Glaswand seiner Theorie vor ihm sicher geschützt, ein Millionenpublikum durch das „Gewühl" der Märkte, gelassen zeigend, die „Zigarre" zwischen den Lippen.

Mag Brecht schreibend seine Schwächen defensiv und kompensatorisch ausbalancieren, seine Grandiosität wiederherstellen, an Äußerem sein Inneres zu bewältigen suchen und seine nach innen gewendeten aggressiven Impulse nach außen wenden, mag er in dieser Lai-tu-Geschichte seine Unfähigkeit, ruhig im Hier und Jetzt zu genießen, ja seine Flucht vor solch gefährlichem Genuß in immer anderes, in „Mittel" also („eines geschah fürs andere, aber nichts für sich selber"), mag er dies alles der Geliebten zugeschrieben und an ihr bekämpft haben, nicht ohne den untergründigen Vorwurf, daß sie ihm sichere Identität im Hier und Jetzt nicht gewähre, so löst sich der fertige Text doch aus den Bedingungen seiner Entstehung und vom Autor. Diese karge und bis ins Kleinste ausformulierte Geschichte verdichtet nun eine Fülle unbewußten und halbbewußten Materials, verbirgt es und läßt es spüren: Konflikte um Freiheit und Zwang und deren Lösung, Spannungen zwischen Mann und Frau, zwischen Anziehung, Unterwerfung und Rückzug, Spannungen zwischen dem Bild der gesellschaftlich schwachen und dem der psychisch bedeutsamen Frau, zwischen dem ängstlichen Mann und dem mächtigen Lehrer, Autor und Liebhaber, zwischen der Panik des Verlierers und dem Triumph des siegreichen Dirigenten. „Ich kommandiere mein Herz"— ‚Kommandiere du dein Herz! Nicht aber meines!'— ‚Ich kommandiere dein Herz' — ‚Du, kommandiere deines! Unterwirf es nicht mir!' — ‚Laß es frei und ruhig schlagen, für mich!' — ‚Unsere Herzen, laß sie ruhig und gemeinsam schlagen!' — ‚Mache uns „Feuer"!'. ‚Du sollst es freiwillig machen. Ich sage dir, wie es geht. Dann kannst du es ganz aus dir. So könnten wir „Liebe erzeugen"!' — Hinter ihrer ruhigen und einfachen Oberfläche läßt diese Geschichte beunruhigend eine spannungsreiche Vielfalt erfahren. Solch halbverborgene Verdichtung ist Teil ihrer ästhetischen Qualität. Diese Qualität verdankt sich der Unfähigkeit Brechts, eine Situation zu bewältigen, in der er sich als ausgeliefert und passiv erfährt, und sie verdankt sich seiner Fähigkeit, später solch eine Situation aktiv und mit den Techniken seines Schreibens stilisierend so umzugestalten, daß zum guten Ende dennoch er der Sieger bleibt.

Die Geltung eines Textes geht nicht in seiner Genese auf. Brecht hat hier wie anderswo aus der Not seiner inneren Spannungen mit entwickeltem Gespür für gerade das, was ihm fehlte, utopische Bilder dessen entworfen, was sein könnte und sollte, Vorschläge an seine Leser, denen zu folgen ihm selbst nicht möglich war.

> Ich benötige keinen Grabstein, aber
> Wenn ihr einen für mich benötigt
> Wünschte ich, es stünde darauf:
> Er hat Vorschläge gemacht. Wir
> Haben sie angenommen. [...][337]

Der Leser kann solche Vorschläge annehmen und so vielleicht besser leben. Die Gefährdung des Schreibenden ist kein Argument gegen die Geltung des Geschriebenen.

*

Brechts schreibendes „Steuern" im „Gewühl" ist für den Herzneurotiker ein nahezu ideales Lebensspiel. Er ist bei der frühen Mutter, spürt ihre Nähe und das Prickeln der Gefahr, ist ihm jedoch nicht aus-

---

337. w.a. 10, 1029; um 1933.

geliefert, behält den Kopf oben und integriert sich im Gefühl seiner ruhigen und potenten Aktivität. *Schreiben ist Brechts wichtigster Schutz gegen die Angst.* Hier sucht er, „Pausen" und aufsteigende Bedrohung ohne Herzjagen zu ertragen, setzt den frühen Konflikt fort und bewältigt ihn wenigstens für kurze Zeit.

1916, als er wegen seiner „Herzkrämpfe" das Zimmer hüten mußte, suchte er Schutz noch im Lesen:

> Ich lese die Bibel. Ich lese sie laut, kapitelweise, aber ohne auszusetzen, Hiob und die Könige. Sie ist unvergleichlich schön, stark, aber ein böses Buch. Sie ist so böse daß man selber böse und hart wird und weiß daß das Leben nicht ungerecht sondern gerecht ist und daß das nicht angenehm ist sondern fürchterlich. Ich glaube David hat den Sohn der Bathseba selber getötet, von dem es heißt daß Gott ihn getötet hat (der doch für die Sünde Davids nichts konnte), weil David Gott fürchtete und das Volk beruhigen wollte. Es ist böse, das zu glauben; aber die Bibel glaubt es vielleicht auch, sie ist voll Hinterlist, so wahr sie ist.[338]

Er liest ohne „Pause", damit ihm kein Gedanke an sein Herz dazwischen fährt. Und er liest „laut", um in der Einsamkeit wenigstens sich selbst zu hören: um sich zu beweisen, daß seine Stimme noch sicher tönt, daß er also noch lebt; und um wenigstens mit sich selbst im Gespräch zu bleiben, einen anderen um sich zu haben und in der Verlassenheit die Kontrolle nicht zu verlieren. Wie die Mutter ihm früher biblische Geschichten vorgelesen hatte[339], so liest er nun sie sich selbst vor. Doch mit der rettenden Bibel kehrt das böse allmächtige Objekt wieder. Mit ihm identifiziert er sich lesend so, daß er „selber böse und hart wird", so „kalt" und brutal aggressiv, daß er das ‚fürchterliche Leben' ertragen kann, in dem die Söhne „getötet" werden — wie er selbst womöglich im „Herzkrampf". Er gibt sich einverstanden mit dem Schrecklichen: Es ist „gerecht", und es ist „schön". — Suchte er hier Sicherheit in lesender Identifikation mit dem Bedrohlichen, so später in singender. Und suchte er hier die rettende eigene Stimme zu hören, so später die des Schauspielers, des Theaters.

Erinnern wir uns: Als er 1919 nach einem „Herzkrampf" nicht ‚arbeiten' konnte, sang er

> bloß Choräle und Wedekind. Das ist ein Erbauungsschriftsteller wie we-

---

338. Brecht (1986), 1133.
339. U.S. 111.

nige. Er und ein Revolver und kein Gewissen, aber Geschmack: Das ist besser als die Konfirmation.[340]

Ein weit besseres „Mittel" wäre damals wie schon 1916 ‚arbeiten' gewesen: Produktion, nicht Rezeption von Literatur. Hatte Brecht vor seiner Angst sich zunächst durch „Bibel", „Choräle" und „Konfirmation" zu schützen gesucht, so trat an deren Stelle bald die Literatur, möglichst eine phallisch-aggressive („Revolver") und „kalt"-brutale, wie die Wedekinds. Sie konnte helfen, seine Abhängigkeit von der Mutter und ihren Normen zu durchbrechen („keine Gewissen"). Das sicherste Mittel war dann eigenes Schreiben. So nimmt es nicht wunder, daß Brecht um 1912, das Jahr der Konfirmation, mit seinem literarischen Schreiben begann.[342] Und es nimmt auch nicht wunder, daß er in den bedrängendsten Situationen am produktivsten war, vorausgesetzt natürlich, der nötige Abstand blieb gesichert; z.B. 1938/40, als er in der Zurückgezogenheit des skandinavischen Exils einen wesentlichen Teil seines Werkes schuf, während seine Freunde in der Sowjetunion systematisch vernichtet wurden, und Hitler sich erfolgreich daran machte, Europa zu erobern.

Doch *nicht immer glückte der rettende Sprung ins Schreiben.* 1916:

> Ich sitze in meiner Kammer. Wegen meiner Herzkrämpfe sagt der Doktor, ich muß ins Bett. Ich gehe nicht ins Bett. Dort wird man krank. Ich sitze am Schreibtisch, morgens, mittags, abends, es ist immer halb dunkel, es geht immer Wind und ich sehe wie der Tag wächst und die kühlen Alleebäume vor dem Fenster, die mit dem Sturm kämpfen. Ich schlafe auch fast die ganze Nacht nicht, sehe hinaus, bin voll Finsternis; aber arbeiten kann ich nichts.[343]

1918, in der ersten Fassung räsoniert Baal in seiner „Dachkammer":

> Vorgestern nacht schlief ich bei einer Dame, die sonst vom Teufel geritten wurde. Dabei fiel mir einiges ein. In der Dämmerung erhob ich mich und ging [...]. Seitdem habe ich geschrieben und Blut geschwitzt. Damit schrieb ich nämlich. Du bist mein einziger Trost Lethe [d.i. die Schnapsflasche; C.P.], aber ich darf noch nicht. [...] Ich schone uns, aber dies Herz will nicht singen aus mir, und die Brust ist verschleimt. Ich bin zur

---

340. O.S. 19.
342. Völker (²1971), 67; W. Brecht (1984), 217.
343. Brecht (1986), 1133.

Qual geboren und ich habe keine Ruhe. Blut füllt mir die Augen und meine Hände zittern wie Laub. Ich will etwas gebären! Ich will etwas gebären! Mein Herz schlägt ganz schnell und matt. Aber mitunter dumpf wie ein Pferdefuß, du weißt! Der Geruch der wilden Mainächte ist in mir. Die Liebe ist wie ein Strudel, der einem die Kleider vom Leibe reißt und einen nackt begräbt, nachdem man Himmel gesehen hat, blaue, unermeßliche, nichts als Himmel, blauen, unersättlichen, offenen. Der Sommer singt aus mir mit einer sanften und lauthallenden Stimme, wie die von Frauen beim Pflügen, und mein eigener Leib ist voll fremder Unruhe, ich liebe keine Lethe, aber ich bin ein großer Liebender, Gott weiß, daß ich es ernst nehme, ich gehe immer aufs Ganze. Ich verschmähe die romantische Schwärmerei, warum wird dieses Werk nicht fertig, dieses gottgewollte, verfluchte, gefräßige! Musik quillt aus mir, ich kann sie nicht halten, sie verzittert im Sand wie ein fruchtbarer Quell, und ich dorre darüber aus. [...] Ich will den Sommer formen! Wild, rot, gefräßig.[344]

Es folgen der Anfall und das Eindringen der Mutter, eine Szene, die wir schon kennen.[345] — Vergeblich schützten beide, Brecht wie Baal, in ihrer Kammer am Schreibtisch sitzend, sich vor dem Anfall. Brecht hat die gefährliche Passivität des Schlafens gemieden und ist sitzen geblieben, doch zu „arbeiten", zu schreiben gelang ihm nicht. Analysieren wir nun Baals Verhalten ganz so, als sei er, die von Brecht phantasierte Figur, ein wirklicher Mensch, so können wir uns jenem unbewußten phantasmatischen Zusammenhang nähern, in dem bei Brecht Schreiben, Schreibhemmung und Anfall standen: Baal hatte sich von einer „Dame" erhoben; rechtzeitig vor der Verschlingung war ihm ‚einiges eingefallen', dem er dann schreibend nachging. Er hatte „Gedanken darüber"[346] und konnte deshalb mit seinem „Blut" schreiben, mit seinem von der „Dame" erregten Inneren, das sein Herz umtrieb. Doch nun kommt die Schreibhemmung: „dies Herz will nicht singen aus mir". Der erforderliche Abstand ist geschwunden, „Qual" und Unruhe steigen; das „Blut", das er eben noch aufs Papier überleiten konnte, bedrängt nun von innen seinen Körper, füllt seine Augen und läßt ihn erzittern. Um sich vor dem zu schützen, was mit ihm zu geschehen droht, sucht er aktiv zu werden und den inneren Kampf aus sich hinaus zu

344. Brecht (1966), 21 f.
345. O.S. 9.
346. Vgl. o.S. 83 ff.

werfen: „Ich will etwas gebären!"[347] Aus Furcht vor der verschlingenden Mutter, die sich bald noch deutlicher äußern wird, rettet er sich in die Identifikation mit der gebärenden, einer potenten, aktiven und phallischen Imago.[348] Als diese Mutter sucht er die ersehnte Befreiung seiner selbst aus eigener Kraft zu vollziehen und das in der Mutter gefangene Kind, sich selbst, in Gestalt des Werkes gebärend in die Freiheit zu entlassen: Sein „Herz" soll als solch eine Mutter „singen". Doch es hört nicht auf seinen Willen; mit Arrhythmien, Schwitzen und Zittern kündigt der Anfall sich an. In der letzten Fassung seines Stückes ließ Brecht seinen Baal gegen diese Gefahr zur rettenden Frau greifen,[349] nachdem er ihm zuvor schon, wie auch hier, die „Schnapsflasche" auf den Tisch gestellt hatte, ein weiteres „Mittel". Doch hier in der Erstfassung, wo er den Anfall noch nicht verleugnet, zeigt er noch nahezu offen den Zusammenhang zwischen ihm und seinem wichtigsten „Mittel", dem Schreiben.

Baal weiß, warum sein „Herz" so arrhythmisch schlägt: „Der Geruch der wilden Mainächte ist in mir", die lebendige Außenwelt innen; die Grenzen zwischen Subjekt und Objekt verschwimmen. Dieses symbiotische Verschmelzen erscheint nun als „Liebe", die „wie ein Strudel" das Subjekt „begräbt", nachdem schon oben der „Himmel" sich ‚unermeßlich' und ‚unersättlich' zeigte: die Phantasie einer noch nicht zu bedrohlichen frühen Einheit, wie wir sie an „Vom Schwimmen in Seen und Flüssen" kennenlernten.[350] Diese Einheit, auch „der Sommer" ist draußen und drinnen, singt nun aus ihm. Es ist sein „Herz", das als Sommer im Bild jener beglückenden frühen Einheit singt: ‚sanft und laut' „wie die Frauen beim Pflügen". Wenn sie aktiv phallisch selbst pflügen, oder wenn sie gepflügt, geliebt werden?[351] Auch dies wird ein Bild jener liebenden Einheit sein, aus der sich Gesang erhebt. Doch das gute Objekt, welches mit „Strudel" und Unersättlichkeit das böse immer schon ahnen ließ, droht nun umzuschlagen ins böse: „mein eigener Leib ist voll fremder Unruhe", die äußeren Spannungen begegnen auch

---

347. Vgl. „Ich bin voll Unruhe, als gebäre ich eine Welt"; „Oratorium" in: Frisch/Obermeier (1976), 282.
348. Zur gebärenden phallischen Mutter o.Anm. 191.
349. O.S. 63.
350. O.S. 79 ff.
351. Pflügten Frauen damals? Sangen sie dabei — und das auch noch laut?

innen. Baal will sie nicht mit den „Mitteln" Schnaps („Lethe") und „Romantik"[352] bekämpfen; als „großer Liebhaber", der „aufs Ganze" geht, will er sich nicht entziehen, sondern die Einheit dennoch erhalten: mit dem „Werk". Doch das „Werk", „dieses gottgewollte, verfluchte, selige, gefräßige", nimmt seinerseits Züge des ambivalent erlebten frühen Objekts an. Da es ihm zur gefräßigen Mutter wird, kann Baal keinen Abstand von ihm gewinnen. So bleibt ihm eine wesentliche Voraussetzung literarischen Schaffens versagt: die Fähigkeit, äußerste Ambivalenzen zu ertragen. Deshalb kann er dieses „Werk" nicht vollenden; ungeformt „quillt" die „Musik" aus ihm und „verzittert im Sand", die frühe Einheit, die aus ihm sang, wird nicht zum ‚fruchtbaren Quell' für das Werk. — Er versucht es noch einmal: „Ich will den Sommer formen! Wild, rot, gefräßig". Nun soll die verschlingende Mutter auch zum Gegenstand seines Werkes werden, er hat sich ihr kontraphobisch genähert. Da ihm der nötige Abstand freilich immer noch fehlt, kann er sie jedoch nicht gestalten und erliegt ihrer Macht in gerade dem Augenblick, da er schreibend das Werk hätte gebären können: Der Herzschlag, der ihm die Geburt ankündigen sollte, mündet im Anfall, die Konvulsionen phantasierter Wehen im „Herzkrampf".

An dieser erfahrungsgesättigten Phantasie Brechts können wir studieren, welchen Gefahren sich sein Schreiben entrang und von welchen Sehnsüchten es getrieben wurde. Schreiben und Anfall entspringen demselben psychischen Prozeß. Das Schreiben schützt vor dem Anfall und tritt an dessen Stelle. Wo das Schreiben nicht gelingt, droht der Anfall. Wir können ahnen, wie wichtig es für Brecht wurde, sich jenen Abstand zu verschaffen, den er zum Schreiben benötigte: durch Mitarbeiter, „Ausmathematisieren" und durch „Gedanken", durch Theorien der Literatur und zunehmend der Gesellschaft.

*

Schreibend suchte Brecht sich davor zu bewahren, im gefährlichen Sog der frühen Mutter zu ertrinken. Hiervon handelt er unbewußt schon im ersten Gedicht, zu dem er sich öffentlich mit seinem Namen bekannte, dem 1916 erschienenen „Lied der Eisenbahntruppe von Fort Donald".

352. Vgl. o. S. 19.

Die eigene Überlebensstrategie verschiebt er nach außen und ganz in die Ferne, ins Dort und Damals: nach Amerika, in die Natur, auf die Eisenbahntruppe. Und dort objektiviert er sie zu Literatur:

> Die Männer vom Fort Donald — hohe!
> Zogen den Strom hinauf, bis die Wälder ewig
>> und seelenlos sind
> Aber eines Tages ging Regen nieder, und der
> Wald wuchs um sie zum See.
> Sie standen im Wasser bis an die Knie:
> Und der Morgen kommt nie, sagten sie.
> Und wir sterben vor Licht, sagten sie.
> Und horchten ganz stumm auf den Wind.
>
> Die Männer vom Fort Donald — hohe!
> Standen im Wasser mit Pickel und Schiene und
>> starrten zum dunkelnden Himmel hinauf!
> Denn es ward dunkel, und Abend wuchs über
>> dem plätschernden See.
> Und kein Fetzen Himmel, der Hoffnung lieh!
> Und wir sind schon so müd, sagten sie.
> Und wir schlafen noch ein, sagten sie.
> Und uns weckt keine Sonne mehr auf.
>
> Die Männer vom Fort Donald — hohe!
> Rüttelten tappend einander: Du, schlaf nicht ein,
>> noch zuvor!
> Denn Schlaf wuchs über Wasser und Nacht, und
>> das Wachen tut weh!
> Einer sagte: Ich weiß eine Melodie ...
> Das hält uns noch auf, sagten sie.
> Ja, wir singen ein Lied, sagten sie.
> Und es hob sich ein grausiger Chor.
>
> Die Männer vom Fort Donald — hohe!
> Tappten im dunkeln Wasser Ohios wie Maulwürfe, blind,
> Aber sie sangen so laut, als ob ihnen ein herrliches
>> Wunder geschäh.
> Ja, so wild aus heiseren Kehlen, so groß, so
>> sangen sie nie:
> Näher, mein Gott, zu dir, sangen sie.
> Näher zu dir, sangen sie.
> Und der See wuchs drunten, und oben wuchs
>> Regen und Wind.

Die Männer vom Fort Donald — hohe!
Sangen voll Hoffnung, wie zitternden Winds
        im Dunkel ein Kind.
Aber der See stieg schwarz in den Stämmen, und
        lauter als sie noch der Sturmwind schrie:
Sonne und Heimat, Mutter und Kinder, ade!
Näher, mein Gott, zu dir, sangen sie.
O, wir ertrinken, ächzten sie.
Bis die Wasser weiterwachten für sie und ihr Lied
        sang weiter am Morgen der Wind.

Die Männer vom Fort Donald — hohe!
Modern unter den Zuggeleisen, die tragen durch
        ewige Wälder zum sonnigen Tag.
Aber abends Musik um die sausenden Züge schrillt,
        seltsam drohend und weh.
Denn die Bäume rauschen und orgeln eine düstere
        Melodie:
Und der Morgen kam nie, rauschen sie.
Und sie starben vor Licht, rauschen sie.
Abends der Wind in den Wäldern Ohios singt
        einen Choral.[353]

Mit Dunkelheit, Wassern und ewigen Wäldern wächst das unbewußte
Bild der verschlingenden Mutter über den Vertretern des Subjekts zusammen. Auf der Subjektseite entsprechen dem Passivität, Schlaf und
Kontrollverlust: „Schlaf wuchs über Wasser und Nacht". Das aber hieße Auslieferung an den Tod und Aufgabe aller Objektbeziehungen:
„Sonne und Heimat, Mutter und Kinder, ade!". Wir befinden uns in einer Situation ähnlich der vor Ausbruch des „Herzkrampfs".

> Die Erkrankung beginnt [...] meist mit einem sympaticovasalen Anfall,
> von dem die Patienten im Zusammenhang mit dem Schlaf überrascht
> werden.[354]

So kommt stumme Angst auf; ihr antwortet der Versuch, sich durch
Aktivität zu retten: „Ich gehe nicht ins Bett. Dort wird man krank. Ich
sitze am Schreibtisch".[355] Die Männer ‚rütteln einander': „Du, schlaf
nicht ein, noch zuvor!". Doch „das Wachen tut weh" in diesem Wider-

353. Zit. n. Schuhmann (1964), 26 f.; 13. VII. 1916. Vgl. o.S. 96 (Nacht, Sturm, Bäume,
„Herzkrampf", „arbeiten"), o.S. 63 („Herzkrampf, Regen).
354. Meinzer (1986), 13.
355. O.S. 96.

streit zwischen Verschmelzungswunsch und Selbstbehauptungstendenz. Ein letzter Rettungsversuch: „Ich weiß eine Melodie ... / Das hält uns noch auf, sagten sie". Dann singen sie, um ihre Angst zu bannen, einen „Choral" „wie zitternden Winds im Dunkel ein Kind". So beginnen auch Erwachsene angesichts ihres baldigen Todes, z.B. in einer Schlacht oder kurz vor ihrer Hinrichtung, oder sonst in gefährlichen Situationen laut zu beten oder zu singen: In ihrer Ohnmacht regrediert, verlangt es sie nach passiver oraler Befriedigung durch eine nährende Mutter, die aber wehren sie ab, denn sie müßten sie als böse erfahren; aktiv ernähren sie nun selbst sich mit eigenem Mund: singen und suchen so, selbst den mütterlichen Mantel bergend um sich zu schlagen.

Sie singen S.F. Adams Choral „Nearer, my God, to Thee" oder, wie dies in der Übersetzung A. Spaeths in den protestantischen Gesangbüchern nachzulesen war:

> Näher, mein Gott, zu dir
> näher zu dir!
> Drückt mich auch Kummer hier
> drohet man mir,
> soll doch trotz Kreuz und Pein
> dies meine Losung sein:
> Näher, mein Gott, zu dir.
>
> Bricht mir wie Jakob dort
> Nacht auch herein,
> find ich zum Ruheort
> nur einen Stein,
> ist auch im Traume hier
> mein Sehnen für und für:
> Näher [...]

Ein Totenlied, ein Rettungsjubel: Die Seele wird zu dem „Gott" gelangen aus „Nacht" und „Pein". In der Nacht des 14. April 1912, kurz nach Brechts Konfirmation (29. März 1912), hatte die Bordkapelle der „Titanic" diesen Choral angestimmt, als das Schiff sank und viele seiner Passagiere mit sich in die Tiefe riß. Alle Welt sprach und schrieb davon. Brecht hat seinen Verschlingungsängsten hier die größte Schiffskatastrophe der Zeit einphantasiert. Was ihn am meisten reizte, war wohl der Choral, der sich im Untergang erhob, dessen Rettungssehnsucht und — aus nichtchristlicher Sicht — deren Vergeblichkeit.

Der „Choral", den die Eisenbahntruppe singt, ist ein „grausiger

Chor" „wild", ‚heiser‘, „laut", todesbewußt („wir ertrinken, ächzten
sie"), hilferufend („Näher, mein Gott, zu dir, sangen sie"), hoffnungsvoll, „groß" und voll kontraphobisch-freudigen Überschwangs („sie
sangen so laut, als ob ihnen ein herrliches Wunder geschäh"). Doch das
Objekt schließt sich über den Selbstrepräsentanzen und singt seinerseits
weiter: „Abends der Wind in den Wäldern Ohios singt einen Choral".
Die Sehnsucht, in der Mutter aufzugehen, hat ihre Erfüllung gefunden;
eins mit der Verschlingenden tönen die Singenden fort. Wohl ohne daß
ihm dies bewußt wurde, hat Brecht mit diesem „Gang in die Tiefe"[356]
die Struktur, die widersprüchliche Emotionalität und die Entstehung
seines Schreibens gezeichnet.

Er schrieb dies 1916, nachdem er sich enttäuscht weiter von seinem
Vater und väterlichen Autoritäten, von seinen Lehrern, vom Kaiser und
vom Christengott abgewandt hatte.[357] Die Hoffnung auf eine triangulierende väterliche Instanz hat sich als vergeblich erwiesen („kein Fetzen
Himmel, der Hoffnung lieh"); zwar drängen die Männer singend zu ihr
hin („Näher mein Gott, zu dir, sangen sie"), doch verlassen müssen sie
ertrinken. Singend versuchen sie, sich narzißtisch und ohne den gefährlichen ödipalen Vater „vertikal zu triangulieren"[358]: Um sich vor dem
Sog der Dyade zu retten, erheben sie sich, da sie einen rettenden Dritten
vermissen, über sich selbst, und errichten aus sich selbst ein Objekt, ein
Drittes, von dem sie sich Halt erhoffen: den Gesang. Brecht selbst erprobte solch „vertikale Triangulierung", wenn er beim Schreiben dieses
Gedichts sich von seinen inneren Spannungen löste, sie nach außen verlagerte, sie in einem Geschehen sich anschaulich gegenüberstellte und
so auch reflektierte.

Diese Bewegung bestimmt sein Schreiben. Ein erster Schritt zu solcher Triangulierung war die bloße objektivierende Aufzeichnung im Tagebuch: „Heute Nacht habe ich einen Herzkrampf bekommen". Die
nächsten Schritte bildeten dann witzig distanzierende Formulierung,
und Stilisierung: „Heute Nacht habe ich einen Herzkrampf bekommen
daß ich staunte, diesmal leistete der Teufel erstklassige Arbeit"[359] —
noch spüren wir den Schrecken, dem er sich schreibend in erkämpfte
Überlegenheit entringt. Ein weiterer Schritt wäre Klagen:

356. U.S. 155, 170, 175..
357. Pietzcker (1974), 146.
358. Diesen Begriff verdanke ich einem Gespräch mit Tilman Moser.
359. O.S. 54.

das Klagen, schon wenn es in Tönen, mehr noch, wenn es in Worten erfolgt, bedeutet eine große Befreiung, denn es ist eine Produktion, zu der
der Leidende übergeht. Er vermischt den Schmerz schon mit einer Auf-
zählung der Schläge, er macht schon etwas aus dem ganz niederschmet-
ternden. Die Betrachtung hat eingesetzt[360]

heißt es im „Messingkauf". Doch das war kaum Brechts Weg; zu sehr
fürchtete er, mit der Klage dem Objekt sich zu öffnen. „Befreiung"
durch „Produktion" und „Betrachtung" suchte er in einer Literatur,
die nicht nach innen auf das ambivalent erlebte Objekt schaut, sondern
nach außen auf die ambivalent erlebte Welt: auf Natur und Gesellschaft.
Diese Möglichkeit bot ihm die Literatur, weil das Ästhetische — „kein
Gewissen, aber Geschmack"[361] — als ein eigenwertiger Bereich, als ein
fremdes Drittes den psychischen Konflikten gegenüber sicheren Halt
versprach. So schrieb und sang Brecht sich in seine Rettung hinein: in
eine Gesundheit, welche die wenigen Augenblicke des Singens währte.
Hier lebte er die leichteste Form seiner Existenz.[362]

Das trieb ihn dazu, den ästhetischen Bereich zu pflegen, zu betonen,
zu sichern und weiterzuentwickeln: Die literarischen Traditionen, die
er aufgriff, die Gattungen und Techniken veränderten sich. Wir können
es an den beiden Fassungen des ‚Lieds der Eisenbahntruppe' ablesen. In
der von 1916 singen die Männer, ganz wie Brecht es von der Mutter und
in der Schule[363] gelernt hatte, einen Choral. Aus ihm wird 1924/25 ein
„Song":

> Einer sagte: Singt „Johnny über der See".
>
> Ja, das hält uns vielleicht auf, sagten sie
> Ja, wir singen seinen Song, sagten sie
> Und sie sangen von Johnny über der See.[364]

Die Entwicklung des eigenwertigen und darum triangulierend rettenden ästhetischen Bereichs führte weiter zu einer Literatur, die sich politisch verstand und von ihrem Autor zunehmend theoretisch durch-
drungen und begründet wurde. Für sein Schreiben charakteristisch

---

360. w.a. 16, 574.

361. O.S. 96.

362. Vgl. w.a. 16, 700.

363. Er hatte im Unterricht zahlreiche Gesangbuchlieder auswendig zu lernen. Dümling (1985), 26 f.

364. w.a. 8, 13.

blieb jedoch immer die Spannung zwischen ästhetischer Eigengesetz-
lichkeit und tödlicher Bedrohung. „Gott pfeift die schönste Melodie /
Stets auf dem letzten Loch.“[365]

*

Um 1926 war Brecht durchaus noch bewußt, daß *ästhetische Werke*,
vielleicht auch seine eigenen (?), *der Krankheit abgerungen* sein könnten.
Solche Krankheit freilich verstand er als körperliche:

> Es gibt wirklich [...] eine beachtliche Anzahl von Geistesproduktionen,
> die von kränklichen oder zumindest körperlich stark verwahrlosten Leu-
> ten hervorgebracht wurden, von betrüblich anzusehenden menschlichen
> Wracks, die gerade aus dem Kampf mit einem widerstrebenden Körper ei-
> nen ganzen Haufen Gesundheit in Form von Musik, Philosophie oder Li-
> teratur gewonnen haben.[366]

Seine „Gesundheit“ wäre dann seine Literatur. Die Verbesserung ihrer
Techniken verdankt sich nicht unwesentlich der Angst vor dem frühen
verschlingenden Objekt, ganz wie nach Brecht die Flugzeuge ihre Technik der Angst vor dem Absturz ins verschlingende Meer:

> Viele Leute halten unsere Verkehrsflugzeuge für die sichersten Europas.
> Erst jetzt ist es aufgeklärt, warum sie es sind: weil ihre Piloten ängstlich
> sind.[...] [Es] ist [...] Wahnsinn auf das Meer hinauszufliegen, wenn man
> draußen untergeht.[367]

In der phallisch-narzißtischen Spannung zwischen dem Mut, das Meer
zu überfliegen, und der Angst, abzustürzen, verstärkt sich der Antrieb,
Techniken zu verbessern.

Flugzeug und Fliegen wurden Brecht zum Bild rettender vertikaler
Triangulierung, wie er sie schreibend versuchte.

> Der Schneider ist verschieden
> Sagten die Leute dem Bischof.
> Es war eine Hatz.
> Seine Flügel sind zerspellet
> Und er liegt zerschellet
> Auf dem harten, harten Kirchenplatz.

365. w.a. Suppl. III, 33 „Philosophisches Tanzlied“; 1918.
366. w.a. 20, 30; „Sport und geistiges Schaffen“.
367. w.a. 20, 32; „Für einen deutschen Ozeanflug“; um 1927.

[...]
Der Mensch ist kein Vogel
Es wird nie ein Mensch fliegen
Sagte der Bischof den Leuten.[368]

Gegen solches Mißlingen und gegen die Behinderung autonomer Bewegung setzte er die Gewißheit, daß der Mensch fliegen kann — inzwischen. Mit seinem ‚Ozeanflug' gab er 1928/29 ein — nur unbewußtes?
— Bild seiner Anstrengung um rettende Triangulierung. Hier können
wir jenen inneren Kämpfen nachspüren, die er schreibend ausfocht; hier
läßt sich auch ablesen, wie solche Triangulierung sich politisierte.

Ein Flieger will erstmals den Ozean überfliegen; er ist technisch gut
ausgerüstet[369] — wie Brecht mit seinen Schreibtechniken. Bald überfällt
ihn freilich der „Schneesturm" — wie seinen Autor die in den Anfall
treibenden Phantasien:[370]

Seit einer Stunde ist in mir ein Mann
Mit einem Apparat! [...]
Seit einer Stunde werfe ich ihn
Gegen das Wasser und gegen den Himmel
Er kann sich nirgends halten, aber
Er geht nicht unter.[371]

Doch er beginnt zu verzagen:

4 Tage vor mir sind zwei Männer
Über das Wasser geflogen wie ich
Und das Wasser hat sie verschlungen, und mich
Verschlingt es auch.[372]

Die verschlingende Mutter droht; dann lockt sie als Schlaf:

Schlaf, Charlie
Die schlimme Nacht
Ist vorüber. Der Sturm
Ist aus. Schlafe nur, Charlie
Der Wind trägt dich doch.[373]

368. „Der Schneider von Ulm", w.a. 9, 645 f.; zum „harten Kirchenplatz" vgl. die ‚Steine' o.S. 19, 39.
369. w.a. 2, 568 f.
370. Zur assoziativen Nähe von Sturm und Herzanfall o.S. 7, 19, 54, 68; u.S. 157, 170 ff.
371. w.a. 2, 572 f.
372. Ebd. 573.
373. Ebd. 574; vgl. o.S. 101.

Doch er widersteht: „Ich/ Darf nicht schlafen".[373] Der Triumph des Fliegens wird zu dem über die Macht der Mutter und führt zum Kampf gegen das Beharrende, Primitive und schließlich gegen die kapitalistische Gesellschaft:

> [...] auf den lachenden Kontinenten
> Spricht es sich herum: das große gefürchtete Meer
> Sei ein kleines Wasser.
> Ich fliege jetzt schon als erster über den Atlantik.
> [...] es ist eine Schlacht gegen das Primitive
> Und eine Anstrengung zur Verbesserung des Planeten
> Gleich der dialektischen Ökonomie
> Welche die Welt verändern wird von Grund auf.[374]

Fliegend, in vertikaler Triangulierung schreibend, erhebt er sich über die Macht seiner Natur, seines Herzens und der einengenden Religion; er wird frei:

> Also kämpfe ich gegen die Natur und
> Gegen mich selber.
> Was immer ich bin und welche Dummheiten ich glaube
> Wenn ich fliege, bin ich
> Ein wirklicher Atheist.[375]

Schreibend, fliegend löst er sich von seinen „Ansichten"[376], seinen „Dummheiten", und das führt ihn zum nächsten Schritt, zur Aufforderung, es ihm gleichzutun:

> Darum beteiligt euch
> An der Bekämpfung des Primitiven
> An der Liquidierung des Jenseits und
> Der Verscheuchung jedweden Gottes, wo
> Immer er auftaucht.[377]

Das konkretisiert sich politisch. Was nun überwunden werden muß, ist die kapitalistische Gesellschaft:

> So auch herrscht immer noch
> In den verbesserten Städten die Unordnung
> Welche kommt von der Unwissenheit und Gott gleicht.

374. Ebd. 575.
375. Ebd. 576.
376. Vgl. o.S. 45 ff.
377. w.a. 2, 576 f.

Aber die Maschinen und die Arbeiter
Werden sie bekämpfen, und auch ihr
Beteiligt euch an
Der Bekämpfung des Primitiven![378]

Der Flieger hat seinen Kampf freilich noch nicht gewonnen: „Jetzt/Kommt das Wasser wieder näher."[378] Doch er ermahnt sich:

Wer auf das Meer
Hinausfliegt und ersauft
Der ist ein verdammter Narr, denn
Auf dem Meer ersauft man
Also muß ich ankommen.[379]

Brecht, der sich ins „Gewühl" seiner Phantasien begab, muß es schreibend überstehen. Wie der Herzphobiker seinem Herzen, so spricht der Flieger nun seinem Motor zu:

Jetzt ist es nicht mehr weit. Jetzt
Müssen wir uns zusammennehmen
Wir zwei.
Hast du genug Öl? [...]
Geht es dir gut? [...]
Du mußt nur laufen. [...]
Werden wir es schaffen?
Wir zwei?[380]

Sie schaffen es und die wartende Menge erkennt:

[...] das ist
Der Flieger.
Der Sturm hat ihn nicht verschlungen
Noch das Wasser.
Bewährt hat sich sein Motor[381]

Das Werk ist gelungen. Und wie Brecht seine Herzschwäche als etwas Privates vor der Öffentlichkeit verbarg, so bittet nun auch der Flieger:

[...] Bitte tragt mich
In einen dunklen Schuppen, daß

378. Ebd. 577.
379. Ebd. 579.
380. Ebd. 580f.
381. Ebd. 583.

Keiner sehe meine
Natürliche Schwäche.[382]

Wichtiger ist: „Unser Motor hat ausgehalten".[382] — Bevor die Menge
ihn begrüßen kann, bevor mit seiner Verschmelzungssehnsucht („seid
umschlungen, millionen"[383]) das verschlingende Objekt erwacht, sucht
er Schutz hinter den Wänden des Schuppens — wie der Agoraphobe
hinter denen des Autos[384].

Ging der Kampf, den Brecht schreibend erfolgreich gegen seine Anfälle führte, in den ‚Ozeanflug' ein, so können wir am ‚Badener Lehrstück' von 1929 ablesen, wie er sich zu schützen suchte, wenn solch rettende Triangulierung mißlang: Das Flugzeug ist abgestürzt und die Ge-
stürzten werden belehrt: „wenn ihr das Sterben überwinden wollt, so
überwindet ihr es, wenn ihr das Sterben kennt und einverstanden seid
mit dem Sterben."[385]. Wenn Brecht ohne Triangulierung den Anfall
überwinden mußte, gab er sich ihm preis, „einverstanden" mit ihm: „In
seiner kleinsten Größe überstand er den Sturm"[385]. Da war kein Schreiben mehr möglich, allenfalls nachträglich, am nächsten Tag.

*

*Schreibend schuf Brecht ein Objekt, in das seine Subjektivität eingehen,
das er in ausgefeilter Technik aber dennoch beherrschen konnte,* frei von
Angst, ihm ausgeliefert und von ihm verlassen zu werden, ein gutes Objekt, das Werk, seine eigene Welt, mit dem die Objekte draußen als eigene wiederkehren, sogar die Frauen:

> Gleich allen andern Künstlern ist auch der Dichter wohl fähig, nach ei-
> nem Frauenkörper zu arbeiten. Nicht, indem er diesen darstellt, sondern
> indem er in allen Proportionen seines Werkes sein Maß gestaltet. Die Li-
> nien des Körpers werden zu jenen seiner Komposition; wie der Anblick
> dieser das Lebensgefühl steigert, so muß auch der Genuß jener es
> steigern.[386]

Mit dem Werk konnte er äußere und innere Objekte unter magischer

382. Ebd. 584.
383. O.S. 14.
384. O.S. 88 f.
385. w.a. 2, 602.
386. Tb 154 f.; 29.IX.1921

Kontrolle halten, sich seine Allmacht beweisen, lustvoll lässig oder frech spielen, unbekümmert über Anziehungskraft, Ängste, Drohungen und Normen der Mutter hinweglachen und sich Neuem zuwenden.

Schreibend genoß und gewann er Distanz. Hier konnte er fröhlich sein. „Am meisten", notiert Ruth Berlau, „hat mich beeindruckt, mit wieviel Spaß und wie spielerisch Brecht arbeitete. Es war immer lustig."[387] Wie sie beobachtete,

> liefen Eisler und Brecht umeinander herum, auf und ab, und riefen sich dabei etwas zu. Brecht tippte einen Text auf der Schreibmaschine und las ihn vor. Er lachte so dabei — und immer mit der Zigarre im Mund —, daß ich kein Wort verstand.[388]

Lachen befreit, schafft Überlegenheit und zeugt von ihr. So konnte Brecht schreibend auch angesichts des Bedrohlichen lachen, und lachend schreiben, während er sich ihm kontraphobisch zuwandte:

> Ich erinnere mich, wie sie an dem Stück „Die Rundköpfe und die Spitzköpfe" arbeiteten. Sie hörten nebenbei eine Hitler-Rede im Radio und schüttelten immer fassungslos die Köpfe und schauten sich an. Sie lachten viel. Brecht lachte sogar Tränen. [...] Aber beide hörten genau zu. [...] Vor dem „Horst-Wessel-Lied" drehten wir das Radio ab, und Brecht sagte den Untertitel zum Stück „Die Rundköpfe und die Spitzköpfe": „Ein Greuelmärchen!"[389]

Da er schreibend Abstand von dem Konflikt fand, der ihn in seine psychosomatische Krankheit trieb, waren für ihn Schreiben und Gesundheit eng verbunden: Fühlte er sich gesund, so hatte er den zum Schreiben erforderlichen Abstand; schrieb er, so schuf er jenen Abstand, den sein Wohlbefinden verlangte:

> 3 wochen bettlägerig mit influenza. dergleichen faßt mich wie einen hilflosen, wenn ich ohne größere arbeit bin. dabei kann ich bei temperatur nicht arbeiten.[390]

> ich habe meiner erinnerung nach niemals eine zeile geschrieben, wenn ich mich nicht wohl befand, körperlich. allein dieses wohlbefinden verleiht die souveränität, die zum schreiben nötig ist. es muß ein von oben nach

---

387. In: Bunge (1985), 102.
388. In: Bunge (1985), 106.
389. R. Berlau in: Bunge (1985), 105 f.
390. AJ 88; 19.III. 1940.

unten schreiben sein, über dem thema muß man sitzen. allerdings entsteht umgekehrt ein solches wohlbefinden mehr oder weniger, wenn ich mich an den tisch mit der maschine setze.[391]

‚Von oben nach unten schreibend‘ wahrte er arrangierend und zeigend die Herrschaft, konnte in seinen Gedichten und in den Perioden seiner Prosa den sicheren Rhythmus, den ihm das Herz verweigerte, selbst herstellen, ja in den Dissonanzen seiner aufgerauhten Verse sogar kleine Arrhythmien wagen und seinem Herz provozierend vorspielen. So war es ihm möglich, in der Sicherheit allmächtigen Schreibens das Gefühl der Gesundheit, der Größe und Potenz zu genießen und sich schließlich als „Klassiker" zu stilisieren.

Er konnte es, denn schreibend folgte er eben auch den wohlwollenden Wünschen von Vater und Mutter. — Sein Vater, Mitglied der ‚Augsburger Liedertafel‘, sang gern und mit schöner Tenorstimme Balladen; einer seiner Liedertafelfreunde parodierte vor den Brecht-Buben klassische Literatur und regte sie an, Gitarre zu spielen.[392] Der Vater nahm seine Söhne mit in den Orgelsaal seines Chefs.[393] „Da er keine Gelegenheit gehabt hatte, ein Musikinstrument zu erlernen und auch Mama Musik mochte, ließ er uns Buben Unterricht erteilen".[394] Von ihm übernahm der Dichter Brecht identifizierend nicht nur die Fähigkeit, sein Material zu organisieren, sondern mehr noch: die Liebe zur Musik und mittelbar seinen dritten Arm: die Gitarre, die er seit 1912, dem Jahr der Konfirmation, mit sich führte.

Die Mutter

hatte die Gabe des Erzählens und Erklärens; mit leiser Stimme, fast zärtlich flüsternder Stimme machte sie lebendig, was wir an biblischen Geschichten aus der Schule heimbrachten.[395]

An solchen Abenden saß Mama dann mit uns beiden auf dem Sofa, fragte nach der Schule, erzählte Geschichten oder las vor, wobei sie Gedichten den Vorzug gab.[396]

So konnte Brecht später schreibend sich selbst Vater und Mutter sein.

391. AJ 1000; 25.XII.1952.
392. W. Brecht (1984), 56 f.
393. Ebd. 266.
394. Ebd. 158.
395. Ebd. 53.
396. Ebd. 67 f.

Ich bin guter Dinge, interessiere mich für nichts, vernachlässige Kleidung, Essen, Gesellschaft und bin voll Ruhe und Ausgewiegtheit beim Schreiben. Jedes Wort hat seine Schale erbrochen, es dringen Sätze direkt aus den Brüsten herauf. Ich schreibe nur auf.[397]

„Als ob einen ein Weib trägt"[398] — beinahe wiegt ihn die Mutter, während schreibend er selbst sich wiegt. Wörter werden geboren, wie Küken erbrechen sie ihre Schalen, und aus den Brüsten des guten Objekts quillt die nährende Milch der Sätze. Welch ein Glück! Er ist eins mit der frühen guten Mutter, wiegt, gebiert[399] und nährt, und wird selbst gewiegt und ernährt. Was sollte ihn in diesem narzißtischen Glück anderes, was sollten ihn „Kleidung, Essen, Gesellschaft" interessieren?

Diese Einheit mit der frühen Mutter konnte er schreibend erfahren, weil er hier den Wünschen der realen späteren Mutter entsprach, hier ihr Stolz war und ihre Hoffnung:

> Tante Sophie [also Brechts Mutter, C.P.] war sehr ästhetisch veranlagt. Dabei hatte sie einen starken Willen. Sie förderte in Eugen das Interesse an Literatur. Sie war selbst sehr belesen. Später, als sie schon sehr krank war und an Sonntagen in ihrem Stuhl oft den ganzen Nachmittag in dem Garten im Hof saß, war für sie die Lektüre eines Buches das schönste Vergnügen.[400]

> Während der Vater Brechts Schriftstellerei recht skeptisch gegenüberstand [...], war die Mutter von Anfang an zutiefst von seiner künftigen Größe als Dichter überzeugt und erhoffte von ihm so etwas wie einen zweiten Ganghofer.[401]

Der Bruder bestätigt: „von seiner Berufung war sie vollkommen überzeugt und hat es als Begnadung empfunden, diesen schwierigen Sohn geboren zu haben."[402] Bie ging das etwas zu weit: „Seine Mama [...] schien mir von den Ambitionen ihres Buben Bert eher übertrieben überzeugt zu sein."[403] Brecht jedenfalls hatte so die Chance, ohne die Mutter offen angreifen zu müssen, ja sogar in ihrem — freilich recht pauschalen — Auftrag, schreibend dem Konflikt mit ihrer inzwischen

---

397. Tb 147; 1921.
398. O.S. 79.
399. Vgl. o.S. 97 Baal: „Ich will etwas gebären!"
400. Frisch/Obermeier (1976), 23.
401. Münsterer (1963), 37.
402. W. Brecht (1984), 263.
403. Banholzer (1981), 159.

ins Innere abgewanderten Vorgängerin (der Mutter-Imago) nachzugehen, die sie sonst nach Kräften unterstützte. Die Mutter war nun auch zu einer wohlwollenden inneren Adressatin geworden, zu einer inneren Figur, die sogar seine aggressiven Impulse annimmt und erträgt. Doch selbst in solchem Schreiben, bei dem er sich von ihr gewiegt weiß, kehrt der frühe Ambivalenzkonflikt als aktueller wieder; es ist eben auch ein Angriff, ein mit Schuldgefühlen belasteter Versuch, seiner Mutter gegenüber Autonomie zu gewinnen. Sie nämlich hatte gehofft, er werde Medizin studieren, um sie von ihrer Krankheit zu erretten, [404] und er hatte tatsächlich mit dem Medizinstudium begonnen — wohl auch ein unbewußter Versuch der Wiedergutmachung angesichts seiner unbewußten Todeswünsche: ‚Es ist nicht wahr, daß ich die Mutter zerstören will und schon zerstört habe; ich will sie ja retten!'. Schon vor ihrem Tode jedoch hatte er das Medizinstudium um seines Schreibens willen aufgegeben.

Schreibend schützt er sich vor Trennungsangst und bleibt der bittersüßen wollüstigen Qual des ambivalenten Umgangs mit der anziehenden, umschlingend-bedrückenden und zurückstoßenden Mutter-Imago verhaftet. Da wird die Rettung zum Zwang, zum Schreibzwang: „ich muß schreiben, auch wenn es nicht gut ist, was ich da schreibe: ich muß, ich kann nicht anders!"[405] So läßt sich begreifen, „daß er gearbeitet hat wie kein anderer Mensch, den ich gekannt habe. Er kannte keinen Sonntag, keine Ferien, keine Feiertage"[406]: „Er arbeitet immer, denn alles, was Brecht machte, war Arbeit"[407], auch das „Leben", — und seine Arbeit galt letztlich dem Schreiben:

404. Frisch/Obermeier (1976), 115; W. Brecht (1984), 275, 363. Das Motiv vom Sohn, der versucht, seine Mutter zu retten, spielt Brecht mehrfach durch, am offensten wohl in „Der Jasager und Der Neinsager" von 1929/30. Der Sohn erklärt: „weil meine Mutter krank ist/ Will ich mitgehen, um für sie bei den großen Ärzten in der Stadt jenseits der Berge/ Medizin zu holen und Unterweisung" (w.a. 2, 616 f.). Er geht mit auf „die gefährliche Wanderung" (617), doch: „er war den Anstrengungen nicht gewachsen: Er überanstrengte sein Herz" (618). Nun geht es darum, ob er dem „Brauch", den Normen gemäß zustimmt, daß er in den Abgrund des Tales geworfen wird. Das geschieht im ‚Jasager', im ‚Neinsager' dagegen stiftet er mit seiner Weigerung einen neuen „Brauch".
405. Diese möglicherweise ironische Bemerkung überliefert Marianne Zoff. In: Banholzer (1981), 175.
406. R. Berlau in: Bunge (1985), 39.
407. R. Berlau, ebd. 13.

ich schreibe etwas auf, weil ich einen leeren Kopf habe und das das Unge-
sündeste für mich ist, was es gibt. Ich glaube, daß die meiste Literatur (zumindest aber die von mir fabrizierte) von einem Mangel an Gedanken
herrührt. Ich meine einen Mangel an Gedanken für den Hausgebrauch,
wirklichen, angenehmen Ketten, die weitergehen. Wir können nur an
der Hand von Vorgängen zu ein paar armseligen Gedanken gelangen. Es
ist leichter, diese Vorgänge zu erfinden, als die Gedanken darüber ohne
sie in den Kopf zu kriegen. [...] Ich [...] stürze mich hauptsächlich deswegen in das ‚Leben‘, weil ich zu wenig Befähigung für die Literatur habe.[408]

Er benötigt das „Leben", um „Vorgänge" für „Gedanken" zu bekommen, die in „wirklichen angenehmen Ketten" „Pausen" verhindern.

„Wenn man 3 Jahre einsam ist, fürchtet man seine Stimme; aber
wenn man dann jemand hat, der gut zuhören kann, wird man aus-
schweifend geschwätzig", hatte er 1916 geschrieben.[409] Schreibend hatte
er die Mutter als innere Zuhörerin gefunden — und draußen womöglich
ein Publikum. Schreibend suchte er nun, keine „Pause" aufkommen zu
lassen und in ununterbrochenem Rede- und Denkfluß die bedrohlichen
Vorstellungen und Gefühle zu verhindern: eine angst- und lustgetriebe-
ne Schreib-Maschine. Indem er sein Leben in den Dienst des Schreibens
stellte, schützte er sich vor den Gefahren dieses Lebens. Doch während
er sich schreibend von ihnen löste, verfing er sich wieder und mußte
sich weiter lösen, sonst drohten Trennungsangst und womöglich der
‚Herzschock‘: Das Schreiben wurde zur guten, nährenden Mutter, als
Sucht jedoch zur bösen, die ihr Kind nicht freigibt.

Canetti, auch hier ein scharfer Beobachter, bemerkte zu Recht:

Ein Genießer war er nicht, er fand im Augenblick nicht Genüge und brei-
tete sich in ihm nicht aus. Was er sich holte (und er holte sich von rechts
und links, von hinten und vorn zusammen, was ihm dienlich sein konnte), mußte er sogleich verwenden, es war sein Rohmaterial und er produ-
zierte damit unaufhörlich. So war er einer, der immer etwas fabrizierte,
und das war das Eigentliche, worauf er aus war.[410]

Indem er alles für seine Texte verwandte, konnte er alles ‚essen‘: die ambivalent erlebten Objekte in sich aufnehmen, sie schreibend sich anverwandeln und beherrschen. Geplagt von Urmißtrauen, konnte er sich

408. Tb 200 f., um 1923.
409. Brecht (1986), 1133.
410. Canetti (1980), 303.

dem Augenblick nicht passiv öffnen, fürchtete die „Pausen", erfuhr sie als bedrohliche Langeweile und flüchtete in Aktivität:

> Er war immer ein äußerst aktiver Geist — aus einem Grund: weil ihn die Langeweile so quälte. Er mußte irgendetwas machen, um überhaupt auf der Welt herumzuspazieren. Sonst hätte ihm das Leben keinen Spaß gemacht.[411]

Diese Langeweile war es, die auch den politischen Schriftsteller mindestens genauso an den Schreibtisch trieb wie politische Notwendigkeit. Hanns Eisler jedenfalls gibt zu Protokoll:

> Und der Brecht war so empfindlich gegen Langeweile! Wenn er zum Beispiel sich mit mir getroffen hat, und wir hatten fünfzehn Minuten nichts zu tun, sagte er: „Um Gottes willen, was machen wir jetzt!" Er war verzweifelt. Er mußte entweder produzieren, lesen oder sprechen. Eine vierte Beschäftigung — zum Beispiel das Nichtstun — gab's für Brecht nicht. Langeweile machte ihn physisch krank. Also mit einem Wort: Die größte Inspiration in der Emigration ist nicht nur unsere Einsicht in die Klassenverhältnisse, unser [...] Kampf gegen den Faschismus, für den Sozialismus, sondern [...] die quälende Langeweile eines Emigranten, der zwölf Stunden nur sich betrachten kann. Das ist produktive Kraft.[412]

Brecht hat gelegentlich sein angstgetriebenes Arbeiten als Pflicht stilisiert; so schreibt er 1940 an Hans Tombrock:

> Wir müssen zwischen all dem Ungemach unsere Arbeit weitermachen. Ob es die Angriffe von Hauswirten oder von Bombenfliegern sind [...], irgendwann wirst Du gefragt werden, ob Du das Farbproblem gelöst hast.[413]

Doch er wußte auch: „Arbeit ist die beste Droge".[414] Und er wußte von der Gefährlichkeit dieser Droge:

> Ich schreibe eben ein Parabelstück „Der gute Mensch von Sezuan" [...] fertig und mache mich dann wieder an den „Caesar". [...] Man muß sich ja in dieser schweren und blutigen Friedenszeit unbedingt in die Arbeit stürzen. (Die Römer sagten: ins Schwert stürzen.)[415]

411. Eisler (1986), 137.
412. Eisler (1986), 72.
413. Brecht: Briefe (1981), 412.
414. Brecht: Briefe (1981), 412.
415. Ebd. 403; 29.VIII.1939.

Die Arbeit, in die er sich rettet, sie tötet auch; sie tötet das ersehnte Leben im Augenblick.

Aber dennoch: Sie rettet auch. Um ihretwillen konnte er ein festes System von Verhaltensweisen über seine Lebenszeit legen, das drohende „Pausen" verbannte. Er hatte einen „streng geregelten Arbeitstag", den er

> zeitlebens beibehielt, so ungünstig sich gelegentlich auch die Umstände gestalteten. Selbst körperliches Unwohlsein oder die nervlich aufreibenden Vorbereitungen für den Aufbruch in ein anderes Land hielten ihn nicht von dem gewohnten Rhythmus ab. [...] Dabei empfand er diesen selbstauferlegten Rhythmus keineswegs als eine Disziplinierung, die er sich um des Werkes willen abzwang. Er fühlte sich wohl in dieser Lebensform [...]. Alles in allem war diese ‚glückliche Natur' sein eigenes Produkt, eine Arbeitsweise, von ihm klug installiert, sorgfältig entwickelt und dann hart trainiert.[416]

Mit diesem System konnte er andere Systeme erzwingen, z.B. das der Bemutterung:

> Allein schon seine streng geregelte Arbeitsweise, verbunden mit festen Gewohnheiten, ohne die er Schreiben nicht für möglich hielt, verlangte einen bestimmten Grad häuslicher Ordnung und Fürsorge.[417]

Durch den hohen Stellenwert, den er und andere seiner Arbeit beimaßen, konnte er das störende Private zum Verstummen bringen und anderen gegenüber seinen Willen durchsetzten:

> vergiß nicht, ich lebe gerade (und meistens) in schwieriger Arbeit und schon dadurch ohne rechte Möglichkeit, mimisch usw. mich auszudrücken, und fürchte Privatkonflikte, Szenen usw., die mich sehr erschöpfen.[418]

> seine Schwierigkeiten galt es zu begreifen, ihm mußte man entgegenkommen, um der größeren Aufgabe willen, der er sich verpflichtet fühlte. Um der dichterischen Produktion willen glaubte er ein Recht zu haben, nicht in seelische Konflikte hineingezogen zu werden.[419]

Und durch Arbeit konnte er seine Geliebten als Mitarbeiterinnen auf

416. Mittenzwei (1986,1), 495.
417. Mittenzwei (1986,1), 493.
418. An H. Weigel um 1932; Brecht (1981), 158.
419. Mittenzwei (1986,1) 488.

Abstand und doch in wohlbeherrschter Nähe halten. Arbeit: ein zwar gefährliches, aber doch ein stabilisierendes „Mittel".

Seine Ambivalenz angesichts des Schreibens, des Arbeitens findet sich ebenso in seinem Verhalten gegenüber dem Geschriebenen: Als Selbstobjekt nahm das Werk Züge des frühen Objekts und des frühen Selbst an, und so drohten, wie auch sonst hinter den rettenden guten Objekt- und Selbstbildern die bösen aufzutauchen. Deshalb verhielt er sich gegenüber seinen Werken wie gegenüber Frauen, Städten, eigenen Ansichten und all seinen anderen „Mitteln": Er distanzierte sie, richtete sich nur „vorläufig" bei ihnen ein als nur ,vorläufigen', oder er machte sich auf nach neuen Ufern: „Jetzt betrachte sie nicht mit dem Herzen, sondern kalt / Und sage: sie ist alt. / Komm mit mir nach Georgia / Dort laß uns schaun nach neuen Fraun".[420] Ihre ,Vorläufigkeit' hielt er sich und anderen bewußt, nannte seine Werke „Versuche" oder „Experimente", blieb so von ihnen immer ein Stück weit entfernt, legte sich nicht fest und konnte sich eben wegen solch schützender Distanz schreibend auf sie einlassen.

> Nach erneuter Durchsicht der Manuskripte schnitt er Texte auseinander und montierte sie neu. Selbst wenige Zeilen schnitt er aus und klebte sie auf, obwohl ein Neuschreiben viel rationeller gewesen wäre.[421]

Und hatte er etwas geschrieben, so verließ er es, schrieb es immer wieder um, widersprach mit den späteren Fassungen den früheren, mit dem ,Neinsager' dem ,Jasager'[422] und blieb, gerade indem er ihm widersprach, bei ihm, „vorläufig" eben. Dies ist eine Form von Vermeidung, aber auch von Angriff: Kontraphobisch geht er auf das lockend-ängstigende Neue zu, überschreitet, was er eben erreichte, und setzt die Bedrohung erneut in Szene. Von Angstlust getrieben, wird er literarisch fruchtbar.

*

Brecht schreibt nicht auf den Antrieb seines Schreibens zu, nicht über Mutterbindung und Mutterhaß, und zunehmend weniger über Trennungsangst und „Herzkrampf". *Er schreibt weg von diesem Antrieb*, kehrt ihm

420. w.a. 8, 135; o.S. 45.
421. Mittenzwei (1986,1), 494.
422. „Der Jasager und Der Neinsager"; w.a. 2, 613 ff.

den Rücken und *bleibt schreibend dennoch ständig mit ihm beschäftigt:*
Abgewendeten Gesichts umkreist er, was ihn anzieht und ängstigt. Das
scheint konstitutiv für kontraphobisch angetriebene literarische Kreativität bei herzneurotischer Störung.[423]

423. Diese Hypothese über den Zusammenhang von Herzneurose und Schreiben wäre
an weiteren Fällen zu überprüfen, z.B. an F. Werfel und S. Freud. — Freud litt seit 1889
an Herzanfällen (Freud (1986), 60 ff.): „Ich erinnere mich auch sehr gut, daß die Arrhythmie ziemlich plötzlich 1889 nach einem Influenzanfall aufgetreten ist" (61) — Brechts
„Grippewetter" (o.S. 12). 1894 versuchte Freud, sich das Rauchen abzugewöhnen; da
„war das Elend der Abstinenz von einer ungeahnten Größe [...]. Bald nach der Entzie-
hung kamen leidliche Tage, in denen ich auch anfing, den Stand der Neurosenfrage an
Dich [d.i. Fließ; C.P.] niederzuschreiben; da kam plötzlich ein großes Herzelend, größer
als je beim Rauchen, tollste Arrhythmie, beständige Herzspannung — Pressung — Bren-
nung, heißes Laufen in den linken Arm, etwas Dyspnoe von verdächtig organischer Mä-
ßigung, das alles eigentlich in Anfällen, d.h. über zwei (Drittel) des Tages in continuo er-
streckt, und dabei ein Druck auf die Stimmung, der sich im Ersatz der gangbaren Beschäftigungsdelirien durch Toten- und Abschiedsmalerei äußerte" (61). Seine „Mittel" waren
die Zigarre und die „Beschäftigungsdelirien": „Wissenschaft" (62). Während er diesen
Brief schrieb, war ihm sein ferner „Liebster Freund" (60) ein gutes Objekt, so wie Brecht
seine Bie (o.S. 8); ihm konnte er erzählen, nicht aber seiner „Frau": Sie „ist nicht Vertrau-
te meiner Sterbedelirien. Wohl für alle Fälle überflüssig" (63). Auch er rauchte sich „zu
Tode" — Gaumenkrebs —, auch er schrieb ein umfangreiches und großes Werk. Und
auch er erbaute ein weitverzweigtes Bemutterungssystem (in ihm umkreisten ihn Mutter,
Ehefrau, Schwägerin, Tochter, zwei Dienstmägde und dazu noch Damen der ‚Großen
Gesellschaft') und erreichte, daß selbst in der Emigration ihn das gewohnte Mobiliar mütterlich bergend umgab. Er beobachtete sich in seiner Selbstanalyse mit dem objektivieren-
den Blick des experimentierenden Naturwissenschaftlers, doch er schaute vor allem nach
außen auf seine Patienten und auf die Theorie solcher Krankheit. Er kam zur Vermutung,
„der Mechanismus der Angstneurose [so sein Begriff] sei in der Ablenkung der somatischen Sexualerregung vom Psychischen und einer dadurch verursachten abnormen Verwendung dieser Erregung zu suchen" (Freud (1895), 234). Auf die Sexualität blickte er
auch künftig, entdeckte den Ödipuskomplex und erklärte ihn zum Kernkomplex der
Neurosen, ja zum Schibboleth der Psychoanalyse. — Gehen wir von der neueren psychoanalytischen Forschung zur Herzneurose aus, so entstammt deren zentrale Problematik
der Mutter-Kind-Dyade. Diese hat Freud in seinen Forschungen jedoch nahezu umgan-
gen; er erklärt, das „ozeanische Gefühl" (heute: das der Verschmelzungswünsche) sei ihm
weitgehend fremd — also gerade das, was ihn nach neuerer Theorie am meisten umtrieb!
Auch er schreibt und forscht — und das sogar als Analytiker — weg von einem entscheidenden Antrieb seines Forschens, bleibt durch seine Phantasien und Emotionen jedoch
mittelbar mit ihm verbunden und schaut hinüber zu Phantasien, die für ihn unmittelbar
weniger bedrohlich sind. Ihnen nähert er sich, wie Brecht der gesellschaftlichen Realität,
kontraphobisch auf einem „Gang in die Tiefe" (u.S. 175) und entdeckt einen neuen Kon-
tinent: den Ödipuskomplex. Aus der symbiotischen Verstrickung mit der Mutter war er,

Angesichts der zahlreichen „Krebsbüchlein" der letzten Jahre fragt Peter Noll: „Beflügelt nicht der Krebs die Mitteilungslust? Warum schreiben die Herzkranken nicht über ihren bevorstehenden Tod?"[424]. Warum, so frage ich weiter, sind Herzkrankheiten, selbst dort, wo sie zum Schreiben ‚beflügeln‘, nicht ein ebenso fruchtbares literarisches Motiv wie der Krebs? — Auch wenn der Krebs mein eigenes Fleisch ist, also ich selbst, so wuchern hier meine eigenen Zellen doch als Fremdes in mir, das operativ möglicherweise entfernt werden kann. Ich bin mit ihm nicht völlig identisch, kann Distanz gewinnen, phantasierend in szenische Interaktion mit ihm treten und dabei Emotionen artikulieren. Dieses von mir Getrennte kann ich als von außen aufgezwungen begreifen und anderen zurechnen, den Eltern etwa oder der Gesellschaft. Das Fremde erleidend, bleibe ich als Subjekt erhalten. So eignet der Krebs sich als Bild zum poetisierend-literarischen Umgang des Kranken mit der Bedrohung, die in ihm heranwächst, und mit der Umwelt.[425] Von seinem Krebs schreibend, kann er hinausblicken auf die Welt und die Angst vor ihm bannen. Sofern es ihm gelingt, die innere Bedrohung als Fremdes zu objektivieren, kann er aber auch als ein Subjekt auf seinen Tod blicken und auf die noch verbleibende Zeit.

Das Herz dagegen bin ich selbst, so fremd es mir mit seinen Arrhythmien auch gegenübertreten mag. Ich bin nicht zu trennen von ihm; operativ läßt es sich nicht entfernen, zumindest war das noch zu Brechts Zeiten nicht möglich. So bin ich selbst meine Krankheit; sie

---

wenn durch sie auch geschwächt, zum ödipalen Konflikt mit dem Vater vorgestoßen; vor dessen Gefahren war er dann auf jene symbiotischen Phantasien zurückgewichen, die ihn in seine Anfälle zwangen — und zum schreibenden Kampf gegen sie. Nun schaut er forschend allein auf den ödipalen Konflikt, vor dem er zurückgewichen war, und stilisiert den Vater zum gefährlichen Gegner, obwohl dieser gesellschafts- wie individualgeschichtlich so stark denn doch nicht mehr war: Er war beruflich häufig außer Haus gewesen und hatte sich als Jude in christlich-arischer Umgebung vor seinem Sohn demütigen lassen müssen. Freud, der unbestrittene Liebling der Mutter, stellte den Vater-Sohn-Konflikt unbewußt wahrscheinlich deshalb ins Zentrum, weil er, auf einen Vater blickend, wegschauen konnte von der gefährlichen Symbiose: der Versuch einer rettenden Triangulierung. Dabei erschloß sich ihm ein wesentlicher Aspekt menschlicher Wirklichkeit. Ähnlich schaute Brecht weg von der innen drohenden Gefahr und hinaus auf die Literatur, ihre Gesetze und auf die der Gesellschaft.

424. Noll (1984), 194.

425. Vgl. Sontag (1978), Haverkamp (1986) und zum Schreiben von Asthmatikern Michel (1984).

wurde mir nicht von außen angetan: In ihr erfahre ich meine eigene Ohnmacht, den Verlust meiner Potenz — verstärkt sicher noch, weil in unserer Kultur das Herz zum Zentrum der Person wurde, zum metaphorischen Inbegriff von Subjektivität.[426] Welche Scham wäre da zu überwinden, wollte einer von der Krankheit seines Herzens, also von seiner eigenen, von ihm selbst nicht zu trennenden Schwäche schreiben! Er wird eher wegblicken von sich und Anderes, Fernes zum Thema wählen, falls ihn seine Krankheit zum Schreiben treibt. Er wird etwas wählen, mit dem er leichter szenisch umgehen kann als mit seinem Herzen. So wird es ihm vielleicht gelingen, dieses Andre poetisierend zur Metapher jenes Zustands zu gestalten, in dem er sich in der Welt sieht.

Das gilt wohl für alle Herzkranken; für den besonderen Fall des Herzneurotikers bleibt zu bedenken, daß er im körperlichen Symptom sich seinen psychischen Konflikt verbirgt und erst auf dieses Symptom psychisch antwortet. Er entzieht den Konflikt seiner Wahrnehmung, kann ihn also nicht ausdrücken, sprachlich repräsentieren und anderen verständlich machen. Seine körperliche Reaktion und die ihr antwortende Angst bleiben individuell, nicht emotional zu vermitteln und nicht nachzuvollziehen. „Einfühlung" in die Psyche ist unmöglich, weil der Leidende sich in sich selbst nicht einfühlt, jedenfalls nicht bis hin zur Quelle seiner Angst. Da die Störung des Herzneurotikers im frühkindlich-averbalen Bereich liegt, setzt sie ihn einer weitgehend diffusen und strukturlosen Sprachlosigkeit aus; doch gerade hier fühlt er sich hilflos dem bedrohlichen Objekt ausgeliefert. So sucht er zu fliehen: in averbale körperliche Reaktion oder aber, im Fall des Schreibenden, in den strukturierten und so auch strukturierenden Bereich der Sprache. In der Sprache, in der Literatur, ihren Traditionen und in ihrer Theorie findet er triangulierenden Abstand, einen Bereich eigener Gesetzlichkeit, in dem er spielen, kombinieren, seine Aktivität genießen und sich wie die Objektwelt integrieren kann. Je deutlicher sie retten, desto mehr Bedeutung gewinnen Sprache, Ästhetisches und literarisch durchdrungene Thematik: Das drohende Nichtsagbare, die sprachferne Symbiose im Rücken, folgt der Schreibende, folgt Brecht nun den Gesetzen dessen, worüber er etwas sagen kann, und den Gesetzen dessen,

---

426. Artikel „Heart" in Daemmrich (1987). Hier läßt sich die Tradition studieren, in der Brecht sich bewegte, wenn er vom Herz schrieb.

worin er es kann. So läuft er Gefahr, während er scheinbar von Objektivem objektiv schreibt, seinen Antrieb, sich selbst zu übersehen — wie umgekehrt die schreibenden Krebskranken Gefahr laufen, im Individuell-Autistischen zu verharren und Sprache, Literatur und Welt der Objekte allein in dessen Dienst zu stellen.

Doch wenn das nichtschreibbare Eigene des Herzneurotikers aus dem Geschriebenen ganz verschwände, verlöre er die Berührung mit der frühen Mutter, vor der er schreibend ja deshalb flieht, weil sie ihn anzieht. Er verlöre damit auch den Antrieb zum Schreiben, und der Weg zum Anfall stünde offen. So muß er das, wovor er flieht, auch gegenwärtig halten. Deshalb zeichnen sich Brechts Texte durch ein Oszillieren zwischen festen, strukturierenden Momenten einerseits und sich der Sprache entziehenden andererseits aus; der Leser bleibt irritiert. Brechts oszillierendes Schreiben, das triangulierende Sicherheit sucht und immer wieder stört, ist ein unendlicher Prozeß: weder in der Sprache, noch im Sprachlosen, noch zwischen ihnen kann der Schreibende zu Ruhe, Vertrauen und Entspannung finden.

*

Brechts Galilei empört sich, und er meint wohl die Schönheit christlicher Kunst und Ideologie:

> Und kommen Sie mir nicht mit der Schönheit von Phänomenen, die das Alter vergoldet hat! Wissen Sie, wie die Auster Margaritifera ihre Perle produziert? Indem sie in lebensgefährlicher Krankheit einen unerträglichen Fremdkörper, z.B. ein Sandkorn, in eine Schleimkugel einschließt. Sie geht nahezu drauf bei dem Prozeß. Zum Teufel mit der Perle, ich ziehe die gesunde Auster vor.[427]

Eine gesunde Auster war Brecht nicht. *Sein Schreiben* diente der Selbstrettung im jeweils gegenwärtigen Augenblick. Insofern es kontraphobisch war und nie endete, *wirkte* es, *als versuche er hier eine Eigenbehandlung.* Interessant ist ein Blick auf verhaltenstherapeutisches und psychoanalytisches Vorgehen: Der mit Konfrontationen arbeitende Verhaltenstherapeut trägt seinem herzneurotischen Patienten zum Zwecke der Desensibilisierung auf,

427. w.a. 3, 1295 f.

sich in der Vorstellung ängstigenden Gedanken und Phantasien im Zusammenhang mit der Angst vor einer Herzerkrankung auszusetzen. [...] Für die Methoden der Konfrontationen ist es wesentlich, daß die Belastung so gewählt wird, daß die Wahrscheinlichkeit für die Vermeidung der Situationen [...] nicht zu hoch ist [...]. Der Patient sollte sich also den Situationen [...] graduell nach dem Maß der Schwierigkeit aussetzen. [...] Ein wesentlicher Punkt [...] besteht darin, daß der Patient die Situationen, von denen er glaubt, sie möglicherweise bewältigen zu können, selbst aktiv, gleichsam zu Übungszwecken aufsucht. Er kann damit den Beginn, den Zeitpunkt und die Dauer der Situation von vorneherein selbst kontrollieren [...]. Damit wird Hilflosigkeit im Sinne der Unkontrollierbarkeit vermieden und die aktive Einstellung des Patienten zu seinem Problem gefördert. [...] der Patient [soll] sich gezielt beobachten, die Situation wie ein Experiment auffassen und protokollieren, was er empfindet, welche Bedingungen auftreten, welche Gedanken er hat, welche Tendenzen er spürt usw. Dadurch gewinnt er eine distanziertere Einstellung zu seinem Erleben in der Situation, wodurch diese in ihrer ängstigenden Eigenschaft entschärft wird. Es ist wichtig, darauf zu achten, daß tatsächlich schriftliche Protokolle vom Patienten angefertigt werden.[428]

Brecht hat darauf geachtet. Was das Lehrbuch der Psychosomatik empfiehlt, das hat er unter dem Druck seiner Angst Punkt für Punkt für sich selbst herausgefunden und schreibend praktiziert. Seine phallisch-narzißtische kontraphobische Reaktion und wohl auch die liebeversprechende Überzeugung seiner Mutter, daß er ein großer Schriftsteller werde, gaben ihm den Mut und trieben ihn dazu, sich seinen gefährlichen Phantasien auszusetzen, ganz allein, ohne einen stützenden und anordnenden Therapeuten. Allerdings wagte er dies nur hinter dem schützenden Gitter seiner „Mittel", z.B. der Lehrerhaltung, der „Gedanken" oder der literarischen Bilder; so konnte er schreibend unberührt bleiben. Auch stellte er sich nach dem ‚Baal' kaum noch jenen Situationen, in denen der „Herzkrampf" auftrat und schon gar nicht seiner Angst, sondern mehr den Phantasien, die zum „Herzkrampf" trieben. So konnte er wenigstens sie ‚in ihren ängstigenden Eigenschaften entschärfen'.

Da er diese Phantasien beim Schreiben aufsuchte und ‚verhaltenstherapeutisch' ‚entschärfte', konnte er sie ein Stück weit ins Bewußtsein dringen lassen und ihnen, insoweit einer Psychoanalyse ähnlich, einen

428. Schonecke (1986), 520 f.

Teil jener Kraft nehmen, die sie ihrem unbewußten Wirken verdankten. So führte ihn sein von den Widersprüchen der frühen Symbiose angetriebenes Schreiben zwar nicht zur Heilung, nicht zur stabilen Verinnerlichung eines guten Mutterbildes und so zur Befreiung von seiner Fixierung an die Symbiose, nicht zur Veränderung seiner psychischen Struktur, vielleicht nicht einmal zum Ausbleiben der Herzanfälle, aber wenigstens doch zur Milderung seiner inneren Spannungen. Eine gewisse Heilung können wir daran erkennen, daß er, allerdings nur bei reichlicher Vermeidung auslösender Reize, in seinen letzten Jahren fähig wurde, Trennung angstfrei, trauernd und bejahend zu phantasieren,[429] daran, daß er verinnerlichte Normen erheblich abbaute,[430] und daran, daß sich seine gegen die frühe Mutter gerichteten aggressiven Tendenzen allmählich nicht mehr so sehr gegen ihn selbst wandten, sondern mehr nach außen, und schließlich sogar in die reflektierende Auseinandersetzung mit der äußeren Realität eingingen.[431]

429. Pietzcker (1982), 73 ff.
430. Pietzcker (1974), 153 f. und allgemeiner 302 ff., 326-336.
431. Pietzcker (1974), 294.

„VOM ARMEN B.B."

Bisher habe ich nahezu nur auf Brechts Leben geblickt und mich begnügt, Strukturen seines Verhaltens herauszuarbeiten; deren Entwicklung habe ich nicht verfolgt und die ästhetische Eigenart seiner Texte kaum gewürdigt. Nun will ich ein einzelnes Gedicht ausführlich analysieren und zeigen, in welchem Ausmaß Brechts Leben, seine unbewußten Phantasien, sein bewußtes Verhalten und sein Umgang mit dem frühen Trauma, Spuren in dem hinterließen, was er schrieb. Ich hoffe, so wird deutlich, daß wir zahlreiche Momente seiner Texte, auch ästhetische, von hier aus erschließen können, ja mehr noch: daß sich die innere Einheit eines brechtschen Textes von hier aus begreifen läßt.

Zum Gegenstand meiner Analyse wähle ich „Vom armen B.B.", eine stilisierte lyrische Autobiographie, deren Erstfassung am 26. April 1922 auf der Bahnfahrt von Berlin nach München entstand.[432] Brecht schrieb sie nach vier Jahren München und Berlin um[433] und veränderte sie schließlich noch einmal leicht für die ‚Hauspostille' von 1927. In der Auseinandersetzung mit der faszinierenden, abweisenden, überwältigenden und zerstörerischen Großstadt kehrt hier die anziehende, abweisende und zerstörerische Mutter wieder:

Vom armen B.B.

1

Ich, Bertolt Brecht, bin aus den schwarzen Wäldern.
Meine Mutter trug mich in die Städte hinein
Als ich in ihrem Leibe lag. Und die Kälte der Wälder
Wird in mir bis zu meinem Absterben sein.

2

In der Asphaltstadt bin ich daheim. Von allem Anfang
Versehen mit jedem Sterbsakrament:
Mit Zeitungen. Und Tabak. Und Branntwein.
Mißtrauisch und faul und zufrieden am End.

432. w.a. Supplbd. III, 132 ff.
433. w.a. Supplbd. IV, Anm. 13.

124

3

Ich bin zu den Leuten freundlich. Ich setze
Einen steifen Hut auf nach ihrem Brauch.
Ich sage: Es sind ganz besonders riechende Tiere
Und ich sage: Es macht nichts, ich bin es auch.

4

In meine leeren Schaukelstühle vormittags
Setze ich mir mitunter ein paar Frauen
Und ich betrachte sie sorglos und sage ihnen:
In mir habt ihr einen, auf den könnt ihr nicht bauen.

5

Gegen Abend versammle ich um mich Männer
Wir reden uns da mit „Gentlemen" an.
Sie haben ihre Füße auf meinen Tischen
Und sagen: Es wird besser mit uns. Und ich
                frage nicht: Wann?

6

Gegen Morgen in der grauen Frühe pissen die Tannen
Und ihr Ungeziefer, die Vögel, fängt an zu schrein.
Um die Stunde trink ich mein Glas in der Stadt aus
                und schmeiße
Den Tabakstummel weg und schlafe beunruhigt ein.

7

Wir sind gesessen, ein leichtes Geschlechte
In Häusern, die für unzerstörbare galten
(So haben wir gebaut die langen Gehäuse des
                Eilands Manhattan
Und die dünnen Antennen, die das Atlantische Meer
                unterhalten).

8

Von diesen Städten wird bleiben: der durch sie
                hindurchging, der Wind!
Fröhlich machet das Haus den Esser: er leert es.
Wir wissen, daß wir Vorläufige sind
Und nach uns wird kommen: nichts Nennenswertes.

9

Bei den Erdbeben, die kommen werden, werde ich
hoffentlich
Meine Virginia nicht ausgehen lassen durch Bitterkeit
Ich, Bertolt Brecht, in die Asphaltstädte verschlagen
Aus den schwarzen Wäldern in meiner Mutter in
früher Zeit.[434]

„Kälte" und Finsternis der „schwarzen Wälder" und das kalte Leben
„daheim" in der „Asphaltstadt": Dies ist die Situation ohne „Sinn",
wenn das gute Objekt ausbleibt.[435] Kontraphobisch führt das sprechende Ich vor die „Kälte", die eigene und die der Objektwelt, vor Vorläufigkeit und kommende Vernichtung und vor des armen B.B.s Verhalten,
der Frauen in seine „Schaukelstühle" setzt, verlockend und furchterre-
gend nahe, und doch in sicherem Abstand. Dies Ich zeigt sich und ihn
als ‚kalte' Menschen und läßt in grotesken Dissonanzen und in halbverborgener Klage seine Gefühle dennoch aufzucken. Wir begegnen den
uns bekannten Distanzierungsmechanismen: Mißtrauen, freundlich un-
verbindlichem Abstand,[436] vorläufigem Sicheinrichten und Vernich-
tungsphantasien. Es führt seine „Mittel" vor, „Zeitungen", „Branntwein", „steifen Hut", „Frauen" und natürlich die Zigarre.[437] Einige
von ihnen läßt es sogar deutlich als solche „Mittel" erkennen, nennt sie
„Sterbsakramente": Sie schützen vor dem Tod und führen zugleich zu
ihm hin.[438] Dies Ich zerreißt den Schleier der versklavenden „Gemütlichkeit", wendet sich gegen tradierte Werte und Muster der Weltdeutung, „Mittel", welche die ‚unsägliche Verlassenheit' des Menschen verdecken.[439] Hierbei gibt es sich aggressiv und gewissenlos wie die rettenden Texte Wedekinds oder die Bibel.[440]

434. w.a. 8, 265 ff.
435. O.S. 19 ff., 53.
436. 1925 hatte er geschrieben „Du bist listig genug, angenehm zu sein" (O.S. 60). Eine
bissige Darstellung solcher Freundlichkeit des Herzneurotikers gelang Marianne Fritz
mit ‚Wilhelm dem Lächler' (Fritz (1978); dort S. 23 f. der Anfall).
437. Auch der Schaukelstuhl ist ein „Mittel"; sein beruhigend wiegender Rhythmus
läßt das Herz so sicher schlagen, als werde ein Kind von der Mutter gewiegt. Schon früh
liebte Brecht Schaukelstühle. W. Brecht (1984), 165. Vgl. o.S. 58.
438. O.S. 57 f.
439. O.S. 55.
440. O.S. 19, 95.

Nicht zu übersehen ist, in welchem Ausmaß Brechts Erfahrungen, Verhaltensweisen und unbewußte Konflikte hier eingingen. Er stilisiert in diesem Selbstporträt Biographisches und spielt mit ihm aus bewußter Rollendistanz.[441] Zwar kann, was „Bertolt Brecht" sagt oder tut, nicht unbesehen als Meinung oder gar unbewußte Position seines Autors verstanden werden,[442] doch die Stilisierung gilt Eigenem und folgt Gesetzen der Psyche dessen, der hier stilisiert.

Blicken wir genauer auf den Text. Sechs Punkte will ich hervorheben:

1. Das Gedicht ist überlegt aufgebaut;[443] das sprechende Ich verhält sich bewußt, kreativ und aktiv. Es spielt mit sich und der Literatur, mit Metaphern, Gesten und ihrer Vielschichtigkeit. Spielerisch führt es Masken[444] und Stilebenen[445] in spannungsreichen Widerspruch, läßt Mehrdeutigkeiten offen[446] und rauht die Lektüre auf. Es läßt den Leser stolpern, z.B. dadurch, daß es sich als „mißtrauisch" und doch „zufrieden" darstellt, daß es Beleidigung und Generosität, Anpassung und Distanz ineinsbringt: „Ich sage: Es sind ganz besonders riechende Tiere. Und ich sage: Es macht nichts, ich bin es auch".

In bewußter Provokation inszeniert dies Ich sich in der Rolle eines unbekümmert frechen etwa vierzehnjährigen Jungen, der versucht, mit

441. Knopf (1984), 36-43.
442. Lehmann/Lethen (1978), 171 f.
443. Es besteht aus drei Strophengruppen:
I (1-3) Aus den Wäldern in die Stadt, zu den Leuten. Zunehmende Verengung der Perspektive.
II (4-6) Konkretisierung: dem Tageslauf folgend (vormittags, abends, gegen Morgen) bei den Leuten, schließlich alleine. Nun (6) nach fortlaufender Perspektivverengung wieder Erweiterung: das Thema von Wald („Tannen") und Stadt.
III (7-9) Aus der Distanz des beunruhigten Schlafs Blick auf Vergangenheit (7), Gegenwart (8) und Zukunft (8, 9). Die Selbstdeutung erweitert sich zur Zeitdeutung. Aus der Erkenntnis des allgemeinen und so auch des eigenen Schicksals Rückwendung auf sich selbst (9). — (1) und (9) rahmen das Gedicht.
444. Z.B. die des modernen Amerikaners und die des biblischen Propheten.
445. Z.B. das Pathos der Untergangsprophezeiung und die Komik des rührenden Reims „er leert es" — „nichts Nennenswertes" oder die Erwartung romantisch bergender Natur und deren abstoßende Vulgarität: die Tannen „pissen".
446. Z.B. „verschlagen aus den schwarzen Wäldern in meiner Mutter": In seiner Mutter aus den Wäldern verschlagen? Oder aus den Wäldern, die in seiner Mutter waren, in die Städte verschlagen?

der Welt der Erwachsenen umzugehen. Er legt sich deren Insignien zu, Zeitungen, Tabak, Branntwein und steifen Hut, arrangiert Puppen: setzt Frauen in den Schaukelstuhl, holt Männer, legt ihre Beine auf den Tisch, wie man sich das nach dem Anschauen einiger Western von Amerikanern vorstellt. So spielt er weiter: „Wir reden uns da mit ‚Gentlemen‘ an". „Ein leichtes Geschlechte", leicht wie solch ein Junge eben ist. Wie sollten Frauen auch auf ihn „bauen"? Diese Rolle zeugt von Trotz und Stärke — und es macht Spaß, Kind und ‚vorläufig‘ zu sein; da kann man Ballast abwerfen und darf Verbotenes tun und sagen. Ungeniert geht dieser Junge mit Sprache und literarischer Tradition um; wie ein bayerischer Landprolet seinen Kartoffelsack, so schüttet er seine Sätze in die feine Versschublade: umgangssprachlich und derb, gesprochene Prosa beinahe, kaum in einen Rhythmus zu bringen — „Bei den Erdbeben, die kommen werden, werde ich hoffentlich / Meine Virginia nicht ausgehen lassen durch Bitterkeit" — und eben doch ein Gedicht.

Frei von den Konflikten, mit denen es zeigend umgeht, bewegt dieses Ich sich lustvoll in der selbstgeschaffenen Welt lyrischen Sprechens und folgt deren Gesetzen. Aus der Sicherheit solchen Abstands kann es auf sich blicken und auf das Objekt.

2. Das Ich, und so auch das Gedicht, oszilliert zwischen Posen und Phantasien von Großartigkeit, Aktivität und Macht einerseits und Kleinheit, Nichtigkeit, Angst und Ohnmacht andererseits. „Vom armen B.B.", schon der Titel rückt das Ich großartig ins Zentrum und dies mit einem Namen, den es nicht passiv erhalten, sondern aktiv sich selbst gegeben hat; doch dieser Name verkürzt den richtigen, und das verkleinerte Ich erscheint als ‚arm‘. Dieser Widerspruch zieht sich durch: Die Selbstbiographie weitet sich zur Darstellung des Menschheitsgeschicks, dieses freilich ist Untergang; das Ich arrangiert Frauen und Männer um sich herum, wahrt Kontrolle und inszeniert entsprechend auch sich selbst, und dennoch ist Angst zu spüren, Angst vor den Frauen, vor eigener und allgemeiner Vernichtung. In der Untergangsprophezeiung und verdichtet in jenem Satz, auf den das Gedicht zuläuft: „Wir wissen, daß wir Vorläufige sind", gehen Macht und Ohnmacht schließlich ineins: Die Macht des Aktiven, Prophezeienden und Wissenden umfaßt die Ohnmacht des Untergehenden.

Das Ich, dessen spielerische Freiheit wir eben bewunderten, ist also bedroht; es antwortet phallisch-narzißtisch mit Größenphantasien, Angriff und Kontrolle, oder aber mit Rückzug: „Ich muß allein sein. Ich bin nichts mehr. Nichts muß allein sein."[447]

3. Dies bedrohte Ich führt sich vor, zeigt und entzieht sich, indem es in verschiedenen Masken, Rollen und Posen auftritt: als „Ich, Bertolt Brecht", ‚armer B.B.', armer François Villon[448], als Verlaines in die Städte verschlagener Kaspar Hauser[449], als mit Sterbsakramenten versehener Christ, amerikanischer Großstädter, biblischer Prophet und stoischer Horaz[450] und in der Pose dessen, der von außen auf sein eigenes Verhalten weist. Im Widerspruch zwischen den Masken, in Gesten der Selbstdistanzierung und in Gefühlsverweigerung verliert sich die Identität dieses Ich, doch es nennt Namen, Herkunft und Lebensgang, führt sich im Tagesablauf vor und läßt aufkommende „Bitterkeit" spüren; da scheint es als mit sich identisches doch wieder greifbar. So erschafft es sich sprechend, vernichtet sich und sucht sich doch zu erhalten. Leben als Vernichtung und Vernichtetsein ist denn auch Thema des Gedichts: „Von allem Anfang" ist dieses Ich „mit jedem Sterbsakrament" versehen und die „Kälte der Wälder" wird in ihm sein von der Zeit vor seiner Geburt bis hin zu seinem „Absterben".

Die Posen der Selbstinszenierung tragen Zeichen des frühen Konflikts um Autonomie und Abhängigkeit. Brecht, der beim Aufleben jenes Konflikts von Depersonalisation bedroht ist[451], und fragt „Wer ist das, der da Kopfweh hat?"[452], erschreibt sich mit „Vom armen B.B." seine Identität als widersprüchliche Kunstfigur und entfernt sich doch wieder aus ihr. Schreibend rettet er sich und bildet sich neu: als Text. An anderer Stelle schreibt er auch dies: „Sie schrieen fluchend, ich sei nur Papier"[453]. Er stilisiert sich in schützenden Rollen, Masken und Versatz-

---

447. O.S. 31.

448. „Rondeau für den armen Villon", dieser Titel wurde von Ammer in Anlehnung an die voraufgegangenen Zeilen „Cy gist [...] Ung povre petit escolier,/ Qui fut nommé François Villon" gewählt. Ammer (1918), 106; Villon (1923) Bd 1, 260.

449. „Je suis venu, calme orphelin [...] Vers les hommes des grandes villes/ Qu'est-ce que je fais en ce monde?/ O, vous tous, ma peine est profonde;/ Priez pour le pauvre Gaspard!" Verlaine (1930), 253.

450. Vgl. Horaz: Carmina III, 3, 7-8: „Si fractus inlabatur orbis/ Inpavidum ferient ruinae" (Wenn zerbrochen der Erdkreis einstürzt, werden die Trümmer einen Unerschrockenen treffen).

451. O.S. 21.

452. O.S. 19.

453. w.a. 8, 214.

stücken der Tradition. Doch diese „Mittel" drohen negative Züge anzunehmen;[454] so zerstört er Traditionen, Rollen und Masken und läßt in deren Dissonanzen sein Gefühl aufbrechen. Hinter den Masken verbirgt er Anteile seiner selbst (hinter denen des coolen Amerikaners und des stoischen Horaz z.B. Angst und Sehnsucht nach Nähe) und mit den Masken läßt er abgespaltene Anteile ans Licht treten (mit der des apokalyptischen Propheten z.B. Größenphantasie und Untergangswunsch und mit der des pauvre Gaspard das Gefühl verwaist zu sein). Doch schnell wechselt er die Maske, zerstört die kurz aufleuchtende Identität und spielt eine neue. Diese sich beständig aufhebende literarische Selbstkonstitution[455] sichert er, indem er Objektnähe sucht und sich Lesern zuwendet. Mit ihnen springt er dann um wie „Bertolt Brecht" mit „Frauen" und ‚Männern': versammelt sie um sich, beherrscht und irritiert sie. Als sichernden Halt bietet er Sprachtraditionen, Masken , Zitate, verweigert ihnen diesen Halt, läßt sie provozierend seine „Kälte" erfahren, zeigt und entzieht sich. Soweit er schreibend Sicherheit gewinnt, kann er ihnen freilich mehr von sich zeigen als „Bertolt Brecht" den „Frauen" und ‚Männern': seine Unruhe und „Bitterkeit".

4. Ich und Objekt sind nicht klar geschieden.[456] Die „Kälte der Wälder" z.B. ist „in" (I,4) dem, der hier ‚Ich' sagt, und zugleich draußen.[457] Auch in der Objektwelt gibt es kaum eindeutige Grenzen, die Wälder

454. O.S. 57.

455. Lehmann (1981) deutet sie aus lacanscher Perspektive und setzt sie zu Brechts Nietzsche-Lektüre in Beziehung.

456. Vgl. o.S. 11, 97. „Der Geruch wilder Mainächte ist in mir", „Der Sommer singt aus mir". Vgl. o.S. 23 f., 79 f.

457. So wäre denn auch der Eingangssatz zu lesen: „Ich [...] *bin* aus den schwarzen Wäldern"; das meint sicher die Herkunft (‚ich stamme aus'), läßt sich aber auch auf die Gegenwart beziehen: ‚Meine Eigenart ist, daß ich aus ihnen stamme' (Vgl. Klotz (1962), 74) und prononcierter noch ‚Der Stoff, aus dem ich bestehe, sind die schwarzen Wälder; ich bin aus Holz, meine Mutter nahm mich aus dieser Holzmasse heraus'. „Bertolt Brecht" wäre dann ein in die Städte verschlagenes Stück schwarzer Wald. Wenn er allein ist und Tannen sieht, erwacht der Holzmensch in ihm und schaut mit fremdem Blick auf die Stadt (VI). So stirbt er auch nicht wie ein Mensch, sondern *stirbt ab* (I, 4) wie ein Baum. — Wald und Ich, Außen und Innen gehen ineinander über (Siehe Lehmann (1981), 26). Da sie so wenig geschieden sind, läßt sich verstehen, daß an anderer Stelle der Wind durch das Ich läuft wie hier durch die Städte:

Fuhr ich hinunter in die schwarzen Städte
Mit kalten Sprüchen innen tapeziert. [...]
Ich füllte mich mit schwarzen Asphalttieren [...]

z.B. sind so kalt, häßlich und abstoßend wie die Stadt: Die Natur steht der Stadt nicht als bergende Welt gegenüber.[458] Und das Ich, das ja die „Kälte der Wälder" in sich trägt, ist ein zum Überindividuellen erweitertes, archaisiertes, beinahe mythisiertes Naturwesen, zugleich jedoch der konkrete Städter „Bertolt Brecht". Die Grenze zwischen beiden, die Grenze im Ich also, auch sie ist fließend. Zwischen dem Drang nach individueller Autonomie und dem nach Auflösung, zwischen der Angst vor dem Leiden des individuierten Städters und der vor dem Verlust seiner Individuation schwankt, was sich hier Ich nennt, sucht sprechend seine Einheit zu errichten und aufzulösen: wiederholt den frühen Konflikt und mit ihm die Stufe geringer Differenzierung zwischen Subjekt und Objekt. Deshalb bewegt es sich in Übergängen, im Oszillieren und in Dissonanzen zwischen dem Bedürfnis nach und der Angst vor Nähe, zwischen Selbstbehauptung und Selbstaufgabe, Großartigkeit und Ohnmacht.

Dies ist der widersprüchliche lyrische Prozeß, in dem das Gedicht sich bildet, seine Struktur, seine Bilder und seine Sprache. In ihm bringt das sprechende Ich sein individuelles Leiden und das allgemeine Schicksal in eine Sprache, die ihnen ihre gesellschaftliche Konkretion beläßt und sie zugleich aus der nur subjektiven Perspektive des in der Stadt und ihrer Gegenwart Verfangenen löst.[469] Dieses Prinzip läßt sich bis in

> Mich aber ließ dies alles kalt, mein Lieber
> Ich blieb ganz ungefüllt und leicht dabei. [...]
> Sie schlugen Löcher wohl in meine Wände
> Und krochen fluchend wieder aus von mir:
> Es war nichts drinnen als viel Platz und Stille
> Sie schrieen fluchend: ich sei nur Papier. [...]
> Leis und feierlich
> Lief jetzt der Wind schneller durch meine Wände

(Lied am Schwarzen Samstag in der elften Stunde der Nacht vor Ostern. w.a. 8, 213 f.; um 1920).

458. Dagegen Mennemeier (1982), 91.

459. Es wechselt vom zurückhaltend lyrisch-pathetischen Stil des Anfangs zur distanziert-gleichgültigen Sprache des Berichts (III-V), den Vulgarismen von Strophe VI, dem nicht ungebrochenen Pathos der Untergangsprophezeiung, welche Sprache und Bilder der Bibel sowie hoher traditioneller Lyrik aber auch des Märchens anklingen läßt, und kehrt endlich zum Anfang zurück. In diesem Gang bleiben Allgemeines und Konkretes, ja Individuelles erhalten, beleuchten einander und gehen zugleich ineinander über. — Bibel: Psalm 103, 15 f.: „Ein Mensch ist in seinem Leben wie Gras [...]. Wenn der Wind

die Mehrdeutigkeit der Bilder und Worte verfolgen. Die „Schwarzen Wälder" z.B. spielen auf den Schwarzwald an, dem die väterliche Linie der Brechts entstammt,[460] sind zugleich jedoch im verallgemeinernden Plural aller geographischen Fixierbarkeit beraubt und öffnen sich ins Mythische.[461]

Oszillieren, Mehrdeutigkeit und Dissonanzen, mit ihrer Hilfe gelingt es Brecht, kunstvoll das mitzuteilen, wovon er nicht zu sprechen wünscht: Faszination und Schrecken angesichts des frühen Objekts.

5. Das Ich, das frei spielend den Gesetzen lyrischen Sprechens folgt, ist dennoch bedroht und läuft Gefahr, als ein Ich zu verschwinden; das ließen sein Pendeln zwischen Größen- und Nichtigkeitsphantasien, zwischen Inszenierung und Auflösung von Identität ebenso erkennen wie das Verschwimmen der Subjekt-Objekt-Grenzen. Der frühe Konflikt, über den dies Ich sich erhebt, der aber dennoch bis in die Ambivalenzen des Stils zu spüren ist, der Sprechende wendet sich ihm auch zu: dem weitgehend unbewußten Drama um Trennung und Vereinigung, Ohnmacht und wütenden Angriff.

darüber geht, so ist sie nimmer da"; Matth. 6, 24 f.: „den vergleiche ich einem klugen Mann, der sein Haus auf einen Felsen baute. Da nun ein Platzregen fiel und [...] wehten die Winde und stießen an das Haus, fiel es doch nicht"; Pred. 2, 25: „Denn wer kann fröhlich essen und sich ergötzen ohne ihn" [scl. Gott]. Lyrik: Goethes „Parzenlied": „Der fürchte sie doppelt/ Den je sie erheben!/ Auf Klippen und Wolken/ Sind Stühle bereitet/ Um goldene Tische./ Erhebet ein Zwist sich,/ So stürzen die Gäste,/ Geschmäht und geschändet/ In nächtliche Tiefen"; Hamburger Ausgabe 5, 32. Hofmannsthals „Manche freilich": „Andern sind die Stühle gerichtet/ Bei den Sibyllen, den Königinnen,/ Dort sitzen sie wie zu Hause,/ Leichten Hauptes und leichter Hände". Hofmannsthal Werke, Hrg. Weber (1984), 1, 54. Märchen: „Hänsel und Gretel", u.S. 135.

460. Werner Frisch (1968), 10. — 1922 schreibt Brecht sogar, seine Eltern seien Schwarzwälder (Bertolt Brecht: Briefe 1, 84): Er, der eben in die Großstadt zog, phantasiert sich hier noch, anders als später in „Vom armen B.B." die Zugehörigkeit zu einer eindeutigen Gegenwelt.

461. Ähnlich verweist „Absterben" (I, 4) illusionslos auf den absterbenden Baum, auf den natürlichen Verfallsprozeß also, nimmt aber auch die über den Verfall hinwegtröstende Sprache des katholischen Gebets auf. (Brecht kannte sie. Vgl. „Jetzt und in der Stunde unseres Absterbens. Amen." Brecht: Baal. Hrg. Schmidt (1966), 40). So meint „Versehen" (II, 2) den katholischen Brauch, jemand mit Sterbesakramenten zu „versehen", und läßt zugleich die technisch-zivilisatorische Bedeutung „ausrüsten" anklingen. Diese Doppeldeutigkeit zeigen die „Sterbsakramente" schließlich offen: christliche Sakramente und Zivilisationsgüter wie Zeitungen und Tabak zugleich. Das Konkret-Alltägliche und das Übergreifend-Allgemeine, das ans Christliche oder Mythische erinnert, gehen ineinander über und treten doch auseinander.

Eine rettende Vater-Instanz fehlt.[462] Als Schutz vor der unerträglichen Spannung zwischen Anziehung und Abstoßung durch die Mutter dient ein früher Abwehrmechanismus, die Spaltung des Mutterbildes: (a) in die „Mutter", die „Bertolt Brecht" „in ihrem Leibe" trug, (b) in die „schwarzen Wälder"[463], (c) in die „Asphaltstadt", (d) in den Zivilisationsuntergang und (e) in das gute Mutterobjekt. Dieses gute Objekt (e) und die Sehnsucht nach seiner Wärme sind nur mittelbar im Leiden unter der „Kälte" zu spüren. Mit der „Mutter" des „Bertolt Brecht" (a) erscheint das frühe Objekt offen als Mutter, nun aber weitgehend frei von Ambivalenz: Sie stößt weder ab noch zieht sie an; allenfalls wird sie beschuldigt, ihr Kind „in die Städte" getragen zu haben. Die abstoßenden und bedrohlichen Anteile sind „Wäldern", Stadt und Untergang zugewiesen, nicht ohne untergründiges Mitklingen der anziehenden freilich. Mit den „Wäldern" (b) erscheinen die abweisende „Kälte" des frühen Mutterbilds, die Einheit von Mutter und Kind und die Sehnsucht, in sie zurückzukehren.[464] Die „Asphaltstadt" (c) ist kalt, doch „Bertolt Brecht" ist in ihr „daheim" und geht mehr und mehr ins Kollektiv der Städter ein. Die Ambivalenz ist hier offener gestaltet, doch die Faszination durch die anziehende Mutter bleibt hinter „Kälte" und Leiden weitgehend verborgen. Auch die Faszination durch den gemeinsamen Untergang (d) offenbart sich nur mittelbar: Im Pathos der Prophezeiung und in der Fröhlichkeit des essenden Winds. Solches Eingehen in die Mutter gibt sich als erlittene Katastrophe aus: Die böse Mutter frißt uns.

462. Der Vater ist nur anwesend in der Erfahrung, daß er verlorenging. Vgl. „Freilich es leuchtet noch her/ Wie's dein Papa noch sah/ Doch das Gestirn Großer Bär/ Selber ist nicht mehr da". („Bidis Ansicht über die großen Städte". w.a. 8, 129; 1925). Der „Papa" ist tot und die Vaterrepräsentanz „Großer Bär" „nicht mehr da". O.S. 26 ff.

463. Die ‚schwarzen Wälder' lassen sich als apersonaler vorgeburtlicher Bereich verstehen, aus dem das Ich ins Stadtleben geboren wurde, in die Individuation also. Beim jungen Brecht sind die „schwarzen Wälder" kalt, finster („Die schwarzen Wälder", w.a. 8, 72) und ewig; man verliert sich in ihnen („Gösta Berling", w.a. 7, 2889), geht unter und stirbt (vgl. Baals Sterben im Wald (w.a. 1, 66) sowie die Gedichte „Tod im Wald" (w.a. 1, 56) und „Von des Cortez Leuten" (w.a. 8, 222 f.)). Die ‚Schwarzen Wälder' sind der „dunkle Schoß", der gebiert und wieder aufnimmt: „trottet singend Baal/ In den ewgen Wald zum Schlaf hinab. [...] Und wenn Baal der dunkle Schoß hinunterzieht [...]" (w.a. 8, 250).

464. „Kälte" und Sehnsucht erscheinen nicht als offen spürbare Affekte, sondern nur im Bild (die „Kälte" der Wälder ist „in" ihm) oder mittelbar im Aufbau des Gedichts (die abschließende Untergangsstrophe nimmt die Eingangsstrophe wieder auf).

Diese Spaltung des Mutterbildes schützt vor der Spannung zwischen eigener Liebe und eigener Aggression. Sie gibt der Welt eine Struktur, die es dem Ich erlaubt, sich immer im Umgang mit der Mutter zu bewegen: von der ursprünglichen Einheit (mit den „Wäldern") über den Akt der Trennung (das Hinausgetragenwerden in die Stadt) und den Zustand des Getrenntseins (die Fremdheit dort) bis hin zur neuen Einheit (im Untergang).

Untergründig brodelt in diesem Gedicht Wut auf die vereinnahmende Mutter. Die Stadt, die das „Kainsmal" trägt,[465] soll untergehen;[466] die Aggression kaschiert sich als Prophezeiung, der Wünschende als Opfer. Der ‚arme B.B.' wurde in die „Asphaltstadt" verschleppt, die Leute dort sind „ganz besonders riechende Tiere": eklig. Doch er spuckt nicht aus und schlägt nicht zu, sondern paßt sich an, ist „freundlich", wendet seine Wut gegen sich und ekelt sich auch vor sich selbst: „ich bin es auch". ‚Was mich ekelt, diese ganze Mutterwelt und ich selbst, das soll vernichtet werden'.[467] Ekel und Aggression bestimmen halb verborgen sein Verhalten zu den „Frauen", die er sich vom Leib hält und denen er seine Verweigerung „sorglos" ins Gesicht schlägt. Wut und Ekel schwellen an, werden freilich nicht bewußt und nur verschoben artikuliert: „die Tannen" „pissen". Gehen wir davon aus, daß er diese „Tannen" in der Stadt sieht, so sind sie ganz wie der ‚arme B.B.' ein Stück in die Stadt verschlagener Wald und insofern unbewußtes Bild des Ich. Sie sind vermenschlicht, nicht Tau tropft von ihnen, sie „pissen". Wohin? Doch auf

465. O.S. 47.
466. Vgl.: Weil ich bekümmert bin
     Daß dieser Menschheit abgeschmackt —
     es Gewäsch zu lang in
     Den Antennen hackt [...]
     Sage ich mir: den Städten ist
     Sicher ein Ende gesetzt
     Nachdem sie der Wind auffrißt
     Und zwar: jetzt.
(„Bidis Ansicht über die großen Städte". w.a. 8,128) Das schrieb Brecht 1925; 1921, wenige Tage vor der Erstfassung des ‚Armen B.B.', ging er solch einer Vernichtungsphantasie nach und skizzierte das Filmexposé „Die zweite Sintflut". (Völker (1971), 30) Als faszinierter Nietzsche-Leser kannte er Zarathustras Vernichtungswunsch „Mich ekelt auch dieser großen Stadt [...] Wehe dieser großen Stadt! — Und ich wollte, ich sähe schon die Feuersäule, in der sie verbrannt wird!" (Nietzsche (1968), 221).
467. O.S. 42 ff.

die Stadt,[468] das unbewußte Bild der Mutter: Verachtungsvoll pisst bébé, das Baby, sie an. Diesem Angriff folgt die kaum noch verdeckte Wut der Untergangsprophezeiung. Wut zersetzt in diesem Gedicht Traditionen der Weltdeutung, der Religion, Moral und Literatur. In den Dissonanzen des Grotesken vollzieht sich die Rache dessen, der sich verlassen und dennoch angezogen weiß, sich mit allem Angriff also auch quält.

Nur einmal führt seine Rache zu ungeschmälerter Befriedigung, zur einzigen positiven Wendung des Gedichts: „der Wind! Fröhlich machet das Haus den Esser: er leert es". Mag „Esser" nun der ‚Wind' sein oder aber, während er vernichtend, also auch essend hindurchgeht, das Ich: Dieses Ich hat sich mit dem nahezu aller gefährlichen Materialität beraubten verschlingenden Objekt identifiziert[469] und ihm wie auch sich andere Mutterbilder zum Fraß vorgeworfen. Fressend im Mantel des fressenden Objekts genießt es seine Rache, frißt das Mutter-Haus, den mütterlichen Körper leer und schützt sich vorm Gefressenwerden — eine euphorische Phantasie auf der frühen Ebene oraler Triebbefriedigung: Ist es der Wind, der frißt, so kann das Ich seiner oralen Gier ungestraft frönen:

> Knusper, knusper Knäuschen
> Wer knuspert an meinem Häuschen?
> Der Wind! Der Wind!
> Das himmlische Kind.

6. Das Ich führt — unbewußt? — die innere Spannung von Brechts Schreiben vor, die Spannung zwischen der Auslieferung an den frühen Konflikt, ja womöglich an den Herzanfall einerseits und der Bewältigung dieser Gefahr durch „Gedanken" und Schreiben andererseits. Insofern reflektiert das Gedicht sich selbst.

6
Gegen Morgen in der grauen Frühe pissen die Tannen
Und ihr Ungeziefer, die Vögel, fängt an zu schrein.
Um die Stunde trink ich mein Glas in der Stadt aus und schmeiße
Den Tabakstummel weg und schlafe beunruhigt ein.

---

468. „Er spuckt auf die Häuser" heißt es in „Unsere Erde zerfällt" w.a. 8, 70; 1920. Damals schien es noch möglich, die Stadt zu verlassen („Seit dem Tag ist er ganz aus den Städten verschlagen"), denn über ihr gab es noch den triangulierenden väterlichen Himmel („Der Himmel genügt ihm mit Orion und Bär").

469. Vgl. u.S. 162 f., 171.

„Gegen Morgen" — „In aller Frühe hat man seinen Herzkrampf"[470] — droht, wie dies auch Brecht geschah, und wie er es seinen Baal erfahren läßt,[471] der Anfall.[472] Viele Herzneurotiker zögern das Einschlafen hinaus, im Traum könnten ja Phantasien aufkommen, aus denen sie jagenden Herzens erwachen, ganz wie Brecht, als er Bie besuchte.[473] „Wenn wir einschlafen, sind wir adje!"[474] Zudem könnten sie, im Bett liegend ihre innere Erregung und die gefährlichen Körpersensationen deutlicher wahrnehmen, ohne die Möglichkeit, sie auf Aktivitäten oder äußere Einflüsse zurückzuführen.[475] „Ich gehe nicht ins Bett. Dort wird man krank."[476]

Auch „Bertolt Brecht" ist nicht schlafen gegangen; er hat den Tag über seine ‚Unruhe' durch „Kälte", betonte Sorglosigkeit und distanziert-nahen Umgang mit den Nachfahren des frühen Objekts gebunden und sich durch seine „Mittel" vor Verlassenheit geschützt. Doch nun muß er auf sie verzichten, sogar auf seinen phallischen Fetisch, der ohnehin schon zum „Tabakstummel" geschrumpft ist. Es kommt zur „Pause", und erschreckend erhebt mit den „Tannen" sich das Bild der „schwarzen Wälder", das Phantasma der verschlingenden Mutter[477] — „Da weht sie ein Hauch an / Vom morschenden Tann".[478] Wie im ‚Lied der Eisenbahntruppe'[478b] verwandelt sich die ‚seelenlose' „Kälte der Wälder" ins Feuchte: dort war es der „Regen", hier „pissen die Tannen". Diese Mutter lockt, ihre „Vögel" zwitschern. Sie lockt auch sexuell. Doch das Anziehende ist das Bedrohliche und so auch das zu Bekämpfende („Ungeziefer") und Häßliche: die „Vögel" „schrein", Musik wird zum Geräusch, und die „Tannen" „pissen", die Sexualität[479] der Mutter stößt ab. Und die andere Seite: Der Sohn, das mißratene „Sorgenkind", das „Ungeziefer" dieser Mutter, ‚schreit' im Bild der „Vögel" um Hilfe vor drohender Verschlingung: „Noch flat-

470. S.o. 19.
471. S.o. 9.
472. Vgl. o.S. 50.
473. S.o. 8; Bräutigam (1974), 114.
474. Zweite Fassung des ‚Lieds der Eisenbahntruppe' (w.a. 8. 13); o.S. 100 ff.
475. Schonecke (1986), 516 ff.
476. O.S. 54.
477. Vgl. o.S. 49 f.
478. O.S. 61.
478b. O.S. 100, u.S. 230.
479. O.S. 33 f.

tert mein Herz"[479b]; doch dann „kam die Früh, kam die Früh:/All seine Federn, sie hängen im Strauch."[479c] Im Bild der „Tannen" wendet dieser Sohn sich ‚pissend‘ der Mutter zu: weinend, mitleidheischend, sexuell verlockend, Selbständigkeit suchend und verachtungsvoll, aber auch schuldbewußt onanierend.[480] „Bertolt Brecht" aber,„mein eigener Leib ist voll fremder Unruhe"[481], schläft „beunruhigt ein."

„Wenn der Himmel hell wird / Dann beginnt ein verdammter Tag", weiß Paul Ackermann vor seiner Hinrichtung.[482]

> Nicht umsonst
> Wird der Anbruch jeden neuen Tages
> Eingeleitet durch das Krähen des Hahns
> Anzeigend seit alters
> Einen Verrat.[483]

> In der Frühe des neuen Tags noch zur Dämmerung
> Werden die Geier sich erheben in dicken Schwärmen
> An entfernten Gestaden
> In lautlosem Flug
> Im Namen der Ordnung.[484]

Jetzt, wo keine gute Mutter und keine Bie am Bett sitzt und kein ‚Nachtlichtchen brennt‘[485], jetzt müßte der ‚Herzschock‘ folgen. Doch es folgt — die Untergangsprohezeiung:

> 7
> Wir sind gesessen, ein leichtes Geschlechte
> In Häusern, die für unzerstörbare galten
> (So haben wir gebaut die langen Gehäuse des Eilands Manhattan
> Und die dünnen Antennen, die das Atlantische Meer unterhalten).

479b. O.S. 40.
479c. O.S. 50.
480. O.S. 34 f.
481. O.S. 97.
482. w.a. 2, 548; ‚Mahagonny‘.
483. w.a. 10, 868; 1943.
484. Ebd.; um 1943.
485. O.S. 8, 13, 22.

8

Von diesen Städten wird bleiben: der durch sie hindurchging, der Wind!
Fröhlich machet das Haus den Esser: er leert es.
Wir wissen, daß wir Vorläufige sind
Und nach uns wird kommen: nichts Nennenswertes.

Statt des ,Herzschocks' die Untergangsprophezeiung? Zumindest setzt sich fort, was zum Anfall hätte treiben können: Die Angst vor totaler Bedrohung, die Versuche, einen eigenen Bereich zu errichten („Häuser, die für unzerstörbare galten"; das „Eiland" im „Meer"), das Eindringen der Mutter (der Wind, der durch die Städte geht), die zur verschlingenden Mutter wird („Esser"), der Angriff gegen die Mutter (die Städte) und gegen sich selbst und schließlich der Untergang. Sogar die schreienden Vögel finden ihre Fortsetzung: in dem bedrohten „leichten Geschlechte" und in den „Antennen, die das Atlantische Meer unterhalten". Wie dieses „Meer" seinerseits den Wald fortsetzt; zwischen ihm und den „Antennen" könnte man sogar das sexuelle Thema weitersummen hören.

Doch so sehr die Untergangsprophezeiung und mit ihr die Gesellschaftsdarstellung Phantasien Raum geben, die zum „Herzkrampf" führen, so sehr gerade sie das Gefühl völligen Ausgeliefertseins zulassen, sie verschieben es auch aus dem Bereich unmittelbarer existentieller Bedrohung und wehren es ab. Abwehr der Angst gehört freilich schon zu jenem Prozeß, der schließlich im „Herzkrampf" mündet. Wir begegnen ihr sogar in der Panik von Strophe 6: Aus der Passivität des Bedrohten wurde schon dort die Aktivität des ,Schreienden' und aus seinem Angstschweiß[486] aktives eigenes und zugleich auf das Objekt projiziertes und entwertetes ,Pissen': „Gegen Morgen in der grauen Frühe pissen die Tannen" — „Die Bäume schwitzen nachts. Tau": Baals letzte Worte vor dem Anfall.[487]

Untergangsprophezeiung, Gesellschaftsdarstellung und Übergang vom Ich zum Wir setzen diese Angstabwehr fort. Sie helfen, die „Pause" überspringen und ohnmächtige Passivität durch Aktivität ersetzen. Nun gewinnt das Ich Abstand von unmittelbarer Bedrohung, blickt in Vergangenheit und Zukunft, schaut mit fremdem Blick auf die

486. Vgl. „Brecht lag mit schweren Herzkrämpfen in seinem Bett und war schweißgebadet" O.S. 8.
487. O.S. 9. Auch hier erscheint der vom Anfall Bedrohte im Bild der Bäume; vgl. w.a. 1,47 f., u.S. 157; dort auch die „Zähren" des Baumes.

138

Gegenwart (die Wolkenkratzer als ‚lange Gehäuse‘!) und formuliert aktiv als seine Deutung (VII) und Prophezeiung (VIII), was ihm geschieht. Es gewinnt die intellektuelle Überlegenheit („Wir wissen") des Beobachters und verwandelt die individuelle Bedrohung durch den ‚Herzschock‘ zur allgemeinen durch den Untergang der Zivilisation. So hält es sein Bedrohtsein gegenwärtig und leitet es doch von sich weg ins Gesellschaftlich-Allgemeine. Nun wendet es sich, wenn auch abschiednehmend, der fernen Vaterwelt der technischen Zivilisation zu, die einst Illusion von Sicherheit bot (VII), sucht Sicherheit in der Identifizierung mit dem Ängstigenden, erfährt sogar den „Esser" als ‚fröhlich‘ und läßt schließlich aus seinem eigenen Munde die Bedrohung tönen: Das panische Geschrei der „Vögel", des „Ungeziefers" hat sich in das gesichert einherschreitende Pathos des Propheten verwandelt. Doch auch dieses zeigt Risse; Gefährdung bricht durch und „Bertolt Brecht" muß auf seine „Virginia" hoffen: Fände er nicht zurück zum ‚kalten‘ Blick, der auf Gegenwärtiges und Geradevergangenes fällt wie der des Archäologen auf ferne Vergangenheit, dann träte aus dem bewußt gestaltenden, aus dem spielenden und sich inszenierenden „Bertolt Brecht" ungeschützt, der frühen Mutter und damit dem Anfall ausgeliefert, geängstigt und mitleidheischend, das ‚arme‘ bébé, das Baby, hervor.

Was die Prophezeiung für „Bertolt Brecht", das leistet, wie sich oben schon zeigte, für dessen Autor das Schreiben: Es hilft, „Pause" und aufsteigende Bedrohung ohne Herzjagen ertragen, setzt den frühen Konflikt fort und sucht ihn zu bannen. Schreibend konnte Brecht „schrein" wie die „Vögel", mit deren Gesang die Dichter früher den ihren verglichen.[488] Als „Ungeziefer" konnte er häßlich provozieren: ein Angriff gegen die Mutter wie das ‚Pissen‘ der „Tannen". Und wie dieses ‚Pissen‘, das Tropfen des Taus, sich als im Angriff verstecktes Weinen lesen läßt[489], so konnte er ‚schreiend‘ im Gedicht klagen: um die Mutter weinen, aktiv und ohne sich ihr ausliefern zu müssen.

Das Gedicht ist — ungewollt? — eine Selbstreflexion seines Schreibens, ein Selbstporträt gerade des Schriftstellers Brecht, doch auch eines des künftigen Kritikers der Gesellschaft.

488. In der „Liturgie vom Hauch" (w.a. 8, 181 ff.) meint auch er mit den „Vöglein" die Dichter.

489. „Die Weide weint" heißt es bei Georg Trakl (G.T. (1969), 109) und „Wenn schwarz der Tau tropft von den kahlen Weiden" (ebd. 109).

DER KONTRAPHOBISCHE UMGANG MIT DEM FRÜHEN TRAUMA: EIN MOTOR AUF DEM WEG ZU KRITIK, ERKENNTNIS UND DARSTELLUNG DER GESELLSCHAFT

Mit „Vom armen B.B." inszenierte Brecht im Unbewußten abgelagerte frühe Erfahrungen und Phantasien und zugleich spätere bewußte Erfahrungen als Leidender, Schreibender und Großstädter. Das war möglich, da sie einander strukturell entsprachen: *Seine Großstadterfahrung war bestimmt von der Auseinandersetzung mit der frühen Mutter.*

Er war fasziniert von der Großstadt und fühlte sich zugleich bedroht von ihr. November 1921 fährt er nach Berlin: „Es ist eine graue Stadt, eine gute Stadt, ich trolle mich so durch. Da ist Kälte, friß sie!"[490] Die Stadt: ein gutes Objekt, und doch — wie könnte es bei seiner Erlebnisweise anders ein? — ein kaltes, böses. Dieses böse frißt er und vernichtet es.[491]

Er verhält sich wie Baal:

> Mich interessiert alles, soweit ich es fressen kann. Töten ist keine Kunst. Aber auffressen! Aus den Hirnschalen meiner Feinde [...] trinke ich mir Mut und Kraft zu. Ihre Bäuche fresse ich auf [...].[492]

Was er in solch omnipotenter Oralität phantasmatisch in sich aufnahm, verdaut er zu Literatur; sie gibt im „Mut und Kraft".

> Die Feindseligkeit der großen Stadt, ihre bösartige steinerne Konsistenz, ihre babylonische Sprachverwirrung, kurz: ihre Poesie ist noch nicht geschaffen.[493]

Schon Dezember 1921 will er eine „Trilogie ,Asphaltdschungel'" schreiben.[494] Die Stadt wird sein Thema:

> Als heroische Landschaft habe ich die Stadt, als Gesichtspunkt die Relativität, als Situation den Einzug der Menschheit in die großen Städte [...], als Inhalt die Appetite [...].[495]

490. Tb 174.
491. Vgl. o.S. 49.
492. Brecht: Baal (1966), 54.
493. Tb 145; 4.IX.1921.
494. Tb 177.
495. Tb 208; 1926. Diese Motivverbindungen kennt auch „Vom armen B.B.", mit Verschiebungen zwischen Subjekt und Objekt, einzelnem und Kollektiv freilich: Nicht der Mensch, sondern der Wind hat Appetit, und nicht die Menschheit zieht ein, sondern der ,arme B.B.'.

Er ist in der Stadt und trägt mit ihr seine frühen Konflikte lebend und schreibend aus: ein Leben in einer poetisierten, ,heroisierten Landschaft', das er wiederum zu Poesie verarbeitet. Lebend und poetisierend befindet er sich in Nähe und Abhängigkeit, schreibend aber außerhalb, auf Distanz. Mehr noch: Sofern er im Bild der Stadt seinen inneren Konflikt darstellt, hat er ihn nach außen verschoben und Abstand von ihm gewonnen. Doch zugleich hat er sich hineingewagt in die Höhle des Löwen und macht sich daran, ihn aufzufressen. So rettet er sich vor dem Löwen im eigenen Herzen, der droht, ihn von innen her zu fressen.

1930 schreibt er im Rückblick:

> Ich habe mich schwer an die Städte gewöhnt. Ich hatte kein Geld und zog immerzu um. [...] Die Zimmer waren zu häßlich und zu teuer. Um es in ihnen auszuhalten, hätte ich viel schwarzen Kaffee und Kognak trinken müssen, aber ich hatte nicht einmal genügend Geld zum Rauchen.[496]

Er lebte ,vorläufig' und benötigte seine „Sterbsakramente"; denn, wie es in einer Notiz vom Dezember 1921 über Berlin heißt,

> Es ist keine Luft in dieser Stadt, an diesem Ort kann man nicht leben. Es schnürt mir den Hals zu, ich stehe auf, fliehe in ein Restaurant, fliehe aus dem Restaurant, trabe in der eisigen Mondnacht herum, krieche wieder hier herein, schreibe mit Unlust , muß wieder in die Klappe, kann nicht schlafen.[497]

Da schläft er allenfalls „beunruhigt ein". Dem in Unrast und Angst Umgetriebenen droht der Anfall, der ihn in Berlin auch ereilt.

„Es ist keine Luft in dieser Stadt" — der erste Vorbote des Anfalls, die Unfähigkeit, aus vollen Lungen zu atmen, läßt die Bedrohung spüren, welcher Brecht, zeitweilig vermutlich agoraphob,[498] in der Großstadt sich aussetzte, noch ohne sicherndes Auto und nur auf sein Schreiben verwiesen. Klein, ohne Abstand und nicht mehr Herr der Lage geht er, seine Furcht bannend, hinein in das vielfältige und wahrnehmend nicht mehr zu ordnende „Gewühl"[499] des gewaltigen Objektes Großstadt. Er spürt die lockend ängstigende Gefahr, überwältigt zu werden und in den Massen zu ertrinken wie in dem Wasser von ,Seen und Flüs-

496. Tb 213.
497. Tb 180.
498. O.S. 15, 88 ff.
499. O.S. 87 ff.

sen'[500] und in der Musik Beethovens: „seid umschlungen, millionen"[501]. Im Sog der Regression beginnen die Grenzen zwischen Subjekt und Objekt sich aufzulösen[502]; aufsteigende Angst läßt ihn das Bedrohliche draußen wahrnehmen: die „Kälte", die Leiden der Großstädter und später dann des Proletariats. Von ihnen kann er die innere Bedrohung wohl kaum noch scheiden. Rettung bringen Distanz, Theorie, Schreiben: „Ich weiß eine Melodie"[503].

Wie er die Großstadt erfuhr, das war geprägt von seinem innerpsychischen Konflikt, den sie dann ihrerseits verstärkt aufflackern ließ: Ihre Weite und Anonymität lockten, in ihr aufzugehen und sich vorgegebenen Normen, brüchig gewordenem Sinn, bisheriger Abhängigkeit zu entziehen; zugleich erinnerten jedoch ihre Fremdheit, die Übermacht des Objektiven und die Bedeutungslosigkeit der Einzelnen an frühe Ohnmacht. Das Verhalten der vereinzelten Großstädter[504] aber, ihr Rückzug auf sich selbst, ihre Kälte und Gleichgültigkeit erinnerte an frühe Mechanismen der Abwehr. Auch bot sich hier die Möglichkeit, aktiv zu werden, den Spieß umzudrehen, die Stadt zu gestalten und in ihrem Bild mit phallisch-narzißtischer Aggressivität die Mutter brutal zu erobern: Als erfolgreicher Schriftsteller und Theatermann: ‚Ich kann überleben! Als Sieger!' Kein Wunder, daß ihn die Großstadt faszinierte. — Frühe individuelle Phantasien, die durch spätere Erfahrungen verstärkt worden waren, hatten Brechts Sensibilität für die Entfremdung der kapitalistischen Großstadt geweckt.[505] So konnte die Stadt zur Sze-

500. O.S. 79.
501. O.S. 14.
502. O.S. 11, 97 f., 130.
503. O.S. 100.
504. Aggressivität, Entwertung der Objektwelt und wachsende Trennung von Gefühl und Verstand hatte schon Georg Simmel beim Großstädter diagnostiziert. Simmel (1957), 225-242.
505. Er wurde im widersprüchlichen Übergang des Alten Mittelstands (der selbständigen Gewerbetreibenden) zum Neuen Mittelstand (der Angestellten) sozialisiert (Pietzcker (1974), 127-154) und zog bald nach dem Tod der Mutter aus der Kleinstadt in die rasch wachsende Großstadt Berlin, damals die Stadt der Angestellten schlechthin. Die widersprüchliche Ablösung von der Mutter ging ein in die Ablösung vom Alten Mittelstand und von dessen Religion. Umgekehrt hielt diese Ablösung vom auch verinnertlichten gesellschaftlichen Umfeld die schmerzliche Ablösung von der Mutter lebendig. Auch Alter Mittelstand und Religion hatten ja einmal mütterlich geborgen und ihn mit Einengung bedroht. Die Ablösung von ihnen lieferte ihn umso schärfer seinem frühen Konflikt aus, als auch die väterlichen gesellschaftlichen Normen an Autorität verloren oder sogar ganz

nerie seiner frühkindlichen Auseinandersetzungen werden. Und umgekehrt: Da die frühen Phantasien späteren Erfahrungen großstädtischer Realität entsprachen, wirkten sie poetisch explosiv. Die Mutter, die in ihm lag aus früher Zeit, er selbst trug sie in die Städte hinein.

An seinem Verhalten gegenüber der Großstadt können wir einige jener Momente erkennen, die ihn im kontraphobischen Umgang mit dem frühen Trauma zur gestaltenden Auseinandersetzung mit der Gesellschaft trieben und schließlich zu deren Erkenntnis. — Um dem frühen Konflikt und der Angst zu entkommen, suchte er triangulierende Rettung im Schreiben. Er suchte sie in einer möglichst eindeutig nicht-psychischen Thematik, das war zunächst die Großstadt. Und er suchte sie in einer kollektiven Perspektive: „*Wir* sind gesessen", „nach *uns* wird kommen". So wurde Schreiben zum entscheidenden Motor auf seinem Weg in die Gesellschaft. Schreibend trug er seinen inneren Konflikt außen an der Gesellschaft aus und entlastete sich von seinem individuellen Leiden, das den Blicken entschwand und nur als allgemeines vermummt wiederauftauchte. Mit der äußeren Realität, anfangs mit der Stadt, ging er nun um wie mit der frühen Mutter; er fühlte sich von ihr abhängig und angezogen, litt unter ihr, suchte sie zu beherrschen, griff sie an, gewann Abstand durch die Rolle des Wissenden und durch die Einsicht in ihren und seinen Untergang. Diese individuelle Lösungsstrategie ließ ihn den Weg zur gesellschaftlichen gehen: zum Marxismus. Weil er die individuellen Leiden der Abhängigkeit so genau kannte, trat er nun deutlich und beständig für gesellschaftliche Unabhängigkeit ein. Die Befreiung von Leiden, denen ihn seine eigene „Natur" auslieferte, diese Befreiung, die ihm schreibend in vertikaler Triangulierung gelang,[506] gab ihm Mut, für gesellschaftliche Befreiung zu schreiben.

Die Pose des Propheten oder Denkenden schafft schützenden Abstand von der gefährlichen Stadt, bleibt jedoch kontraphobisch auf sie bezogen. Das trieb Brecht zum Wissen über die Stadt; er benötigte es ja, wollte er ihr nahe sein, sich von ihr befreien und sie beherrschen. So erkannte der wissensdurstige Brecht, in der Stadt diskutierend und lesend, allmählich die Gesetze, die das Leben in ihr bestimmen: Hinter der

---

verschwanden. — Ähnliche Erfahrungen machten zahlreiche Schriftsteller dieser Generation. So finden wir auch bei ihnen die Themen der Großstadt, der Vereinzelung, der inneren und äußeren Fremdheit und des Untergangs.

506. O.S. 103 ff.

Großstadt trat mit ihren Widersprüchen die kapitalistische Gesellschaft hervor: Die Strategien der Bewältigung des frühen Konflikts wirkten politisierend.

1927, ein Jahr nach Beginn seiner Marxismus-Studien, notiert er:

> Für *einen* starken Gedanken würde ich jedes Weib opfern, beinahe jedes Weib. Es gibt viel weniger Gedanken als Weiber. Politik ist auch nur gut, wenn genug Gedanken vorhanden sind. (Wie schlimm sind auch hier die Pausen!)[507]

Gedanken, also auch seine Gedanken zur Politik und zu gesellschaftlichen Prozessen sind ihm wichtiger noch als Frauen. Doch wie alle anderen „Mittel" verhindern auch sie jene „Pausen" nicht, in denen Verlassenheit aufkommt und der „Herzkrampf" droht. So müssen sie wie die Frauen, die Städte und die sonstigen eigenen „Ansichten" ständig abgestoßen und ständig durch neue ersetzt werden.[508] Dem wird die Dialektik entsprechen.

Mit „Vom armen B.B." hat Brecht seine frühe Lyrik des Untergangs in der Natur, des anarchischen Angriffs, des vitalistischen Genusses und der Verlassenheit unter leerem Himmel verabschiedet. Nun trägt er den frühen Konflikt nicht mehr kulturkritisch mit der bürgerlich-christlichen Normenwelt seiner Sozialisation, deren Repräsentanten und Nachfolgern aus. Nachdem er sich von ihnen weitgehend befreit hat, benötigt er jetzt ein neues Feld, um diesen Konflikt zu agieren und gestaltend zu bannen. Er begibt sich in den Raum stärkerer und grundlegender Abhängigkeit und Freiheit zugleich und siedelt das lyrische Ich in der Großstadt an, dem repräsentativen Ort gegenwärtiger Gesellschaft. Noch ist diese Gesellschaft allerdings nicht als in sich widersprüchliches System begriffen und ihre Vorläufigkeit nicht aus den Umbrüchen der kapitalistischen Entwicklung, z.B. aus den Erfahrungen des Ersten Weltkriegs, der Revolution oder der Inflation. Sie bleibt ohne historische Konkretion, ist nicht in Klassen differenziert; ihre „Kälte" erscheint ohne sozialgeschichtliche Begründung als „Kälte" der Natur. Auch das lyrische Ich selbst tritt nicht als gesellschaftliches auf: Es kam von außen in die Stadt und dort sitzt es gefangen. So ist der weitertreibende Widerspruch schon zu spüren, noch nicht als gesellschaftlicher, doch schon zwischen Ich und Gesellschaft, „Wäldern" und Stadt, und

507. Tb 209.
508. O.S. 45 ff.

im Ich selbst als Widerspruch zwischen Anpassung und Rückzug, Wald-
mensch und Stadtmensch. Der Widerspruch der frühen Mutter-Kind-
Interaktion ist zum nahezu nur noch ‚innerstädtischen‘ geworden und
kann jetzt weitertreiben zur Erkenntnis der Stadt als Moment der Gesellschaft und des Ich als gesellschaftlichen Wesens. Da dies Ich außerhalb der Stadt keine Orte des Glücks mehr kennt, die Natur ihm keinen
Fluchtraum bietet, muß es nun, hoffnungslos im Kerker der Stadt gefangen, in der Auseinandersetzung mit ihr die „innerstädtischen" Widersprüche weitertreiben. Bleibt sein Angriff gegen die ‚mütterliche‘ Stadt
hier noch unbewußt, und äußert er sich nur als Angst vor dem Untergang, so setzt die Phantasie vom Untergang der Gesellschaft deren Allmacht dennoch schon Grenzen, negiert sie und verschafft dem in der
Gesellschaft Gefangenen jenen Abstand, den er benötigt, will er kämpfend und kontrollierend ihren Widersprüchen und Gesetzen nachspüren. Bald wird er sie gezielt angreifen und vor allem: nicht mehr sich
selbst. Die Aggression wendet sich nach außen. An die Stelle des gemeinsamen Untergangs in einer Naturkatastrophe wird der gemeinsame Kampf gegen den Klassenfeind treten. Auch die Wendung zum Kollektiv, das vor Verlassenheitsangst schützt, ist schon angelegt: „Bertolt
Brecht" nähert sich ihm, und schließlich sieht er sich als Angehörigen
des Kollektivs der ‚Vorläufigen‘, das gesellschaftlich freilich noch unbe-
stimmt ist, und dessen Angehörige Objekte des Geschehens bleiben.
Ein Schritt hin zu jener Klasse, die sich aktiv im Kampf selbst aufhebt,
also ‚vorläufig‘ bleibt, ein Schritt hin zum Proletariat, ist dies aber dennoch.

*

Wer *den Prozeß, in welchem Brecht zum marxistischen Schriftsteller
wurde, psychoanalytisch deutet,* kann nicht all dessen Faktoren erfassen,
wohl aber die psychischen: die Antriebe dieser Entwicklung, einzelne
ihrer Stufen und deren inneren Zusammenhang, die unbewußte Bedeutung gesellschaftskritischen Schreibens, einzelner Bilder, Themen und
Strukturen, und die Art, wie frühe Konflikte spätere Vorstellungen und
Handlungen prägen. Er kann diese Entwicklung jedoch nur rückwärts
von der jeweils erreichten Station her aufrollen und zeigen, welche Lösungen intrapsychischer Art Brecht im Historischen Materialismus für
seine Schwierigkeiten fand, und was er dank seiner individuellen Pro-

blematik an gesellschaftlicher Erkenntnis gewann und in sein poetisches Werk einbringen konnte. Nicht möglich ist es dagegen, eine eindeutige Kette notwendiger Kausalität zu konstruieren, oder, sagen wir es pointierter: Nicht jeder, der an herzneurotischen Störungen leidet, wird marxistischer Schriftsteller, und nicht jeder marxistische Schriftsteller leidet an solchen Störungen.

Die Beunruhigung angesichts des vielschichtigen, vielfach bedingten und politisch provozierenden brechtschen Lebens und Schreibens kann und will psychoanalytische Deutung nicht durch reduzierende Erklärungsmodelle aus der Welt schaffen. Sie will aber sehr wohl Klüfte und Gipfel dieses Werks und dieses Lebens heller beleuchten und jene Auseinandersetzung mit ihnen anstacheln, die derzeit auf dem weichen Pfühl philologischer Klassikerexegese friedlich dahinschlummert.

Brechts psychische Struktur machte ihn besonders geeignet, die gesellschaftliche Realität seiner Zeit zu erschließen: Die Schwäche seiner frühen Triangulierung, die er in Pubertät und Adoleszenz, aber auch später noch im Zerfall gesellschaftlicher Triangulierung, im Zerfall gesellschaftlicher Autorität — der Lehrer, des Kaisers, der patriarchalischen Normen und des Christengottes — erfahren mußte, diese Schwäche verstärkte sein Gespür für die Strukturen einer zunehmend ,vaterlosen Gesellschaft'. Sie trug dazu bei, ihn der Auseinandersetzung mit dem frühen Objekt auszuliefern. Solche Auseinandersetzung ließ sich jedoch kaum noch dem dramatischen Konflikt zwischen einzelnen klar abgegrenzten Figuren eingestalten; da hätte die frühe Ambivalenz nicht zu ihrem literarischen Bild gefunden. Das war historisch auch nicht mehr nötig: Hatte Schiller im ödipalen Kampf zwischen Sohn und Vater noch gesellschaftlich zentrale Auseinandersetzungen darstellen können, weil das feudalabsolutistische System sich durch hierarchische Gliederung und personale Abhängigkeit bestimmt, so führt in der endgültig bürgerlichen Gesellschaft, in der sich sachliche Abhängigkeit und Vaterlosigkeit durchgesetzt haben, ein ödipaler Konflikt nicht mehr ins Zentrum gesellschaftlicher Widersprüche. Wohl aber die präödipale Auseinandersetzung, die sich nicht zwischen konturierten Einzelnen abspielt, sondern in einem Kraftfeld, wo Subjekt und Objekt die ganze Welt ausmachen und in Haß, Leiden und Liebe auseinander und wieder zusammen streben. Sie kann ihr Bild in den sachlichen Abhängigkeiten und den apersonalen Konflikten der bürgerlichen Gesellschaft suchen, im Leiden unter den Zwängen, die den einzelnen fremd entgegentreten, und in deren ohnmächtiger und einsamer Verlassenheit. So kann diese frühe Auseinandersetzung die bürgerliche Gesellschaft erschließen:[509] Der irrationale Antrieb führt zur Schulung des Tagesbewußtseins, und das umso mehr, wenn, wie bei Brecht, die „Gedanken" hindrängen zu dem als gefährlich erfahrenen Objekt, um es durch Erkenntnis zu kontrollieren.

Die psychische Bedeutung, die sein gesellschaftskritisches Schreiben für Brecht hatte, und umgekehrt, die Bedeutung seiner psychischen Struktur für dieses Schreiben will ich nun an zwei Beispielen untersuchen: an der Verlagerung des inneren Konflikts wie auch seiner Abwehr nach außen, insbesondere auf den Klassenkampf, und an der kontraphobischen Funktion des Erkennens. Kurz möchte ich auch zeigen, wie die Erfahrung des Anfalls es Brecht erleichterte, sich schreibend aus bürgerlichen Vorstellungen zu lösen.

*

Die „Kälte" der frühen Mutter-Imago gestaltet Brecht zunächst ontologisierend als „Kälte" des ‚Weibes Welt'[510], also der Objektwelt schlechthin: „Auf die Erde voller kaltem Wind / Kamt ihr alle als ein nacktes Kind."[511] Allmählich konkretisiert er sie dann gesellschaftlich, bis er sie und das Leiden unter ihr als Moment der Klassengesellschaft begreift, das es zu beseitigen gilt:

Soll das heißen, daß wir draußen bleiben
Ungeladen in der Kälte sitzen müssen
Weil da große Herrn geruhn, uns vorzuschreiben
Was da zukommt uns an Leiden und Genüssen?[512]

Die „Kälte" der Mutter-Imago findet Brecht nun in der „Kälte" der Klassengesellschaft wieder: in der Geld-Ware-Beziehung, dem Sieg des Tauschwerts über den Gebrauchswert, in Ausbeutung und Not. ‚Große Herrn' halten das Proletariat in dieser „Kälte". So scheint sie überwindbar mit deren Überwindung. Das stärkt den Wunsch, diese Gesellschaft

509. Vgl. v. Matt (1976), 624 f.
510. O.S. 82.
511. „Von der Freundlichkeit der Welt"; w.a. 8, 205; erster Entwurf 1921. Zum Motiv der Kälte: v. Matt (1976).
512. „Gegenlied zu ‚Von der Freundlichkeit der Welt' "; w.a. 10, 1032; 1956.

zu ändern. Mit der Befreiung von gesellschaftlicher Unterdrückung winkt unbewußt auch die von der unterdrückenden Mutter.

Die Verlagerung des innerpsychischen Konflikts auf den Klassenkampf schärft den Blick für gesellschaftliche „Kälte" und erfährt ihrerseits Bestärkung durch erkannte Realität. Die derart gestützte Projektion hilft, wenigstens vorübergehend, innere Spannung bewältigen. Und dies nicht nur, weil sie den Konflikt externalisiert,[513] sondern mehr noch vielleicht, weil sie den unauflöslichen Kampf zwischen Autonomie- und Abhängigkeitswünschen in einen Prozeß überführt, der sich nach vorn öffnet und auf Befreiung zielt. Auch kann sich das Subjekt gegenüber einem unterdrückenden Objekt, das sich außen befindet, klarer abgrenzen; es kann dessen Aggression deutlicher wahrnehmen[514] und seinen eigenen Angriff weniger schuldbewußt vortragen: Auch seine Aggression kann sich nun nach außen wenden.

Die Projektion seiner „Kälte" auf die Gesellschaft entlastet Brecht darüberhinaus von Schuldgefühlen, die wegen dieser eigenen „Kälte" aufkommen. Das gibt eine Episode zu erkennen, die Ruth Berlau berichtet:

> In Dänemark habe ich mir einmal verbieten lassen, einen Menschen, der im Regen stand, in meinem Auto mitzunehmen. Bertolt Brecht sagte: ‚Nein, wir können niemanden mitnehmen.' Aber er schickte mir folgendes Gedicht:
> Fahrend in einem bequemen Wagen
> Auf einer regnerischen Landstraße
> Sahen wir einen zerlumpten Menschen bei Nachtanbruch
> Der uns winkte, ihn mitzunehmen, sich tief verbeugend.
> Wir hatten ein Dach und wir hatten Platz und wir fuhren vorüber
> Und wir hörten mich sagen, mit einer grämlichen Stimme: Nein
> Wir können niemanden mitnehmen.

513. Nach D. Vogel erleben angstneurotische Patienten ihre „Aggressionen häufig als etwas, was in Form von schrecklichen Krankheiten, Naturkatastrophen, blutigen Straßenverkehrsunfällen außerhalb von ihnen stattfindet. Sie beschäftigen sich intensiv mit diesen Ereignissen, die eine magische Anziehung auf sie auszuüben scheinen. [...] Die Katastrophen spiegeln als äußere Ereignisse mit denen er handelnd umgehen kann, das Bild seiner inneren Welt, der gegenüber er sich hilflos fühlt, wider". Vogel (1985), 75.

514. Schonecke ((1986), 511) schreibt, daß im Falle von Herzneurotikern „die Wahrnehmung von Aggressivität bei anderen Personen in Abhängigkeit von der sozialen Distanz variiert. Nahe Bezugspersonen [...] werden als nicht aggressiv erlebt, diese Eigenschaft wurde jedoch bei distanteren Personen [...] durchaus erlebt."

Wir waren schon weit voraus, einen Tagesmarsch vielleicht
Als ich plötzlich erschrak über diese meine Stimme
Dies mein Verhalten und diese
Ganze Welt.

Brecht hat vergessen, in dem Gedicht zu erwähnen, daß ich, nachdem ich
meinem großen Gast gehorcht hatte und zum ersten Mal in meinem Leben einen Menschen auf der Landstraße im Stich ließ, scharf und deutlich
sagte: ‚Scheußlich!' Danach hat Brecht mir das Gedicht geschickt.[515]

Aus der vorwurfsvollen Stimme des Anderen wird (in der Sicherheit
räumlicher wie zeitlicher Distanz) eigene Aktivität: das Schreiben des
Gedichts und in diesem das eigene Erschrecken (*„ich* plötzlich
erschrak"). Aus dem Schuldgefühl wegen der eigenen „Kälte", welche
die Geliebte wahrnahm, wird Erschrecken über „Dies mein Verhalten
und *diese/Ganze Welt"* — eine Entlastung von innerer Spannung.

Mit der Verlagerung des inneren Konflikts auf die Gesellschaft
nimmt deren herrschende Klasse oder eine ihrer Herrschaftsformen,
z.B. der Faschismus eher Züge des ‚kalten' Objekts, ja deutlich der bösen Mutter an: „Der Schoß ist fruchtbar noch, aus dem das kroch!"[516]
Andererseits wird es möglich, abgespaltene gute Züge der unterdrückten Klasse zuzuschreiben. Mit ihr kann das Ich nun umgehen wie mit
den guten oder wenigstens eher guten Anteilen des Objekts. Die Verlagerung des ambivalenten, verlockenden und bedrohlichen Mutterbildes
auf die Gesellschaft erlaubt es, dieses Bild zu spalten und so das Bild einer guten Mutter zu retten. Das kehrt auch in der Figurenkonstellation
wieder: Die gute Mutter des Sohnes ist Magd (Grusche), die böse Gou-
verneursfrau. Das Motiv der proletarischen Mutter kommt auf, die dem
Säugling von der Revolution singt,[517] das der revolutionären Mutter[518]
und das der Mutter, die schließlich den gemeinsamen Kampf bejaht,
nachdem sie ihre Söhne lange genug moralisch erpreßt, in Abhängigkeit
gehalten und einen von ihnen sogar dem Tod ausgeliefert hat.[519] Die
Phantasie einer neuen Gemeinschaft von Mutter und Sohn bildet sich

515. In: Bunge (1985), 273 f.
516. w.a. 4, 1835; ‚Arturo Ui';. Bei Brecht finden sich mannigfache Mischformen. Vgl.
w.a. 9, 487.
517. „Wiegenlieder"; w.a. 9, 430 ff.; 1932.
518. „Die Mutter"; w.a. 2, 823 ff.
519. Die Mutter zu ihrem Bruder: „Laß meine Kinder in Ruhe, Pedro! Ich habe ihnen
gesagt, daß ich mich aufhängen werde, wenn sie gehen." „Die Gewehre der Frau Carrar",
w.a. 3, 1219. Vgl. oben S. 9, 33, 36, 42, 71, u.S. 202.

aus und die Umdeutung der Mutterschaft vom Biologischen ins Soziale. An die Stelle von Abhängigkeit, Ohnmacht, Verlassenheit, „Kälte" und Schuldvorwurf tritt der gemeinsame Kampf gegen die unterdrückende Klasse, die unbewußt das Antlitz der nach außen verlagerten und abgespaltenen bösen Mutter zugewiesen erhält.

In diesem Kampf ist der Sohn nicht nur mit der guten, kämpfenden und unterdrückten Mutter vereint, er ist es letztlich sogar mit der bekämpften bösen; „ist doch die Sache des Kommunismus die ganze Welt. [...] Wir sprechen nicht für uns als ein kleiner Teil, sondern für die gesamte Menschheit als der Teil, der die Interessen der gesamten Menschheit (nicht eines Teiles) vertritt."[520] Psychisch bedeutet dies, daß der Kampf gegen die bösen Anteile der Mutter deren Rettung dient, also gerechtfertigt ist und nicht mehr in die Depression führen muß. Diese Konstellation erlaubt es, Ohnmacht und Befreiungskampf offen auszusprechen: „An wen wenden wir uns? An die Ohnmächtigen. Wen rufen wir um Hilfe an? Die Hilflosen."[521]. Ohne Gefühlskälte kann das Ich sich nun dem eigenen Leiden und dem anderer öffnen:

> Genossen, bevor wir Sozialisten waren, waren wir Unglückliche. Bevor wir die Wahrheit des Marxismus gekannt haben, haben wir die Wahrheit des Hungers gekannt. Aus dieser Zeit des reinen und hoffnungslosen Elends haben wir uns ein Gefühl für alle Elenden und Hoffnungslosen erhalten [...].[522]

Ohnmacht, Leiden und Autonomiebedürfnis können jetzt angstfrei artikuliert werden; sogar, daß sie zusammengehören.[523] Das mindert die innere Spannung: Nun sind sie verallgemeinert, nicht mehr psychisch, sondern auf andere, eine Klasse verschoben. Eine politische Theorie macht sie zum Motor der Befreiung, und Brecht selbst kann sich denkend und lehrend zu ihnen verhalten.

Fand er im Klassenkampf Strategien zum Umgang mit dem frühen Ambivalenzkonflikt, so behielt er dennoch auch hier einige seiner Distanzierungsmechanismen bei und begab sich nicht ins Zentrum der Auseinandersetzung. In die KP trat er nicht ein, wohl aber seine Frauen,

---

520. „Ist der Kommunismus exklusiv?"; w.a. 20, 79.
521. „Im Auftrag der Vernunft"; w.a. 20, 81.
522. „Für die Unterdrückten"; w.a. 20, 86.
523. Z.B. „Der Wunsch nach Freiheit ist die Folge von Unterdrückung." (w.a. 20, 57 „Über die Freiheit"). So richtig diese Bemerkung sein mag, hier erwägt Brecht nicht, daß seine Erfahrung von Unterdrückung nicht ohne seinen Anklammerungswunsch zu denken ist.

Helene Weigel, Ruth Berlau, Elisabeth Hauptmann und Margarete Steffin: Er ist dabei und blickt zugleich aus schützendem Abstand auf die Bewegung. Als Intellektueller wahrte er ihn auch gegenüber dem Proletariat (die „Ansicht, es sei nötig, im Proletariat unterzutauchen, ist konterrevolutionär")[524], machte dessen Sache schreibend aber gleichwohl zur eigenen. Und anders als damals zahlreiche Schriftsteller, kämpfte er in seiner ‚geradezu körperlichen Angst vor dem Krieg'[525], er, den 1940 „die unmittelbare Nähe der faschistischen Armee[…] in Panik" versetzen wird,[526] nicht im Spanienkrieg mit, schrieb jedoch „Die Gewehre der Frau Carrar". Es ist die uns bekannte Haltung, die er z.B. um 1928 gegenüber dem Sport einnahm, als er dessen Gefährlichkeit aus der sicheren Distanz des Unsportlichen feierte:

> Selbstverständlich ist Sport, nämlich wirklicher passionierter Sport, riskanter Sport, nicht gesund. [...] je weiter sich der Boxsport vom K.o. entfernt, desto weniger hat er mit wirklichem Sport zu tun. [...] Je ‚vernünftiger', ‚feiner' und ‚gesellschaftsfähiger' der Sport wird [...], desto schlechter wird er.[527]

Andere kämpfen den Kampf für den, der den K.o., den „Herzkrampf" fürchtet.[528] Doch Brecht gestaltet ihn aus der Ferne, und ist nun, die „Zigarre" im Mund, doch wieder im „Gewühl". So auch im Klassenkampf. Dieser, die „dritte Sache", eint Mutter und Sohn,[529] Proletariat und Intellektuellen, Subjekt und Objekt, doch er hält sie auch auf Distanz,[530] wie dies zuvor und auch später noch als eine „dritte Sache" die schriftstellerische Arbeit mit Geliebten leistet.

> Es gibt wieder die *dritte* Sache, und das Persönliche und Private tritt wieder zurück. Die *dritte* Sache ist der Sozialismus, und wichtig ist, was wir

---

524. w.a. 20, 53; „Schwierige Lage der deutschen Intellektuellen".
525. Mittenzwei (1986, 1), 658.
526. Ebd. 705.
527. w.a. 20, 28 f. „Todfeinde des Sportes".
528. Vgl. „Der Mann ist tot. [...] K.o. ist K.o." w.a. 2, 540. Vgl. o.S. 81, u.S. 162. Boxen gehört in den Katalog der „Mittel": „Erstens, vergeßt nicht, kommt das Fressen/ Zweitens kommt der Liebesakt/ Drittens Boxen nicht vergessen/ Viertens Saufen, laut Kontrakt" (w.a. 2, 532). An diesem „Mittel" kann Brecht den phallisch-narzißtischen Angriff auf das Bedrohliche phantasieren. Auch dieses „Mittel" schlägt um.
529. „ich/ Behielt meinen Sohn. Wie behielt ich ihn? Durch/ Die dritte Sache./ Er und ich waren zwei, aber die dritte/ Gemeinsame Sache, gemeinsam betrieben, war es, die/ Uns einte." „Lob der dritten Sache" w.a. 2, 878.
530. Vgl. w.a. 2, 876 f.; „Die Mutter".

für den Sozialismus[...] tun können[...]. Keiner schuldet keinem etwas, jeder schuldet alles der *dritten* Sache.[...] So, als träfen wir einander neu, wollen wir versuchen, uns einander angenehm zu machen.[531]

Das Objekt ist anwesend, das Subjekt bewegt sich mit ihm. Doch, trianguliert, hält es dieses fern von sich und gebannt: ist nicht von ihm abhängig.

Solch distanziertes Verhalten, das zugleich doch auf den Konflikt zugeht, kennzeichnet ganz allgemein Brechts soziologischen Umgang mit gesellschaftlichen Phänomenen. Es erlaubt ihm sogar, der ängstigenden, dem „Herzkrampf" so gefährlich nahen Desintegration des Subjekts nachzuspüren. Er stellt sie als gesellschaftliche dar, die zur Neugeburt im guten gesellschaftlichen Objekt führt wie ehedem im natürlichen,[532] — eine der inneren Stabilisierung dienende phantastische Befriedigung des Verschmelzungswunsches, die zugleich den Blick schärft für die wirkliche Auflösung des Individuums:

In den wachsenden Kollektiven erfolgt die Zertrümmerung der Person. [...] Sie fällt in Teile, sie verliert ihren Atem. Sie geht über in anderes, sie ist namenlos, sie hat kein Antlitz mehr, sie flieht aus ihrer Ausdehnung in ihre kleinste Größe — aus ihrer Entbehrlichkeit in das Nichts —; aber in ihrer kleinsten Größe erkennt sie tiefatmend übergegangen, ihre neue und eigentliche Unentbehrlichkeit im Ganzen.[533]

— „Und alle Dinge sind wie's ihnen frommt."[534] Wie im „Herzkrampf", wie in der Angst vor der eigenen Aggression[535] zerfällt die Person und ersteht am anderen Ende wieder. Doch nun ist dies ein gesellschaftliches Problem. Den Zerfall stellt Brecht sogar recht körpernah aus der sichernden Distanz dessen dar, der sozialgeschichtlich denkt. Aufmerksam hat er sich beobachtet und in sich hineingehorcht, zugleich nach außen geblickt und hierbei entdeckt, was dort geschieht: Mit dem von der Kapitalkonzentration vorangetriebenen sozialen Wandel erfahren immer mehr Menschen die „Zertrümmerung" ihrer Identität, die sich in besonderen sozialen Bindungen und in besonderer Arbeit ausgebildet hatte; bei sich durchsetzender Rationalisierung werden sie als besondere einzelne ‚entbehrlich'; vielleicht werden sie es, in die Arbeitslosigkeit geschickt, sogar gänzlich. Doch das ist auch eine Chance,

531. 10.III. 1950 an Ruth Berlau; Brecht (1981), 637.
532. O.S. 79 f.
533. w.a. 20, 61; „Individuum und Masse".
534. O.S. 79.
535. O.S. 19, 21, 31, 38.

denn jetzt könnten sie frei werden von jenen verinnerlichten Zwängen der bürgerlichen Gesellschaft, denen sie ihre bisherige Identität verdanken. So könnten sie zu einem neuen Miteinander finden und, euphorisch in der Redeweise entdifferenzierenden magischen Denkens formuliert, zu ‚ihrer neuen und eigentlichen Unentbehrlichkeit im Ganzen'. Die Phantasie, sich in verschmelzender Auflösung neu zusammenzufügen — „Mein Leib, die Schenkel und der stille Arm/ Wir liegen still im Wasser ganz geeint" —, diese Phantasie erschließt hier soziale Realität und verzerrt sie zugleich.

Auf Inneres horchend und nach außen blickend hat Brecht mittelbar sogar gestaltet, wie sich der innere Konflikt des Herzneurotikers nach außen verlagert: in einem Traum seiner Johanna Dark, die er auf einen Lernweg zur Erkenntnis der Gesellschaft schickt ähnlich jenem, auf dem er selbst sich befand. Wie der „Geruch der wilden Mainächte" in Baal war und der Sommer aus ihm sang, wie sein Herz als Sommer sang,[536] so ist auch hier die Außenwelt innen: Eine Menschenmasse erscheint im Bild des Herzens, eingeengt verkrampft sie sich konvulsivisch, verharrt kurze Zeit pulsend in sich selbst, dann löst sich der „Herzkrampf": Das Herz, die Menge, nun das Proletariat, fließt nach außen, Johanna an der Spitze. Klage und vor allem Wut wird frei. Und nun, erleichtert, das Schlüsselwort: „Außer mir endlich!" — wie im „Baal" der Versuch, sich aus der Not des Herzens durch eine phantasierte Geburt zu befreien.[537] Doch hier gebiert sich das Herz als politisch handelnde Menge. — Es lohnt, diese Stelle in ihrer ganzen Länge zu zitieren; sie zeugt von Brechts ausgebildeter Kunst mittelbarer Selbstbeobachtung und von seiner Selbstkritik.

> Hört, was ich träumte in einer Nacht
> Vor sieben Tagen:
> Ich sah vor mir auf einem kleinen Feld
> Zu klein für eines mittleren Baumes Schatten
> Weil eingeengt durch riesige Häuser, einen Klumpen
> Menschen von unbestimmter Anzahl, jedoch
> Weit größerer Anzahl, als an so kleiner Stelle
> Spatzen Platz hätten, also sehr dichten Klumpen, so daß
> Das Feld sich krümmte, in der Mitte aufhob, und jetzt hing
> Der Klumpen übern Rand, einen Augenblick

536. O.S. 97.
537. „Ich will etwas gebären!"; o.S. 97.

Festhaltend, in sich pulsend, dann
Durch Hinzutritt eines Wortes, irgendwo gerufen
Gleichgültigen Inhalts, fing es an zu fließen.
Nun sah ich Züge, Straßen, auch bekannte, Chicago! Euch!
Sah euch marschieren, und nun sah ich mich.
An eurer Spitze sah ich stumm mich schreiten
Mit kriegerischem Schritt, die Stirne blutig
Und Wörter rufend kriegerischen Klangs in
Mir selber unbekannter Sprache, und da gleichzeitig
Von vielen Seiten viele Züge zogen
Schritt ich in vielfacher Gestalt vor vielen Zügen:
Jung und alt, schluchzend und fluchend
Außer mir endlich! Tugend und Schrecken!
Alles verändernd, was mein Fuß berührte
Unmäßige Zerstörung bewirkend, den Lauf der Gestirne
Sichtbar beeinflussend, doch auch die nächsten Straßen
Uns allen bekannt, von Grund auf ändernd.
So zog der Zug und mit ihm ich
Verhüllt durch Schnee vor jedem feindlichen Angriff
Durch Hunger durchscheinend, keine Zielscheibe
Nirgends treffbar, da nirgends wohnhaft
Durch keine Qual belangbar, da jede
Gewohnt. Und so marschiert er, verlassend den
Unhaltbaren Platz: ihn wechselnd mit jedem andern.
So träumte ich.[538]

Die fremde Unruhe im eigenen Leib[539] wird durch „Hinzutritt eines Wortes" — „ich weiß eine Melodie"[540] — aus ihrer stummen Verkrampfung erlöst, nach außen gewendet und in das aufständische Proletariat verwandelt. Größenphantasien brechen durch: Als Anführerin schreitet Johanna an der „Spitze", die zur gefährlichen Vereinigung lockende Menge — „seid umschlungen, millionen"[541] — im Rücken, wie der Schwimmer das tragende Wasser, und aktiv wie das zum Schwimmen anleitende Ich.[542] Die Wut, die im „Herzkrampf" sich noch in sich selbst verbissen hatte, bricht aus und sucht unkontrolliert und mit zerstörerischer Allmacht als ein reißender Strom draußen ihre Bahn: An der „Spitze" der Menge verändert Johanna in einer bürgerlich-moralisch gerechtfertigten robespier-

538. w.a. 2, 733 f.; 1929-1931.
539. O.S. 97.
540. O.S. 100 ff.
541. O.S. 14.
542. O.S. 79.

reschen Revolution („Tugend und Schrecken") „Alles" „von Grund auf": radikal und gesellschaftlich abstrakt. Nun ist sie ‚außer sich endlich': Sie trägt Brechts inneren Konflikt draußen in der Gesellschaft aus, an die Stelle der Somatisierung ist Politisierung getreten; ekstatisch, mit vielen verbündet und „in vielfacher Gestalt" ist die träumende Johanna endlich aus der Identität dessen erlöst, der sich einsam seinem Herzen ausgeliefert weiß. — Der revoltierende Zug draußen aber ist geschützt wie Brecht selbst vor dem symbiotischen Konflikt innen: „Verhüllt durch Schnee vor jedem feindlichen Angriff" — wie Brecht durch „Kälte"[543]; „Durch Hunger durchscheinend, keine Zielscheibe" — wie Brecht durch Essens-[544] und Gefühlsverweigerung ein „Nichts"[545]; „Nirgends treffbar, da nirgends wohnhaft", „vorläufig" also[546]; „Durch keine Qual belangbar, da jede/ Gewohnt", wie Brecht sich dies angesichts der im „Herzkrampf" durchlittenen Todesangst vermutlich erhoffte';[547] und „verlassend den unhaltbaren Platz: ihn wechselnd mit jedem anderen": „Komm mit mir nach Georgia"[548].

Bei der Verlagerung des inneren Konflikts nach außen nimmt das Objektbild Züge des Selbstbildes an. So tritt auch hier der Verlagerung des alles überschwemmenden Anfalls die Verlagerung des Schutzes vor ihm entgegen. Die Proletarier, die in der äußeren „Kälte" leben müssen, wollen mit Johannas Traum nichts zu schaffen haben[547] und Johanna selbst muß, als sie zu ihnen hinausgegangen ist, erkennen: „So kalt war's nicht in meinem Traum".[550] Dann versagt sie bei ihrer ersten politischen Aufgabe. Es genügt eben nicht, zu meinen „Ich bin von Herzen für eure Sache".[551] Die Revolution erfordert auch Kontrolle des Herzens — „Ich kommandiere mein Herz"[552] —, „Kälte" gegen sich und andere und kontraphobisch den „Gang in die Tiefe"[553], in den Rachen des verschlingenden Objekts, um es lernend zu erkennen.

*

543. O.S. 40 ff.
544. Vgl. o.S. 48 ff., 62.
545. O.S. 31 ff.
546. O.S. 46.
547. U.S. 173 f.
548. O.S. 45.
549. w.a. 2, 734 f.
550. Ebd. 750.
551. Ebd. 742.
552. O.S. 54; u.S. 165 f., 170, 175.
553. w.a. 2, 671, 689, 733.

Brechts eigener innerer Konflikt ist durch solche Verlagerung *den Blicken entschwunden.* Beruhigt kann er feststellen, „daß ich selbst mich für privates nicht eben sehr interessiere"[554]. Privates, wie etwa die Beziehung zwischen Mann und Frau mit ihren auch psychisch bedingten Schwierigkeiten, kann er sich nun vom Herzen halten, indem er es zum unmittelbar Gesellschaftlichen erklärt:

> Wo es sie noch gibt, stürzt die *Große Unordnung* [d.i. der Kapitalimus; C.P.] die Liebenden in die furchtbarsten Schwierigkeiten, sie ruiniert sie.[555]

Berthold Eugen Brecht, sein „Herzkrampf", seine Ängste und seine Versuche, sie zu bewältigen, verschwinden hinter dem für die Öffentlichkeit erstellten Bild des politischen Schriftstellers Bertolt Brecht:

> Wie war er als Mensch?
> Fragt mich lieber, wie er gearbeitet hat.
> [...]
> Was war seine Triebkraft?
> Um es mit einem Wort zu sagen: Klassenkampf.
> Wofür arbeitete er?
> Für die Unterdrückten, gegen die Ausbeuter.
> [...]
> Hatte er private Probleme?
> Er sagte, er habe keine, außerdem ginge das niemand etwas an. [...][556]

„Das Gefühl ist Privatsache und borniert. Der Verstand hingegen ist loyal und relativ umfassend",[557] hatte er 1926 in einem Interview behauptet: Verstand, Öffentlichkeit, Loyalität und (relative) Allgemeinheit gegen Gefühl, Privatheit, Illoyalität und Borniertheit — eine perfekte Spaltung. Illoyal ist das Gefühl, weil es mich an das Objekt verrät, mich ausliefert. Hiervor retten Öffentlichkeit und Verstand. Vor dem Privaten, das ihn verstummen ließ,[558] vor den gefürchteten „Privatkonflikten", die ihn erschöpften,[559] sicherte sich Brecht durch ein verstandesbetontes Schreiben, das auf ‚Umfassendes' zielte: auf Öffentliches, Gesellschaftliches und Politisches:

554. AJ I, 269; 1941.
555. „Me-ti"; w.a. 12, 568.
556. R. Berlau in: Bunge (1985), 285.
557. Zit. n. Mittenzwei (1986, 1), 234.
558. Vgl. Mittenzwei (1986, 2), 168; o.S. 69, 83.
559. Mittenzwei (1986, 1), 488; o.S. 69.

Was ihn aus dem Gleichgewicht bringen und in der Arbeit beeinträchtigen konnte, waren eher Unstimmigkeiten, Spannungen zwischen ihm und den Frauen. Sonst aber brauchte er, um sich an die Schreibmaschine zu setzen, nur körperliches Wohlbefinden. Politische Auseinandersetzungen und Kritik verleideten ihm nicht die Arbeit; sie wurden von ihm durch Arbeit objektiviert. Auf diese Weise gelang es ihm, wieder Übersicht über die Dinge, auch die politischen, zu gewinnen.[560]

Er blickte auf gesellschaftliche Änderung; mit seinen „Herzkrämpfen" jedoch, die für ihn somatisch bedingt waren, von ihm selbst also nicht zu verändern, mit diesen „Herzkrämpfen" suchte er sich ‚zufrieden' einzurichten. Entsprechend verteilte er seine Emotionen, Liebe und Haß:

Ich, der ich nichts mehr liebe
Als die Unzufriedenheit mit dem Änderbaren
Hasse auch nichts mehr als
Die tiefe Unzufriedenheit mit dem Unveränderlichen.[561]

Seinem „Herzkrampf", den er meinte nicht verändern zu können, lieferte er sich aus, um ihn so zu überstehen:

Wenn der Denkende den Sturm überwand, so überwand er ihn, weil er den Sturm kannte und er einverstanden war mit dem Sturm.[562]

Am anderen Morgen konnte er sich dann seines Überlebens freuen[563]:

Morgendliche Anrede an den Baum Griehn

1
Griehn, ich muß Sie um Entschuldigung bitten.
Ich konnte heute nacht nicht einschlafen, weil der Sturm so laut war.
Als ich hinaussah, bemerkte ich, daß Sie schwankten
Wie ein besoffener Affe. Ich äußerte das.
2
Heute glänzt die gelbe Sonne in Ihren nackten Ästen.
Sie schütteln immer noch einige Zähren ab, Griehn.
Aber Sie wissen jetzt, was Sie wert sind.
Sie haben den bittersten Kampf Ihres Lebens gekämpft.

560. Mittenzwei (1986, 2), 529.
561. w.a. 8, 376; 1931.
562. w.a. 2, 602; „Das Badener Lehrstück vom Einverständnis". Zur Nähe von Sturm und Herzkrampf o.S. 19, 54, 106 ff., u.S. 170 ff.
563. Vgl. o.S. 54: „Jetzt werde ich gesünder. Der Sturm geht immer noch, aber ich lasse mich nimmer unterkriegen. [...] Es ist schön, zu leben."

Es interessierten sich Geier für Sie.
Und ich weiß jetzt: einzig durch Ihre unerbittliche
Nachgiebigkeit stehen Sie heute morgen noch gerade. [...][564]

Nach vergeblicher Gegenwehr scheint „unerbittliche Nachgiebigkeit",
gewollte Passivität und Unterwerfung — ein Schrecken für den um seine Autonomie kämpfenden Herzneurotiker — die einzige Rettung. Das
ist eine der Grunderfahrungen Brechts. Dieses, wie er meinte, nötige
„Einverständnis" mit seinem ‚privaten' Leiden, mit seinem „Herzkrampf" gestaltete er ontologisierend in Bildern der Natur. Er naturali-
sierte sein psychisch produziertes Leiden und suchte andererseits einen
möglichst großen Bereich zu entnaturalisieren und zu historisieren, um
seiner autonomen Aktivität freien Raum zu sichern: Er blickte auf die
Gesellschaft. Hier suchte er nach Möglichkeiten aktiver Veränderung
und bekämpfte Naturalisierung. So wurde die Spaltung in öffentlichen
und privaten Bereich ein Antrieb mehr zur Erkenntnis und zur Gestaltung des gesellschaftlichen Prozesses und zum politischen, auf Veränderung zielenden Engagement, hinter denen sein psychisches Leiden verschwand.

Sehr bewußt sogar stellte er den politischen Kampf als „Mittel" gegen psychische Schwierigkeiten dar:

Wie man sich hilft

Tu-su klagte dem Me-ti über seelische Beschwerden und erzählte von seiner Absicht, eine große Reise zu unternehmen. Me-ti erzählte ihm folgende Geschichte:

Mi-ir fühlte sich nicht wohl in seiner Haut. Er wechselte nacheinander
seine Freundin, seinen Beruf und seine Religion. Als er sich danach be-
deutend kränker fühlte, unternahm er eine große Reise, die ihn über den
ganzen Erdball führte. Von dieser Reise kam er kränker als je heim. Er lag
zu Bett und erwartete sein Ende, als sein Haus in Brand geriet durch eine
Bombe, welche, da Bürgerkrieg herrschte, von Soldaten geschleudert
wurde, um einige Arbeiter zu töten, die sich hinter dem Haus versteckt
hatten. Mi-ir stand böse auf, löschte zusammen mit den Arbeitern das
Haus, verfolgte die Soldaten und beteiligte sich die nächsten Jahre am
Bürgerkrieg, der den mißlichen Zuständen ein Ende bereitete. Wenn man
ihn zu dieser Zeit nicht hat sagen hören, daß er sich seelisch wohl befin-
de, so kann es nur darum gewesen sein, weil ihn nach seinem Befinden
niemand gefragt hat.[565]

564. w.a. 8, 186 f.; um 1918-1920; vgl. ebd. 31 ff.
565. w.a. 12, 572.

Dieses „Mittel" wählte auch der politische Schriftsteller Bertolt Brecht; „nach seinem Befinden" sollte ihn niemand fragen: „Verwisch die Spuren".[565b]

1918 gestaltete er im „Baal" einen Herzanfall; 1922 schrieb er in seiner ersten autobiographischen Skizze, die für die literarische Öffentlichkeit bestimmt war, „in der Gymnasiumszeit hatte ich mir durch allerlei Sport einen Herzschock geholt, der mich mit den Geheimnissen der Metaphysik bekannt machte".[566] Wie verkrampft auch immer, dies waren zumindest mittelbar Hinweise, daß sein „Herzschock" in Zusammenhang mit seiner Schriftstellerexistenz zu sehen sei. Mit der Verlagerung seines inneren Konflikts auf die Gesellschaft, die sich während der Zwanziger Jahre vollzog, verschwand die offene Erwähnung des ‚Herzschocks' aus seinen Schriften. Verschwinden und Verlagerung gestatteten nun, mit inneren Spannungen außen umzugehn. Sie gehören zu jenen Strategien, die es Brecht erlaubten, mit seinem Leiden zu überleben. Solche Strategien, die es oft so schwer machen, den Brecht der Kriegs- und Nachkriegszeit in dem marxistischen Schriftsteller wiederzuerkennen, waren: die Spaltung in Privat und Politisch-Öffentlich, die Ausbildung eines Mitarbeiter-[567], eines Bemutterungs-[568] und eines Geliebtensystems[569], die strenge Regelung des Arbeitstags[570], die Betonung der Gefühlskontrolle und des Intellekts, die Bemühung um „Ausmathematisieren"[571], um Gesellschafts-, Literatur- und besonders um Theatertheorie, und natürlich die mannigfachen Techniken der Vermeidung, Schonung und Stabilisierung bis hin zum Erwerb eines Autos[572].

Und dennoch: Wie sehr er sie abspaltet, dämpft, sublimiert und beherrscht, sein früher Konflikt und die Angst vor dem Stillstand des Herzens quälen ihn weiter. So findet sogar der Herztod seine Darstellung, weit weggeschoben vom eigenen Herzen freilich und zunächst kaum noch auf es zu beziehen: 1949 schreibt Brecht Anmerkungen zu Therese Giehses Spiel in Gorkis „Wassa Schelesnowa", einem Stück, das Berthold Viertel damals mit dem Berliner Esemble aufführte.[573] Wassas

---

566. Brecht: Briefe 1, 84; an Ihering.
567. Vgl. o.S. 84 ff.
568. Vgl. o.S. 66 ff.
569. Vgl. o.S. 63 ff.
570. Mittenzwei (1986, 1), 494.
571. O.S. 84.
572. Vgl. O.S. 88 f.
573. „Zu ‚Wassa Schelesnowa' von Maxim Gorki"; w.a. 17, 1265-1268.

Herztod nimmt den Großteil dieser Anmerkungen ein. Brecht kann von ihm schreiben, denn ein anderer — Gorki — hat ihn erdacht, ein anderer — Viertel — ihn inszeniert und eine andere — Giehse — stellt ihn dar; und auf die Konzeption ihres Spiels meint er zu schauen. Die Gefahr ist sogar noch weiter von seinem Herzen entfernt: Der Herztod ist verschoben von einem Sohn, denken wir etwa an Baal, auf die andere Seite der frühen Szene, auf eine Mutter also, eine „Stammutter [...], die sie alle, die ganze Familie, korrumpiert und entmenscht hatte"[574], auf die Repräsentantin eines übermächtigen bösen Objekts, von dem sich jedoch phantasieren läßt, es hätte unter anderen sozialen Umständen zu einem guten werden können: „sie möchte [...] den Weg der Revolutionärin gegangen sein".[575] Da wäre das Schreiben vom Herztod Angriff auf die böse Mutter und ein wenig sogar Einfühlung in das Leiden der möglichen guten. Diese Mutter ist weit weggerückt von der politisch guten, der proletarischen, sie ist politisch böse, Kapitalistin, und mit ihr stirbt „eine ganze Klasse"[576]. So geschützt kann Brecht nun vom Herztod schreiben:

> Sie ist zurückgekommen von den Geschäften, den Schiebungen [...]. Sie ist ‚überarbeitet', das Herz! [...] Sie hat sich mit der ewig betrunkenen Tochter gezankt, obwohl ihr schlecht war, das Herz! Dann gab es einen Streit mit der Schwiegertochter, der Revolutionärin, und im Grunde hatte das Sterben da begonnen. [...] Sie hatte die Schwiegertochter angeschrien [...], etwas zu heftig, das Herz [...]. Es war ihr jetzt sehr schlecht geworden, sie hatte sich kaum noch erheben, kaum noch zum Schreibtisch kommen können, das war ja ein Marsch gewesen, mit Verlusten, das Herz! [...] Wassa dämmert es jetzt, daß diese Herzattacke nicht ist, was die früheren waren, daß jetzt etwas Neues beginnt, etwas durch und durch Schlimmes, daß jetzt gestorben werden muß.[...] Unverzüglich erhebt sie sich, keine kleine Aufgabe, und tritt den Marsch um den Schreibtisch an [...]. Der Marsch wird in kurzen Schrittchen ausgeführt, wohlberechneten Schrittchen, in besonders aufrechter und sichtbar souveräner Haltung. [...] das Herz! Der Marsch muß fortgesetzt werden, in aller Vereinsamung, mit allen letzten Reserven. Das Ziel ist der Lehnstuhl hinten. Der Todesmarsch bewegt sich auf den Lehnstuhl zu. Dorthin muß sie sich schleppen, das ist viel, es ist ein mächtiger, imposanter, ein sehr, sehr

574. Ebd. 1265.
575. Ebd. 1265.
576. Ebd. 1267.

schwerer Körper, ein Imperium für sich, eine ganze Klasse [...]. Wird der Lehnstuhl erreicht? Wird er nicht erreicht? Er wird erreicht. Sie erreicht ihn und setzt sich nieder und stirbt.[577]

Wie auf die Faust des Boxers kann Brecht, durch vielfältige Schutzmechanismen gesichert, auf den nicht mehr privaten, letztlich aber doch auf seinen eigenen Herztod blicken, wie er ihn sich aufgrund seiner Erfahrungen, seiner Ängste und der gespielten Szene ausmalte. Seine Schutzmechanismen, auch die Spaltung in Öffentlich und Privat, können auch hier einem Schreiben dienen, das kontraphobisch zugeht auf die Bedrohung.

*

Ein wesentliches Moment, das Brecht zu Kritik und Darstellung der Gesellschaft trieb, war die *provozierende Ausstellung seiner eigenen „Kälte"*. Dies war zunächst ein phallisch-narzißtischer Angriff, hinter dem sich, wie noch in „Vom armen B.B.", Klage, Anklage und Hilferuf verbargen. Er brutalisierte sich — z.B. in der Gestalt des Macheath — und diente zunehmend der Darstellung gesellschaftlicher „Kälte" in der eigenen bzw. in der seiner Protagonisten, eine Darstellung, die sich als mimetische ausgab:

> Wenn ich mit dir rede
> Kalt und allgemein
> Mit den trockensten Wörtern
> Ohne dich anzublicken
> (Ich erkenne dich scheinbar nicht
> In deiner besonderen Artung und Schwierigkeit)
>
> So rede ich doch nur
> Wie die Wirklichkeit selber
> (Die nüchterne, durch deine besondere Artung unbestechliche
> Deiner Schwierigkeit überdrüssige)
> Die du mir nicht zu erkennen scheinst.[578]

Das Ich führt die eigene „Kälte" als die des Objekts vor — als die der „Wirklichkeit selber" oder zuvor als die der „Wälder" —, denunziert das Objekt als ‚kalt', zerstört die „Mittel", welche ‚die unsägliche Verlassenheit auf dem Planeten' verdecken und ‚zur Gemütlichkeit verfüh-

577. Ebd. 1266 ff..
578. w.a. 12, 498; „Me-ti"; 1927.

ren'[579], und ruft, indem es seine „Kälte" masochistisch ausstellt, um Hilfe angesichts des bösen Objekts, durch das es sich gezwungen sieht, ‚kalt' zu sein — eben auch ein heimlicher Hilferuf an dieses Objekt. Die Pose des Lehrers gestattet, hinter der eigenen „Kälte" Zuwendung spüren zu lassen und diese Selbstinszenierung in den Dienst der Bindung an den Leser zu stellen, an ein neues Objekt also. War die „Kälte" des Objekts ursprünglich eine Folge der eigenen, mit der das Kind sich vor den Gefahren des Ambivalenzkonflikts zu retten suchte,[580] so erscheint nun umgekehrt die eigene „Kälte" als Folge der „Kälte" des jetzigen Objekts: der Gesellschaft, die als entfremdete ja tatsächlich ‚kalt' ist. Das Ich entlastet sich von den Gefahren der eigenen „Kälte" und behält diese dennoch bei, indem es sie vorführt.

Durch Identifikation mit dem bösen „kalten" Objekt suchte Brecht sich vor ihm, vor seinen eigenen gefährlichen Verschmelzungsgefühlen und vor den Leiden im Anfall zu schützen. Das ging in Form und Inhalt seines Schreibens ein. 1916 hatte er, von „Herzkrämpfen" bedroht, die Bibel gelesen,

> ein böses Buch. Sie ist so böse daß man selber böse und hart wird und weiß daß das Leben nicht ungerecht sondern gerecht ist und daß das nicht angenehm ist sondern fürchterlich.[581]

Um 1927 ist aus solch bösem „Leben" „die Wirklichkeit selber" geworden, deren „Kälte" das Ich übernimmt. Bald wird dies die kapitalistische Gesellschaft sein. Auch deren „Kälte" steht nun das „Herz" gegenüber. Der Kapitalist Mauler z.B. gibt vor, den Schlachthof verkauft zu haben, „weil mein Herz/ Vor dem Gebrüll der Kreatur sich aufbäumt"[582], doch schnell erkennt der von ihm hereingelegte Graham „ach, selbst dein Herz/ Hat Weitblick" und fordert den ruinierten Lennox auf:

> Rühr an sein Herz, Lennox! Rühr an sein Herz!
> 's ist eine empfindliche Müllgrub!
> *Er haut Mauler in die Herz*[!]*grube.*
> MAULER Au!
> GRAHAM Siehst du! Er h a t ein Herz![583]

579. O.S. 55.
580. O.S. 24.
581. Brecht (1986), 1133; o.S. 95.
582. w.a. 2, 682 „Die heilige Johanna der Schlachthöfe".
583. Ebd. 682 f.; vgl. o.S. 81, 151.

Das Organ Herz wenigstens läßt sich beim kalten Mauler noch ausmachen: durch einen Boxhieb, die Andeutung eines Anfalls. Sonst aber ist Mauler „kalt" und herzlos. — Brecht gestaltet die „Kälte" der kapitalistischen Gesellschaft und ihrer Agenten, dann seinerseits „kalt", in Identifikation mit dem frühen und dem jetzigen „kalten" Objekt.

Die Erschießungsszene in „Mann ist Mann" (1924—1926) läßt spüren, wie sehr er sich der Brutalität des ‚kalten' Objekts schreibend auslieferte und sie wie die Erfahrung eigener Ohnmacht dabei so in eigene Regie nahm, daß er hoffen konnte, sie gerade dadurch zu überleben. Auch hier hat er eine seiner zentralen Erfahrungen, die Auslieferung an den Anfall, mit dem er sich „einverstanden" erklärt,[584] die Auslöschung seines eigenen Willens also und so die seiner bewußten Identität, einem gesellschaftlichen Phänomen eingestaltet, dem Untergang des autonomen und mit sich identischen bürgerlichen Individuums.[585]

> Die Persönlichkeit wird unter die Lupe genommen [...] Am Schraubstock und am laufenden Band ist der große Mensch und der kleine Mensch, schon der Statur nach betrachtet, gleich.[586]

Galy Gay wird in der Erschießungsszene[587] jener Hilflosigkeit und Rücksichtslosigkeit ausgesetzt, die Brecht im Anfall erfahren mußte. Er gibt seine Identität auf und ersteht am anderen Ende wieder als „einer Mutter trinkender Sohn"[588] — so wie ja auch Brecht aus seinen Anfällen wieder auftauchte. Die „Kälte" des Objekts vertreten hier die Soldaten, die Galy Gay scheinbar erschießen; sie leisten „erstklassige Arbeit", wie in Brechts Fall zuvor „der Teufel".[589] An ihnen zeigt Brecht die „Kälte"; er vermittelt sie aber auch durch seine kalt-brutale Gestaltung, ganz so, als spräche hier „die Wirklichkeit selber".

In „Kälte" suchte er, rücksichtslos gegenüber Gefühlen und mit dem Blick auf „Wirklichkeit", die Drohungen seiner Psyche und seines Körpers zu bestehen und sich vor jenem Mitleid (anfangs mit seiner Mutter, später mit dem Proletariat) zu schützen, das ihn in verschlingende Tiefen zog: Wer sein Herz voll Mitleid für andere schlagen läßt, der droht im Herzanfall unterzugehen wie die kindernärrische stumme Kattrin

584. O.S. 157.
585. Vgl. o.S. 152.
586. w.a. 1, 340.
587. Ebd. 352 f.
588. Ebd. 361.
589. O.S. 54.

im Wirbel ihrer Trommelschläge, die die Stadt Halle und deren Kinder retten.[590] Die vor solch gefährlichem Mitleid rettende „Kälte" wurde Brecht zu einem Muster gesellschaftlicher Befreiung; sehr deutlich z.B. in der ‚Maßnahme' von 1929/30: Die „Agitatoren" können den Arbeitern in ihrem Leiden nicht unmittelbar helfen, sondern ihnen zunächst nur, „kalt" gegen sich und sie, die „kalte" Wirklichkeit bewußt machen; nur dann könnte sie verändert werden.

> Wir hatten kein Brot für den Hungrigen, sondern nur Wissen für den Unwissenden, darum sprachen wir von dem Urgrund des Elends, merzten das Elend nicht aus, sondern sprachen von der Ausmerzung des Urgrunds.[591]

In dieser Situation gilt: „Verfalle aber nicht in Mitleid!"[592] Wer sich seinen Gefühlen öffnet, „das Gefühl vom Verstand getrennt"[593] hat, gefährdet die Befreiung und muß notfalls sterben, so wie es auch der Herzphobiker vom Anfall fürchtet, wenn er die Kontrolle über sein Herz verliert. Doch das „Herz" setzt sich gegen die an der „Wirklichkeit" ausgerichtete „Kälte" durch, gegen die Kontrolle des zurückhaltenden ‚Verstandes':

> DER JUNGE GENOSSE Dann sind die Klassiker also nicht dafür, daß jedem Elenden gleich und sofort und vor allem geholfen wird?
> DIE DREI AGITATOREN Nein.
> DER JUNGE GENOSSE Dann sind die Klassiker Dreck, und ich zerreiße sie; denn der Mensch, der lebendige, brüllt, und sein Elend zerreißt alle Dämme der Lehre. Darum mache ich jetzt die Aktion, jetzt und sofort [...] und ich zerreiße die Dämme der Lehre. *Er zerreißt die Schriften.*
> DIE DREI AGITATOREN Zerreiße sie nicht! Wir brauchen sie
> Jede einzelne. Sieh doch die Wirklichkeit!
> Deine Revolution ist schnell gemacht und dauert einen Tag
> Und ist morgen abgewürgt.
> Aber unsere Revolution beginnt morgen
> Siegt und verändert die Welt. [...]

---

590. w.a. 2, 1436. Wo Brecht den Kampf gegen den Anfall zum verborgenen Modell einer Szene nimmt, gestaltet er ihm häufig Bibel, Choral oder Gebet ein, frühe „Mittel". Hier ist es das Gebet. Vgl. o.S. 19, 30 ff., 95, 100 ff., u.S. 172 f., w.a. 3, 1326 ff.

591. w.a. 2, 639.

592. Ebd. 640.

593. Ebd. 644.

DER KONTROLL [!] CHOR [...] die Partei
[...] führt ihren Kampf
Mit den Methoden der Klassiker, welche geschöpft sind
Aus der Kenntnis der Wirklichkeit.

DER JUNGE GENOSSE Alles das gilt nicht mehr; im Anblick des Kampfes verwerfe ich alles, was gestern noch galt, und tue das allein Menschliche. Hier ist die Aktion. Ich stelle mich an ihre Spitze. Mein Herz
schlägt für die Revolution.[594]

Sein unbedachtes Handeln gefährdet den weiteren Kampf. Deshalb
„muß er verschwinden, und zwar ganz";[595] die „Agitatoren" müssen
ihn in die Tiefe der Kalkgrube werfen, wo er bis zur Unkenntlichkeit
verbrannt wird. Der „Kontrollchor" billigt dies: „Nicht ihr spracht
ihm sein Urteil, sondern / Die Wirklichkeit."[596] Und später: „Nur belehrt von der Wirklichkeit, können wir / Die Wirklichkeit ändern."[597]
Die „Kälte" der „Wirklichkeit" hat sich gegen das „Herz" durchzusetzen,[598] mag es auch ‚für die Revolution schlagen'. Ist der „Belagerungszustand über das Herz" verhängt,[599] dann wird erschossen, wer sich an
die Öffentlichkeit wagt. Kontraphobisch gilt es, „nicht mit dem Herzen, sondern kalt"[600] der Wirklichkeit ins Auge zu blicken und sie
„kalt" zu ertragen. Dieser Blick, mühsam erhalten, aber auch gestärkt
im Kampf gegen ein „Herz", das ungestüm ‚für die Revolution schlägt',
dieser Blick war es, der Brecht die Gesetze der bürgerlichen Gesellschaft
erkennen und den Kampf gegen sie aufnehmen ließ.

Die eigene „Kälte" — „und kein Gewissen" hatte Brecht zu Wedekind geschrieben[601] — zerfrißt ätzend alle versöhnende, affirmative
Ideologie. Sie ist ein wesentlicher psychischer Antrieb, die Verschleie-
rungen zu zerreißen, welche „ein edles mütterliches Mitleid, eine große
Seelengüte"[602] über die gesellschaftliche Wirklichkeit legt. So wirkt sie
wie der wissenschaftliche Blick seines Galilei: Sie führt in die „Kälte"

594. Ebd. 655 ff.; zum Zerreissen der „Dämme der Lehre" vgl. u.S. 205.
595. Ebd. 660.
596. Ebd. 661.
597. Ebd. 663.
598. Schon Fatzer sollte getötet werden, weil er die Soldaten in „privates verwickelt".
Mittenzwei (1986, 1), 351.
599. O.S. 54.
600. O.S. 45, u.S. 236.
601. O.S. 19.
602. w.a. 3, 1295; es geht um die „Seelengüte" der Mutter Kirche; „Leben des Galilei".

und zur Notwendigkeit, in ihr sich zu behaupten. „Was würden meine Leute sagen", argumentiert der kleine Mönch,

> wenn sie von mir erführen, daß sie sich auf einem kleinen Steinklumpen befinden, der sich unaufhörlich drehend im leeren Raum um ein anderes Gestirn bewegt, einer unter sehr vielen, ein ziemlich unbedeutender! Wozu ist jetzt noch solche Geduld, solches Einverständnis in ihr Elend nötig oder gut? Wozu ist die Heilige Schrift noch gut, die alles erklärt und als notwendig begründet hat, den Schweiß, die Geduld, den Hunger, die Unterwerfung, und die jetzt voll von Irrtümern befunden wird? Nein, ich sehe ihre Blicke scheu werden [...], ich sehe, wie sie sich verraten und betrogen fühlen. Es liegt also kein Auge auf uns, sagen sie. Wir müssen nach uns selber sehen, ungelehrt, alt und verbraucht, wie wir sind?[603]

So treibt die eigene „Kälte" Brecht zur Kritik der ‚kalten' Gesellschaft und zum aggressiv-intellektuellen Eindringen in ihre Gesetze.

Hierbei bleibt der frühe Ambivalenzkonflikt unsichtbar; die zur „Kälte" führende Angst aber, in ihm verlassen und verschlungen zu werden, sie kehrt in der literarischen Gestaltung als soziale Angst wieder:

> Meine Herren, meine Mutter prägte
> Auf mich einst ein schlimmes Wort:
> Ich würde enden im Schauhaus
> Oder an einem noch schlimmern Ort.

Angesichts der ihr drohenden sozialen und physischen Vernichtung läßt Brecht seine Jenny ihre eigene „Kälte" gegen andere und gegen sich selbst ausbilden und provozierend vortragen: als Brutalität der kapitalistischen Gesellschaft:

> Aber ich sage euch: Daraus wird nichts!
> Das könnt ihr nicht machen mit mir! [...]
> Und wenn einer tritt, dann bin ich es
> Und wird einer getreten, dann bist's du.[604]

Da die eigene „Kälte" von außen verschuldet ist, kann sie ohne Schuldgefühle vorgeführt werden. Und: Das Leiden an ihr wird zum Motor im Kampf gegen die ‚kalte' Gesellschaft. Diese Anteile des Selbstbildes gehen in das Bild des Proletariats ein, das aus Not ‚kalt' ist:

603. w.a. 3, 1294f.; vgl. u.S. 176.
604. w.a. 2, 546; „Aufstieg und Fall der Stadt Mahagonny".

Ist ihre Schlechtigkeit ohne Maß, so ist's
Ihre Armut auch. Nicht der Armen Schlechtigkeit
Hast du mir gezeigt, sondern
D e r   A r m e n   A r m u t.[605]

Der Historische Materialismus bot Brecht ein Modell, das ihm erlaubte, die eigene „Kälte" als gesellschaftliche vorzuführen und sie der
„Kälte" des Objekts zuzuschreiben, das er als gesellschaftliches darstell-
te. So psychisch motiviert, konnte er die gesellschaftliche „Kälte" studieren, den Konflikt zwischen ‚kaltem' Subjekt und ‚kaltem' Objekt
weitertreiben und ihn literarisch derart gestalten, daß er sich als Emotion, Bild und Begriff erfahren ließ.

Angelegt war dieses Verhältnis von ‚kaltem' Selbst- und Objektbild
schon lange vor Brechts Marx-Studien, die 1926 einsetzten. Schon 1919
schrieb er:

[...] Was für eine Kälte
Muß über die Leute gekommen sein!
Wer schlägt da so auf sie ein
Daß sie jetzt so durch und durch erkaltet?
So helfet ihnen doch! [...][606]

Die „Leute", „Einst mir so freundlich und mir so feindlich heute", haben in ihrem Hunger das zusammengebrochene Pferd geschlachtet und
zerteilt. Doch sie sind entschuldigt, ihre „Kälte" kommt von außen; also muß ihnen geholfen werden, damit hinter ihrem bösen Bild wieder
das gute hervortritt. Diese Struktur prägte Brechts Rezeption des Marxismus. Wir befinden uns in nächster Nähe des „Herzkrampfs": „O
Falladah, die du hangest!" lautet der Titel des Gedichts. „O, du Faladah,
da du hangest", redet in dem Grimmschen Märchen „Die Gänsemagd"
die Königstochter den Kopf des toten Pferdes an, das ihre Mutter ihr
mitgegeben hatte; es war auf Geheiß ihrer bösen Konkurrentin geschlachtet worden. Das Pferd, ein Hengst, antwortet:

O du Jungfer Königin, die du gangest,
Wenn das deine Mutter wüßte,
Ihr Herz tät ihr zerspringen.

An die Stelle dieser Antwort, an die Stelle der verborgenen Klage an die

605. w.a. 2, 696; „Die heilige Johanna der Schlachthöfe".
606. w.a. 8, 61 f.; „O Falladah, die du hangest".

ferne Mutter[607] und an die Stelle des zerspringenden Herzens, des „Herzkrampfs", ist das Gedicht getreten:

> Ich zog meine Fuhre trotz meiner Schwäche
> Ich kam bis zur Frankfurter Allee.
> Dort denke ich noch: O je!
> Diese Schwäche! Wenn ich mich gehenlasse
> Kann's mir passieren, daß ich zusammenbreche.
> Zehn Minuten später lagen nur noch meine Knochen auf der Straße.
>
> Kaum war ich da nämlich zusammengebrochen
> (Der Kutscher lief zum Telefon)
> Da stürzten sich aus den Häusern schon
> Hungrige Menschen, um ein Pfund Fleisch zu erben
> Rissen mit Messern mir das Fleisch von den Knochen
> Und ich lebte überhaupt noch und war gar nicht fertig mit dem Sterben.
> [...]

Eine „Straßenszene"[608], wie sie der Agoraphobe fürchtet: Die Masse stürzt auf ihn, das gute verwandelt sich ins böse fressende Objekt. Wie vor einem Herzanfall soll Selbstbeherrschung („Wenn ich mich gehen lasse") vor dem Zusammenbruch schützen, doch der läßt sich nicht verhindern. Die um des eigenen Schutzes willen gewünschte „Kälte" des Objekts[609] erscheint als brutaler Angriff, der den Zusammengebrochenen in oraler Gier bei noch schlagendem Herzen zerstückelt, desintegriert. Doch an dieser „Kälte" der Angreifer ist die äußere „Kälte" schuld; gegen sie also müßte geholfen werden. In solch unmittelbarem Zusammenhang befinden sich Brechts Herzanfälle und die psychische Struktur, die seine Rezeption des Marxismus prägte.

Für ihn war die Rolle des engagierten Schriftstellers im Klassenkampf, der gegen gesellschaftliche „Kälte" geführt wurde, auch ein „Mittel", Trennungsangst zu bewältigen. Andere „Mittel" hatten sich als weniger brauchbar erwiesen. In seltener Offenheit zeigt er in „Aufstieg und Fall der Stadt Mahagonny" unter der schützenden Maske von Fremdsprache, Primitivität und anderem Geschlecht, daß sie helfen sollten, die Einsamkeit des von der Mutter Getrennten zu ertragen. Die Huren singen:

---

607. Brecht verstärkt die Wendung zur Mutter: Der Hengst wird zur Stute.
608. U.S. 207, o.S. 71.
609. O.S. 24, 26, 40 ff.

Oh, show us the way to the next whisky-bar!
Oh, don't ask why, oh don't ask why!
For we must find the next whisky-bar
For if we don't find the next whisky-bar
I tell you we must die!
Oh, moon of Alabama
We now must say good-bye
We've lost our good old mamma
And must have whisky
Oh, you know why.[610]

In den nächsten Strophen nennen sie weitere „Mittel", die ihnen, die ihre „good old mamma" verloren haben, gegen den Tod helfen sollen: „the next pretty boy" und schließlich „the next little dollar". Die Linie führt vom „whisky", dem „Branntwein" des ‚armen B.B.', über die Sexualität hin zum Geld; der Mutterverlust erscheint mehr und mehr als Verlust ökonomischer Geborgenheit: „We've lost our good old mamma/ And must have dollars/ Oh, you know why". Der „pretty boy", die Sexualität, ein „Mittel" gegen Verlassenheit[611], ist für die Huren zugleich Einnahmequelle. Das ist einer der Gründe, weshalb das Motiv der Hure solche Bedeutung gewann auf Brechts psychischem Weg zum Historischen Materialismus. An der Hure, an der Auswechselbarkeit ihrer ‚Partner', demonstriert er, daß Liebe gegen Verlassenheit kein sicheres „Mittel" ist:

PAUL   Wenn sie nur nicht vergehen und sich bleiben
JENNY   Solange kann sie beide nichts berühren [...]
PAUL   Und wann werden sie sich trennen?
JENNY   Bald
BEIDE   So scheint die Liebe Liebenden ein Halt.[612]

An der Hure zeigt Brecht, daß der Mensch sich in der bürgerlichen Gesellschaft aus ökonomischer Not verkaufen muß; an ihr führt er den Warencharakter der Gesellschaft vor, deren „Kälte" und die des Subjekts. Diese eigene „Kälte" läßt er die Hure aggressiv gegen bisherige ideologische „Mittel" vertreten, insbesondere gegen die bürgerliche Liebesmoral: die Ware Liebe gegen die wahre Liebe. Mit ihrer schon als gesellschaftliche verstandenen und gegen die allgemeine „Kälte" ent-

610. w.a. 2, 504; 1925.
611. O.S. 63 ff.
612. w.a. 2, 536.

wickelten eigenen „Kälte" wird die Hure in Brechts Phantasieleben zur Vorgängerin des Proletariats. Das Schreiben und Denken in dessen Befreiungskampf wurde dann zu Brechts eigenem „Mittel".

*

Auch *der Anfall selbst trug dazu bei, daß Brecht den Weg hin zu historisch-materialistischem Schreiben gehen konnte.* In der Ohnmacht und Verlassenheit dieses Anfalls, in der Todesangst erfuhr er, so meine ich, sich aus allen gesellschaftlichen Bindungen heraus - und auf seine pure körperliche Existenz zurückgeworfen. Das Bild des bergenden Allgemeinen zerbrach. So konnte er sich besser aus seiner psychischen Verankerung in der bürgerlichen Gesellschaft lösen. Eine Station dieses Weges läßt sich an der 11. und 12. Szene[613] der Oper „Aufstieg und Fall der Stadt Mahagonny" von 1928/29 studieren. Hier erscheint der drohende Anfall als schlimmster aller Stürme, als „Hurrikan". Die Szene ist aufgebaut nach dem Prinzip des ‚Gangs in die Tiefe'[614]: immer weiter hinein in den Schlund des bösen Objekts. Hierbei zerfallen bisher gültige Normen.

„IN DIESER NACHT DES ENTSETZENS", der „Nacht des Hurrikans" sind alle „verzweifelt, nur Paul lacht" (524); er weiß, wie sich zeigen wird, ein „Mittel". Doch vorerst schützen die Männer von Mahagonny sich vor dem Hurrikan, wie einst Brecht vor dem Anfall, mit einem Choral: „Haltet euch aufrecht, fürchtet euch nicht" (525): Behaltet Mut, und: Legt euch nicht hin.[615] Doch auch die Klage erhält ihre Stimme und mit ihr Trennung, Mutterverlust und rettendes „Mittel"; „leise und traurig" singt Jenny:

> We now must say good-bye
> We've lost our good old mamma
> And must have whisky
> Oh, you know why. (525)

Gegen den Wunsch nach „Mitteln" erhebt sich die ‚kalte' Stimme der Einsicht in die Unausweichlichkeit des Untergangs:

613. w.a. 2, 524 ff.
614. Vgl. o.S. 155; vgl. auch Pietzcker (1974), 331-349.
615. Vgl. o.S. 54.

Wo du auch seist
Du entrinnst nicht.
Am besten wird es sein
Du bleibst sitzen
Und wartest
Auf das Ende. (525)

— „sitzen" wie einst Brecht an seinem Schreibtisch.[616] Doch „Paul
lacht" —

BEGBICK *zu Paul* Warum lachst du?
PAUL Siehst du, so ist die Welt:
  Ruhe und Eintracht, das gibt es nicht
  Aber Hurrikane, die gibt es
  Und Taifune, wo sie nicht auslangen.
  Und gerade so ist der Mensch:
  Er muß zerstören, was da ist.
  Wozu braucht's da einen Hurrikan?
  Was ist der Taifun an Schrecken
  Gegen den Menschen, wenn er seinen Spaß will? (525f.)

Paul hat erfahren müssen, daß es „Eintracht" mit der guten symbiotischen Mutter nicht gibt, wohl aber Zerstörung durch die allmächtige
böse; mit ihr hat er sich, den ‚Menschen‘, identifiziert.[617] So ist er nun
selbst böse und mächtig — und das ist sein „Spaß".[618] Die andern wollen
ihn ruhigstellen „Setz dich hin, rauche und vergiß!" (526); doch er besteht auf seiner Autonomie, die er eben erst durch Identifikation mit
dem Aggressor gewann:

Wir brauchen keinen Taifun
Denn was er an Schrecken tun kann
Das können wir selber tun. (526)

Er wendet sich an die Witwe Begbick, die mächtige Mutter der Stadt
Mahagonny, eine Mutterfigur, die, wie so oft bei Brecht, an keine Vaterfigur gebunden ist.

Siehst du, du hast Tafeln gemacht
Und darauf geschrieben:
Das ist verboten

616. O.S. 54.
617. Vgl. o.S. 135, 162 f.
618. Vgl. o.S. 135.

Und dieses darfst du nicht.
Und es entstand keine Glückseligkeit.
Hier, Kameraden, ist eine Tafel
Darauf steht: Es ist heut nacht verboten
Zu singen, was lustig ist.
Aber noch vor es zwei schlägt
Werde ich, Paul Ackermann
Singen, was lustig ist.
Damit ihr seht
Es ist nichts verboten! (526f.)

Angesichts der verschlingenden Mutter, die er im nahenden Taifun erfährt, wendet er sich, wie Brecht angesichts der im Anfall erfahrenen,
gegen die Verbote der gegenwärtigen Mutterfigur. In der Nachfolge
Nietzsches will er die „Tafeln" zerbrechen, nicht mehr Choräle singen,
sondern, „was lustig ist": böse Lieder, die gegen die Normen der Mutter
verstoßen und „Spaß" machen — wie die seines Autors Brecht.

Er gewinnt Bundesgenossen, wird also gefährlich für die bestehende
Ordnung. Um ihn zu beruhigen, taucht nun nach Whisky und Zigarre
ein weiteres „Mittel" auf: „JENNY Sei ruhig, Paule! Was redest du? Geh
hinaus mit mir und liebe mich." (527). Doch er setzt seine in der Identifikation mit dem bösen Objekt gewonnene Radikalität auch gegen dieses „Mittel" durch und greift angesichts des Taifuns zu einem nächsten,
dem „Choral" — „Ich weiß eine Melodie"[619]. Doch dieser „Choral",
ein von der Mutter angebotenes „Mittel", wendet sich nun gegen Religion und Normen der vereinnahmenden Mutter: „Laßt euch nicht verführen" von den Zärtlichkeiten[620] der mit der Religion arbeitenden
Mutter; sie bedeuten Unterdrückung und Gefressenwerden, „Fron und
Ausgezehr". Das hatte Brecht beinahe wörtlich schon zuvor in der
‚Hauspostille'[621] veröffentlicht:

Laßt euch nicht verführen
Es gibt keine Wiederkehr.
Der Tag steht vor den Türen
Ihr könnt schon Nachtwind spüren
Es kommt kein Morgen mehr.
[...]

619. O.S. 100.
620. O.S. 30 f.
621. w.a. 8, 260.

Laßt euch nicht verführen
Zu Fron und Ausgezehr.
Was kann euch Angst noch rühren
Ihr sterbt mit allen Tieren
Und es kommt nichts nachher. (527f.)

Angesichts dieser verschlingenden Mutter zerfallen Religion, Trost und Normen der späteren Mutter; angesichts solchen Schreckens kann keine „Angst" mehr „rühren"[622], auch keine Strafangst. So läßt Brecht seinen Paul sich zum brutalen Egoismus kapitalistischer „Kälte" bekennen:[623]

Wenn es etwas gibt
Was du haben kannst für Geld
Dann nimm dir das Geld.
Wenn einer vorübergeht und hat Geld
Schlag ihn auf den Kopf und nimm dir sein Geld:
Du darfst es! (528)

Er hat die anderen überzeugt; die Begbick fragt

Du meinst also, es war falsch, daß ich etwas verboten habe?!
PAUL   Ja, denn ich, der ich lustig bin, zerschlage lieber deine Tafeln und deine Gesetze, und deine Mauern müssen hin sein. Wie der Hurrikan es auch macht, so mache ich es. Du bekommst Geld dafür. Hier ist es.
BEGBICK *zu allen*:
So tuet nur, was euch beliebt
Bald tut es doch der Taifun
Denn da es einen Hurrikan gibt
Drum können wir alles tun. (529)

Ein Zeugnis mehr für Brechts unbestechliche Selbstbeobachtung: Der Aufstand gegen die Verbote der Mutter muß dieser Mutter erst abgekauft werden. Dann erfolgt er sogar in ihrem Auftrag.

Der Hurrikan naht, und nun singen sie alle, „weil es verboten ist" (530). Mit der „Kälte" der kapitalistischen Gesellschaft identifiziert, singen sie:

Denn wie man sich bettet. so liegt man
Es deckt einen keiner da zu
Und wenn einer tritt, dann bin ich es
Und wird einer getreten, dann bist's du! (530)

622. O.S. 155.
623. Vgl. o.S. 166 ff.

— homo homini lupus, der Mensch ist dem Menschen ein Wolf; so weit sind sie auf diesem „Gang in die Tiefe" gelangt.

In der 12. Szene rückt der Hurrikan in immer bedrohlichere Nähe, in brechtscher Distanzierung freilich: gegenwärtig nur in einem Pfeil auf Sichttafeln und in Lautsprechermeldungen. Sonst herrscht jenes entsetzte Schweigen des Anfalls und der Herzstillstandsangst, vor dem die Sprache versagt. Doch dann:

> *Alle starren voller Entsetzen den Pfeil an. Jetzt, eine Minute vor Mahagonny, bleibt der Pfeil stehen. Totenstille. Dann macht der Pfeil einen schnellen Halbkreis um Mahagonny und läuft weiter. Lautsprecher: Der Hurrikan hat um die Stadt Mahagonny einen Bogen gemacht und setzt seinen Weg fort.* (531)

Wie der Herzneurotiker im Anfall nicht stirbt, sondern im Umkippen der Herzstillstandsangst aufatmend erfährt ‚Ich lebe noch!', so folgt auch hier der Angst die wunderbare Erlösung:

> Die Hurrikane gingen vorüber in großer Höhe
> Und der Tod tritt in die Wasser zurück.
> O wunderbare Lösung!
> VON NUN AN WAR DER LEITSPRUCH DER MAHAGONNY-LEUTE DAS WORT: ‚DU DARFST',WIE SIE ES IN DER NACHT DES GRAUENS GELERNT HATTEN. (532)

Sie haben sich, so scheint es, gelöst aus den übergreifenden Normen der bürgerlichen Ordnung und leben nun ihre Autonomie: bürgerlichen Egoismus.

Das Stück führt Paule Ackermann auf einen zweiten „Gang in die Tiefe". Dort zerbricht ihm angesichts seiner drohenden Hinrichtung auch diese Haltung. Es zeigt sich: Die auf Geldverkehr beruhende bürgerliche Gesellschaft und so auch die Welt des bürgerlichen Egoismus ist die „Hölle" (560). Paul erkennt

> als ich diese Stadt betrat, um mir mit Geld Freude zu kaufen, war mein Untergang besiegelt. Jetzt sitze ich hier und habe doch nichts gehabt. Ich war es, der sagte: Jeder muß sich ein Stück Fleisch herausschneiden, mit jedem Messer. Da war das Fleisch faul! Die Freude, die ich kaufte, war keine Freude, und die Freiheit für Geld war keine Freiheit. (560 f.)

Die Stadt gerät in ‚zunehmende Verwirrung, Teuerung und Feindschaft aller gegen alle' (561). Brecht führt seine Zuschauer „in die Tiefe" vor das Chaos der bürgerlichen Gesellschaft und vor deren Ausweglosigkeit: „Können uns und euch und niemand helfen" (564).

174

Der „Gang in die Tiefe" ist ein Lernweg Brechts, auf dem angesichts des bedrohlichen Objekts und in der Identifikation mit ihm bisherige „Ansichten" zerfallen. Ihn ließ er auch einige seiner Figuren gehen. In der Gestaltung dieses Weges begegnet uns deutlich die Erfahrung des Anfalls. So können wir mit einiger Sicherheit vermuten, daß Brecht durch seine Anfälle eben auch lernte: sich von bisherigen „Ansichten" zu lösen.

Sein Lernweg hin zu historisch-dialektischem Schreiben geht über Stationen, denen jeweils ‚Gänge in die Tiefe' entsprechen. Um 1920 z.B. führt solch ein „Gang" vor das Nichts:

> Wenn die Irrtümer verbraucht sind
> Sitzt als letzter Gesellschafter
> Uns das Nichts gegenüber.[624]

1928/29 erleidet Paule Ackermann auf seinem ersten „Gang" die „Kälte" des Objekts und identifiziert sich mit ihm; auf seinem zweiten erkennt er, daß die Geldgesellschaft „Untergang" bedeutet; und der Zuschauer wird in weiterer gesellschaftlicher Konkretion vor die Auswegslosigkeit dieser Gesellschaft geführt. 1929 führt Brecht ihn dann mit dem ‚Badener Lehrstück' in die „Kälte" der Ohnmacht und des Todes:

> der Mensch hilft dem Menschen nicht. Diese Aussage demonstrierte Brecht, der selbst Regie führte, mit unerbittlicher Härte und unter Aufbietung aller Mittel einer Ästhetik des Schreckens. Um die Todesfurcht oder, wie Brecht im Text verbesserte, die Sterbensfurcht szenisch zu realisieren, zeigte er zehn große Fotos von Toten, die den Zuschauer zwangen, sich den Tod genau anzusehen. Das Sterben sollte in seiner ganzen Unerbittlichkeit und Scheußlichkeit vor Augen geführt werden. Als das Publikum die Aufnahmen mit großer Unlust und Unruhe ansah, gab Brecht dem Sprecher die Anweisung, dem Publikum mitzuteilen: ‚Nochmalige Betrachtung der mit Unlust aufgenommenen Darstellung des Todes'. Die Bilder wurden wiederholt.[625]

1929/31 schließlich erfährt Johanna Dark auf ihren ‚Gängen in die Tiefe' die kapitalistische Gesellschaft als mörderische Klassengesellschaft, die von Gewalt bestimmt ist und nur durch Gewalt zu ändern: Die ‚Gänge in die Tiefe' führen in den Rachen des gefährlich bösen Objekts; „Fürchte dich! Sinke doch! Auf dem Grunde / Erwartet dich die Lehre".[626] Diese Gänge lehren, das Objekt zu erkennen und ihm mit ei-

624. w.a. 8, 99; „Der Nachgeborene"; vgl. o.S. 20, 54.
625. Mittenzwei (1986, 1), 315.
626. w.a. 7, 2908; „Untergang des Egoisten Johann Fatzer".

gener „Kälte" zu begegnen. Sie haben Brecht auf seinem Lernweg vor
die „Kälte" der Klassengesellschaft geführt und zur Position des im
Klassenkampf engagierten Schriftstellers. Der wendet sich nun, wenigstens offen, nicht mehr gegen „Fron und Ausgezehr"[627] durch die frühe
Mutter und die Christenreligion, sondern gegen gesellschaftliche Unterdrückung und Ausbeutung.

*

Bevor *Brecht* zum *Dialektiker* wurde, waren „Ansichten" „Mittel",
die ‚unsägliche Verlassenheit'[628] zu ertragen, „Mittel", die, wie andere
auch, angesichts des beschleunigten Pulses versagten und außerdem
noch Züge des bösen Objekts annahmen. Deshalb mußten sie verlassen
werden.[629] Sobald er „Ansichten" als „Mittel" erkannte, trennten sie
sich für ihn von den Situationen, auf die sie sich bezogen, und verloren
unmittelbare Geltung. Verba und res traten auseinander; die verba, die
„Ansichten" konnten verlassen werden. Ein Beispiel hierfür sind die re-
ligiösen „Ansichten", anfangs „Mittel", sogar von der Mutter empfoh-
lene,[630] gegen Verlassenheit und „Herzkrampf". Spätestens 1919 werden
sie als erfundene „Mittel" erkannt und dann auch abgestoßen:

> Gott, das war das hohe C der Romantik. Der Abendhimmel über dem
> Schlachtfeld, die Gemeinsamkeit der Leichen, ferne Militärmärsche, der
> Alkohol der Geschichte, das war die Romantik der Schlachtfelder, die
> Zuflucht der Sterbenden und der Mörder. [...] Als die wimmelnde Masse
> der Wesen auf dem fliegenden Stern sich kennengelernt und ihre unbe-
> greifliche Verlassenheit empfunden hatte, hatte sie schwitzend Gott
> erfunden [...].[631]

Die derart abgestoßenen „Ansichten" mußten durch neue ersetzt werden, „Mittel" waren ja nötig. So geriet Brecht in den Zwanziger Jahren
in einen Prozeß, in dem er seine eben erst erworbenen ideologischen
Positionen stets neu in Frage stellte. In der dialektischen Ideologiekritik
und in den Verfahren der Verfremdung konnte er diesen Prozeß dann so
weiterführen und literarisch nutzbar machen, daß er gleichzeitig (gesell-

627. O.S. 173
628. O.S. 55.
629. O.S. 44 ff., 57 ff.
630. O.S. 33.
631. w.a. 20, 4 f. „Gott"; zur „Romantik" o.S. 19, 97.

schaftliche!) Situation und „Ansicht", alte und neue „Ansicht" gegenwärtig hielt und die „Ansicht" aus der Situation, die neue „Ansicht"
aus der alten hervorgehen ließ. An die Stelle der absoluten Negation, die
vor unerträglicher Ambivalenz retten sollte, trat der Prozeß der Negation der Negation, in dem es möglich wurde, die Spannung der Ambivalenz als auflösbar zu phantasieren, zu erfahren, und sie so zu ertragen.
Deshalb benötigte er „Ansichten" und geriet in ernste Verstimmung
und Arbeitsschwierigkeiten, als er im amerikanischen Exil einer Gesellschaft begegnete, die den Warencharakter bürgerlichen Handelns durch
„Ansichten" ideologisch kaum verbrämte.[632]

Das beste „Mittel" zum stabilisierenden und produktiven Umgang
mit seinen inneren Spannungen und zugleich zur Erkenntnis und zur
Gestaltung der gesellschaftlichen Realität fand er in der historisch-
materialistischen Dialektik.

> Wichtigster Gedanke seines dichterischen Schaffens war, die Methode des
> dialektischen Materialismus in Anwendung zu zeigen und die Welt als
> veränderbar darzustellen.[633]

Hier konnten die Verstrickungen der Ambivalenz in einen fortlaufen-
den und befreienden Prozeß münden. Es war nicht mehr nötig, das böse
gewordene Objekt absolut zu negieren und sich im Kreislauf der Wie-
derholungen zu bewegen.[634] Das Objekt konnte nun verlassen und zugleich doch im neuen besseren aufgehoben werden; beide waren jetzt
zusammenzudenken, der Sozialismus z.B. als Aufhebung, also auch
Fortführung des Kapitalismus. So ließ sich im ‚kalten‘ Jetztzustand der
künftige bessere ausmachen und deshalb die Spannung zwischen
„Kälte" und Sehnsucht nach ‚Wärme‘ ertragen; auch, weil der Leidende
nun nicht mehr nur passiv den Trägern des bösen Objektbildes ausgeliefert war, sondern ihnen gegenüber aktiv, „eingreifend" werden und als
„handelnder Behandelter"[635] gegen jene „Kälte" draußen angehen
konnte, die zu seiner eigenen geführt hatte. So bot die Dialektik mit ihrer sich bewegenden Einheit von aktiven und passiven, von ‚kalten‘ und
‚warmen‘ Selbstbildern die Möglichkeit, dem endlosen Wechsel zwi-

632. Vgl. Mittenzwei (1986, 2), 15, 18 ff., 124.
633. Völker (1976), 175.
634. „Dort laß uns schaun nach neuen Fraun/ Und wenn diese Fraun wieder alt
ausschaun/ Dann bleiben wir nicht mehr da." O.S. 45 f.
635. w.a. 20, 70.

schen Größen- und Nichtigkeitsphantasien,[636] gefeierten und verachteten Selbstbildern zu entkommen. Die eigene ,Vorläufigkeit' wie die des Objekts haben sich in einen Prozeß verwandelt, in dem Subjekt wie Objekt schon in der Gegenwart historisch erscheinen: aus einer schützenden Distanz, die es dem Subjekt leichter macht, die Spannung zwischen eigenen und fremden, bösen und guten Anteilen zu ertragen, sie nicht zu isolieren, sondern in ihrem Zusammenhang wahrzunehmen und zu gestalten. So verschafft Dialektik „Genuß an den Möglichkeiten des Wandels aller Dinge."[637]

Lob der Dialektik

Das Unrecht geht heute einher mit sicherem Schritt.
Die Unterdrücker richten sich ein auf zehntausend Jahre.
Die Gewalt versichert: So, wie es ist, bleibt es.
Keine Stimmer ertönt außer der Stimmer der Herrschenden
Und auf den Märkten sagt die Ausbeutung laut: Jetzt beginne ich erst.
Aber von den Unterdrückten sagen viele jetzt:
Was wir wollen, geht niemals.
Wer noch lebt, sage nicht: niemals!
Das Sichere ist nicht sicher.
So, wie es ist, bleibt es nicht.
Wenn die Herrschenden gesprochen haben
Werden die Beherrschten sprechen.
Wer wagt zu sagen: niemals?
An wem liegt es, wenn die Unterdrückung bleibt? An uns.
An wem liegt es, wenn sie zerbrochen wird? Ebenfalls an uns.
Wer niedergeschlagen wird, der erhebe sich!
Wer verloren ist, kämpfe!
Wer seine Lage erkannt hat, wie soll der aufzuhalten sein?
Denn die Besiegten von heute sind die Sieger von morgen
Und aus Niemals wird: Heute noch![638]

Wie in der frühen Ambivalenz geht es um Unterdrückung und Befreiung, Macht und Ohnmacht, Passivität und Aktivität, Hoffnungslosigkeit und Hoffnung. Gerade die tiefste Ohnmacht drängt zur Befreiung, die Passivität zur Aktivität, Hoffnungslosigkeit schlägt um in Hoffnung. Das böse Objekt ist eindeutig bös („Das Unrecht"), die Unter-

636. O.S. 46, 128.
637. w.a. 16, 696.
638. w.a. 9, 467 f.; 1931.

drückten können sich abgrenzen von ihm; hier helfen Einsicht und schließlich die Tat. Dieser Prozeß ist externalisiert als gesellschaftlicher und als einer der Erkenntnis; seine psychischen Momente treten nicht ins Bewußtsein.

Gewiß ist dialektisches Verhalten das wohl reifste, das wir im Umgang mit unseren Widersprüchen ausbilden können — wir werden fähig, uns unseren Wünschen und Ängsten zu öffnen, mit ihnen reflektierend umzugehen und unseren Bedürfnissen bewußt zu folgen — und gewiß läßt uns dialektisches Denken die widersprüchlichen Prozesse in uns, mit uns und um uns begreifen und hilft, der Gefangenschaft im geschlossenen Kreislauf psychischer und gesellschaftlicher Prozesse zu entkommen, doch Brecht war nur beschränkt ein Dialektiker: Er hat einen Teil seiner selbst, seinen von Ambivalenzen beherrschten Umgang mit dem Unbewußten, seinen ‚privaten' Bereich abgespalten und dialektisches Verhalten und Denken nur mit dem Blick auf das entwickelt, was sich draußen befand, mit dem Blick auf die übergreifenden gesellschaftlichen Prozesse, auf zwischenmenschliches Verhalten, ja sogar auf das einsame Verhalten Einzelner, jedoch nur, soweit es sich von außen beobachten ließ. Hier gelangen ihm Einsichten und Gestaltungen, die wir mit Lust, Gewinn und Irritation lesen. Doch seine Dialektik beruht auf Spaltung; zwar bewegt er seine individuellen Wünsche und Ängste externalisiert und politisch-gesellschaftlich metaphorisiert in dialektischem Prozeß, doch dort bleiben sie unerkannt, ja unbewußt. So geht ihre Irrationalität in den schreibenden Umgang mit der Gesellschaft ein: „Und aus Niemals wird: Heute noch!" — wenn vielleicht auch als Zitat gebrochen („von den Unterdrückten *sagen* viele jetzt"): eine Wiedergeburtsphantasie, die angesichts des Faschismus, der eben seine Krallen schärfte, der historischen Grundlage entbehrte; eine von der Parteimeinung gestützte euphorisch-magische Wunscherfüllung, die dem Unerträglichen mit dem „Mittel" des dialektischen Umschlags ins Neue zu entkommen sucht: „Post tenebras lux". 1916 hatte es geheißen: „Und der Morgen kommt nie, sagten sie. / Und wir sterben vor Licht, sagten sie"[639]. Gegen die dort ins Wort gebrachte individuelle Angst kämpft solch beschwörende Dialektik an, fast klingt es, als sänge hier „voll Hoffnung zitternden Winds im Dunkel ein Kind"[640]. Und doch läßt

639. O.S. 100.
640. o.S. 101.

dies „Lob der Dialektik" auch die Skeptischeren unter denen, die im System des Kapitalismus leiden, Hoffnung schöpfen. So religiös-euphorisch freilich wird sie nicht mehr sein. Auch wäre es auf die Dauer nützlicher, wenn uns die Erfahrung von Ohnmacht nicht weiter in den Kategorien von „Sieger" und „Besiegten" denken ließe und auf die sichere Umkehrung setzte: „die Besiegten von heute sind die Sieger von morgen."

Die historisch-materialistische Dialektik bot Brecht die Möglichkeit, Denken als einen Prozeß zu erfahren, in dem die Gedanken nicht getrennt voneinander existieren, getrennt durch erschreckende „Pausen", sondern auseinander hervorgehen. Hatte er 1927 noch geschrieben „Politik ist auch nur gut, wenn genug Gedanken vorhanden sind. (Wie schlimm sind auch hier die Pausen!)",[641] so konnte er nun auf „wirklich angenehmen Ketten" von Gedanken[642] über seine Verlassenheitserfahrungen hinweggleiten, und dies im Schutz einer Theorie, die nicht im Denken verblieb, sondern sich auf die kampfdurchtobte Realität, das „Gewühl", bezog und sie zu meistern versprach, also den kraftvollen Zugang auf das Objekt erleichterte. Diesem für das Überleben der Menschheit wesentlichen Denken kam ein so hoher Wert zu, daß Brecht es gegenüber dem gefährlichen eigenen Gefühl mit gutem politischen Gewissen betonen konnte: ein ideales „Mittel".

Jetzt läßt sich aus psychologischer Sicht auch die Frage beantworten, warum Brecht, anders als manche seiner Generationsgenossen, Schriftstellerkollegen, ja sogar seiner Freunde — z.B. Arnolt Bronnen — nicht nach rechts, sondern nach links ging: Seine psychische Struktur, die ihn das böse gewordene Objekt, auch die „Mittel" abstoßen ließ, und ihn dazu brachte, in phallisch-narzißtischer Provokation die eigene „Kälte" und die des Objekts vorzuführen, ließ keine Position zu, die sich Rettung in einer letztlich statischen Einheit erhoffte, in der von Einzelnem und Volk, von Volk und Führer. Auf der Suche nach einem triangulierenden Vater und in der Erfahrung, daß es ihn nicht gibt, konnte Brecht sich in die Arme keiner Vaterfigur flüchten und sich keinem Führer unterwerfen. Wollte er nicht im nihilistischen Kreislauf stets neuer Abstoßungen oder im psychischen Zusammenbruch enden, so mußte ihn seine psychische Disposition einen Prozeß suchen lassen, in dem gute und

---

641. O.S. 144.
642. Tb 201; 1923; o.S. 114.

böse Anteile trotz ihres Widerspruchs zur Einheit finden. Und den bot ihm nur die Dialektik. Da er seinen inneren Konflikt von innen nach außen auf die Gesellschaft verlagert hatte, mußte dies eine Dialektik des gesellschaftlichen Prozesses sein. Und hier gibt es nur die historisch-materialistische. Gemeinsam mit dem Schreiben und dem Denken, zwei seiner wichtigsten „Mittel", führte sie ihn zur Erkenntnis der kapitalistischen Gesellschaft und zum Kampf gegen sie.

*

Wie groß die Bedeutung des Marxismus für die Minderung seiner psychischen Spannungen auch war, ja sogar, wie sehr selbst er erkannte, daß es hier eine „Beeinflussung von emotioneller Seite" gibt, so meinte er dennoch, was ihn persönlich angehe, so *hätte er sich auf den Marxismus nur denkend, nur der Erkenntnis wegen eingelassen:*

> Nicht einmal die großen Filme Eisensteins, die eine ungeheure Wirkung ausübten, [...] veranlaßten mich zum Studium des Marxismus. Vielleicht lag das an meiner naturwissenschaftlichen Vorbildung (ich hatte mehrere Jahre Medizin studiert), die mich gegen eine Beeinflussung von der emotionellen Seite sehr stark immunisierte. Dann half mir eine Art Betriebsunfall weiter. Für ein bestimmtes Theaterstück brauchte ich als Hintergrund die Weizenbörse Chicagos. [...] niemand konnte mir die Vorgänge an der Weizenbörse hinreichend erklären. [...] Das geplante Drama wurde nicht geschrieben, statt dessen begann ich Marx zu lesen, und da, jetzt erst, las ich Marx.[643]

Sogar das nie ernsthaft betriebene Medizinstudium muß herhalten, seinen nur intellektuellen Lernweg zu betonen und die gefährlichen Emotionen in sicherer Bewußtseinsferne zu halten. Das denkende Meistern von Realität erlaubte es seinen Emotionen jedoch, ihren Weg in die Dialektik zu finden. Als sie ihn gefunden hatten, trieben sie diese Art des Denkens dann unerkannt weiter.

Im Rückblick auf den Beginn seines Wegs zum Historischen Materialismus betont er 1936 denn auch die Bedeutung des ,Gedankens' und verneint die der Emotionen:

> Als ich vor Jahren bei dem Studium der Vorgänge auf der Weizenbörse Chikagos

643. w.a. 20, 46.

Plötzlich begriff, wie sie dort das Getreide der Welt verwalteten
Und es zugleich auch nicht begriff und das Buch senkte
Wußte ich gleich: du bist
In eine böse Sache geraten.

Kein Gefühl der Erbitterung war in mir, und nicht das Unrecht
Schreckte mich da, nur der Gedanke
So geht das nicht, wie die's machen! erfüllte mich gänzlich.
Diese, sah ich, lebten vom Schaden
Den sie zufügten, anstatt vom Nutzen.
Dies war ein Zustand, sah ich, der nur durch Verbrechen
Aufrecht zu halten war, weil zu schlecht für die meisten.
So muß auch jede
Leistung der Vernunft, Erfindung oder Entdeckung
Nur zu noch größerem Elend führen.

Solches und Ähnliches dacht ich in diesem Augenblick
Fern von Zorn oder Jammer, als ich das Buch senkte
Mit der Beschreibung des Weizenmarkts und der Börse Chikagos.

Viel Mühe und Unrast
Erwarteten mich.[644]

Ein Erweckungserlebnis.[645] Brecht stilisiert sich zum Rationalisten und läßt seine Emotionen beinahe nur in der Verneinung spüren: „Kein Gefühl der Erbitterung". Doch deutlich wird auch: Ein neuer ‚Gang in die Tiefe' steht an („du bist / In eine böse Sache geraten"). Am Ende dieses ‚Ganges' wird das erkannte böse Objekt stehen: der Kapitalismus.

In der Tat näherte Brecht sich dem Historischen Materialismus nun über die Theorie — und um seines Schreibens willen. Um das Stück „Joe Fleischhacker" schreiben zu können, hatte er die Vorgänge an der Weizenbörse studiert, war auf Marx gestoßen und steckte 1926 bald „acht Schuh tief im ‚Kapital'. Ich muß das jetzt genau wissen".[646] Bald entdeckte er, „daß der Marxismus eine Methode war, mit der er die Gegenstände, die ihn als Dramatiker interessierten, analysieren und auf die

---

644. w.a. 9, 567 f.; 1936.
645. Vgl. Augustin „Confessiones" VIII, 12 und Rousseau (1959) I, 351 („Confessions").
646. Zit. nach Völker (²1971), 42.

Bühne bringen konnte".[647] Das wurde ein wesentlicher Antrieb, die Gesellschaft zu erkennen: Seine Erfahrung von Gesellschaft war die eines literarisch tätigen Intellektuellen.

Ökonomische Not und Ausbeutung des Proletariats hatte der Sohn wohlhabender Eltern nicht am eigenen Leib erfahren müssen; in Augsburg konnte er sie in der Klaukevorstadt jedoch wahrnehmen und später gelegentlich in Berlin, wenn er mit proletarischen Organisationen zusammenarbeitete. Gesellschaft begegnete ihm im Erfahrungsbereich des Alten und Neuen Mittelstands zunächst als Sozialisation, dann in den Auswirkungen des Krieges, der Revolution und der Inflation: verwundete Soldaten, Geschlechtskranke, die er zu pflegen hatte, Heimkehrer, *USPD*-Versammlungen, Unruhen während der Räterepublik, Hunger. Entscheidend für seine Entwicklung hin zur Erkenntnis der bürgerlichen Gesellschaft war seine Erfahrung der Großstadt, ihrer Massen, ihrer Anonymität, ihrer Kinos, des Sportpalasts, der Restaurants, der Illustrierten und des Rundfunks. Diese Erfahrung ist, wie sich oben zeigte, von seiner unbewußten Problematik geprägt und steht im Zeichen der Literatur. Die zentralen und recht abstrakten Bereiche seiner gesellschaftlichen Erfahrung waren denn auch sein Schreiben und das literarische Leben, Verhandlungen mit Verlegern, Bemühungen um Aufführungen, Arbeiten am Theater und Verkehr in literarischen Cliquen, literarische Fehden und Teilnahme an neuen künstlerischen Richtungen, besonders an der Neuen Sachlichkeit, wie sie im „Querschnitt" vertreten wurde: [648] eine Feier der Großstadt und ihres neuen Lebensgefühls. Hier im literarischen Leben, wo er sich aktiv bewegen und fern von seinen Ängsten aufhalten konnte, hier politisierte er sich: in der Begegnung mit Künstlern, die sich als politisch verstanden, wie etwa Piscator, und mehr noch, indem er versuchte, diesen schützenden Schild, das Theater, zu vervollkommnen und dort gute Arbeit zu leisten. So führte z.B. der Kampf um ein besseres Theater zur Forderung, die Künstler sollten ihre Produktionsmittel selbst in die Hand nehmen; und dem folgte die Einsicht, daß dies ohne eine allgemeine gesellschaftliche Umwälzung nicht möglich ist. Das Schreiben selbst brachte ihn im kontraphobischen Umgang mit dem externalisierten Objekt zur fortschreitenden Erkenntnis der Gesellschaft, zu genauer Beobachtung und zur Theorie.

647. Völker (1976), 124.
648. Mittenzwei (1986, 1), 216 ff.

Die gesellschaftlichen Ereignisse, zunächst die Weltwirtschaftskrise, bestätigten dann ihrerseits die Bedeutung dessen, was er schreibend versuchte.[649] War er nun politisiert und hatte er im gesellschaftsanalytischen Schreiben Strategien gefunden, die Angstfreiheit und Genuß versprachen, so konnten ökonomische und politische Entwicklungen für ihn Bedeutung gewinnen, auch ohne daß er sie unmittelbar auf sein Schreiben beziehen mußte. „Er hat [...] in der großen Wirtschaftskrise 1929 den Schritt zum Marxismus endgültig gemacht und dann praktisch mit der Partei gearbeitet."[650] Doch selbst hier, wie bei vielen anderen Ereignissen, müssen wir fragen, wieweit seine Erfahrung der Gesellschaft bestimmt blieb von seiner unbewußten Problematik. Wenn es z.B. heißt, das „nachhaltigste Erlebnis, das den Stückeschreiber zum Kommunisten werden ließ, waren die Ereignisse am 1. Mai 1929"[651], als er sah, wie die sozialdemokratisch geführte Polizei in Berlin demonstrierende Arbeiter niederschoß, so bleibt zu bedenken, daß der 1. Mai der Todestag seiner Mutter war. Identifizierte er die Toten mit ihr? Trat er in seinem Kampf für das Proletariat nicht auch für die tote Mutter ein? Vielleicht um sie zu retten? Oder eher in ihrem geheimen Auftrag? Das wenigstens legt die 1932 geschriebene Szene „Bericht vom 1. Mai 1905"[652] nahe; sie ist „nicht ohne jenes Erlebnis denkbar, das Brecht am 1. Mai 1929 hatte".[653] Auch hier in der ‚Mutter' schießen Polizisten in die Demonstration; der Arbeiter Smilgin, der die rote Fahne trägt, fällt und Pelagea Wlassowa, „die Mutter", nimmt sie auf: „Ich werde sie tragen. Das wird alles noch anders werden!"[654]

Da Brechts marxistisches Bild der Gesellschaft stark theoriebestimmt und wenig erfahrungsgesättigt war, konnten die Erfahrungen des Anfalls und die Phantasien der frühen Ambivalenz in ihm siedeln: Mutter und Sohn, Sturm, Nacht, Morgen, Kälte, Finsternis, Hunger, Essen, Essensverweigerung, Trinken, Verschlingen, Verschlungenwerden, Versinken, Sumpf, Fluß, Damm, Eis, Schnee, Wärme, Gefühlskontrolle und vergebliche Suche nach triangulierender Rettung wurden zu Bildern gesellschaftlicher Zustände, Verhaltensweisen und Prozesse, lie-

649. Ebd. 328.
650. Eisler (1986), 211.
651. Völker (1976), 164.
652. w.a. 2, 847 ff. „Die Mutter".
653. Mittenzwei (1986, 1), 369.
654. w.a. 2, 850.

ßen sie emotional erfahren, poetisierten, erhellten und verzerrten sie. Insofern ihm die Theorie dazu diente, seine unbewußten Phantasien abzuwehren, hatte sie eben auch die wichtige Aufgabe, sie hinter seinem Rücken ins Werk gerade einzulassen und es so emotional zu durchbluten. Wenn er denkend auf die Gesellschaft blickte, konnte er das gefährliche Eigene ja leugnen. Doch solch theoriebewußte Abwehr schadete seinem Werk auch. Wenn er z.B. die psychischen Komponenten von Massenbewegungen, etwa des faschistischen Massenrauschs, der Demagogie und des Führerkults nicht angemessen zu verstehen und zu gestalten vermochte, so hatte das seinen Grund in gerade dem, was ihn deren ökonomische Komponenten so klarsichtig erkennen ließ: in der Abwehr der eigenen emotionalen Bedrohung mit Hilfe einer Theorie, welche die „Kälte" der Gesellschaft nahezu nur aus deren Ökonomie zu begreifen sucht.

Gegen innere und äußere Bedrohung sollte das Wissen helfen.[655] — „Ich muß das jetzt genau wissen"[655b] hatte er 1926 geschrieben; „Ich wills wissen", „das muß ich wissen"[655] drängt seine Johanna auf ihrem Lernweg in die „Kälte" der kapitalistischen Gesellschaft. Dieser Wissendurst führte zur Erkenntnis gesellschaftlicher Realität.

Lob des Lernens

Lerne das Einfachste! Für die
Deren Zeit gekommen ist
Ist es nie zu spät!
Lerne das Abc, es genügt nicht, aber
Lerne es! Laß es dich nicht verdrießen!
Fang an! Du mußt alles wissen!
Du mußt die Führung übernehmen.

Lerne, Mann im Asyl!
Lerne, Mann im Gefängnis!
Lerne, Frau in der Küche!
Lerne, Sechzigjährige!
Du mußt die Führung übernehmen.

---

655. Zur Bedeutung von Denken und Gedanke o.S. 62, 64, 83, 114, 128, 144, 157.
655b. w.a. 2, 679, 689.

Suche die Schule auf, Obdachloser!
Verschaffe dir Wissen, Frierender!
Hungriger, greif nach dem Buch: es ist eine Waffe.
Du mußt die Führung übernehmen. [...][656]

Lernen und Wissen sind Waffen im Kampf um Befreiung; unbewußt werden sie angetrieben vom Kampf gegen das böse Objekt und von der Identifikation mit der alles durchschauenden Mutter.[657] So ist Begreifen Kämpfen: „Unter dem Begreifen eines Menschen verstehen wir nämlich nicht weniger als: ihm gegenüber Griffe haben."[658] Intellektuelle Leistung, Durchschauen von „Ansichten" befreien aus Abhängigkeit und werden selbst zu autonomem Handeln. Auch fällt dem, der es versteht, kühlen Kopfes und kühlen Herzens eine Situation zu analysieren, beinahe selbstverständlich die Cliquenführerschaft zu: Der Einsame kann andere um sich versammeln.

Für den, der lernt, bekommt sogar der „Gang in die Tiefe" einen nach vorn weisenden Sinn; selbst die „Kälte" wird ihm zum Lernmittel; er muß nicht erfrieren:

Oh, welch unbekannte Schule, ungesetzlicher Raum
Von Schnee erfüllt, wo Hunger lehrt und unhinderbar
Von der Notwendigkeit redet die Not!
Hunderttausend Schüler, was lernt ihr?
ARBEITER
[...] ihr lernt das Kämpfen
Und erfahrt
Daß es nur durch Gewalt geht und
Wenn ihr es selber macht.[659]

Auch bietet Lernen die Möglichkeit, die Passivität des Ohnmächtigen in Aktivität zu verwandeln:

Er schaute Nordal Grieg an: ,*Dein* Stück heißt ,Die Niederlage'. *Ich* frage: Was haben wir aus der Niederlage *gelernt?*' Die gleiche Frage hatte Brecht nach dem spanischen Bürgerkrieg gestellt.[660]

Er hatte sie auch nach dem verlorenen Prozeß um die Verfilmung der

656. w.a. 9, 462; 1931.
657. Vgl. o.S. 31, 92.
658. w.a. 17, 1062; 1935/36.
659. w.a. 2, 752 f.; ,Heilige Johanna'
660. R. Berlau in: Bunge (1985), 220.

,Dreigroschenoper' gestellt und sie lernend in den intellektuellen Sieg des ,Dreigroschenprozesses' verwandelt.[661]

Lernend näherte er neugierig[662] sich dem gefährlichen Objekt, spürte und meisterte es. Neugierig wandte er, der sich in Einsamkeit und „Kälte" hatte zurückziehen müssen,[663] sich wieder Objekten zu, um so dem Gefühl zu entkommen, ausgeschlossen zu sein. Wenn er die Objekte draußen intellektuell erfassen könnte, dann wäre er mächtig über sie. Denkend wäre er Sieger, ein Regisseur am Schreibtisch; als Handelnder jedoch wäre er ihnen womöglich ausgeliefert, ohnmächtig, ein Spielball. So entwickelte Brecht jene Haltung neugierigen Lernens, die es ihm erlaubte, die bürgerliche Gesellschaft zu erkennen und im Werk zu gestalten. Seinen „Philosophen" läßt er im „Messingkauf" listig gestehen:

> Ihr müßt wissen, mich verzehrt eine unersättliche Neugierde, die Menschen angehend; ich kann nicht genug von ihnen sehen und hören. [...] Ich will immer wissen, wie ihre Unternehmungen zustande kommen und ausgehen, und ich bin darauf aus, einige Gesetzlichkeiten darin zu erkennen, die mich instand setzen könnten, Voraussagen zu machen.[664]

Lernen wurde Brecht zu einem „Mittel", „Pausen" zu meiden:

> ,Plaudern' gab es für Brecht überhaupt nicht. Ich habe es nie und nirgendwo erlebt. Brecht scheute Gesellschaften, in denen geplaudert wurde, weil es kein Thema gab. Dorthin ging er gar nicht erst, oder er ging schnell weg. Wenn man ihm erzählte, was irgendwo passiert war, oder was man gesehen hatte, schwieg er eine Weile und frage dann: ,Na und?' Er hatte auf die Folgerungen gewartet, auf die Nutzanwendung. Es mußte einen Grund geben, warum man ihm die Geschichte erzählt hatte, sonst war es nur Schwafelei.[665]

Da er, von Urmißtrauen getrieben, keine Sicherheit im alltäglich freundlichen „Plaudern" finden konnte, suchte er sie im aktiven und pausenlosen Zugriff des Lernens und im Wissen, bildete sein Verhältnis zu Dingen wie Menschen als eines des Lernens und Lehrens aus, ernannte andere, z.B. Feuchtwanger, Korsch oder Valentin zu seinen Lehrern und schlüpfte wieder anderen gegenüber in die Rolle des Lehrers. Wissen und Lernen: „Mittel" der Objektbindung und der Distanz. Hier

661. w.a. 18, 139 ff.
662. Vgl. o.S. 76.
663. O.S. 40 ff.
664. w.a. 16, 509.
665. R. Berlau in: Bunge (1985), 159.

konnte er dann sogar Wechselseitigkeit lehren: „Sag nicht zu oft, du hast recht, Lehrer! [...] Höre beim Reden!"[666]

Lernen, den Intellekt üben, Wirklichkeit denkend entziffern, um dieser rettenden Aktivität willen griff er immer wieder zu Kriminalromanen. 1952 notiert er:

> Mitunter, das war immer so, gerate ich in eine gewisse geistige Unruhe und schließe mich ab, begebe mich in eine Art Höhle und lese dort die Kriminalromane. Das bedeutet nichts, meine Beziehungen zu meiner Umwelt werden dadurch, außer zeitweise, nicht geändert. Ich habe das nicht in der Hand.[667]

Die irrationale Funktion, die Rationalität bei ihm eben auch hatte, hier tritt sie deutlich ans Licht.

So sehr hatte er sich von Kopf bis Fuß auf Denken eingestellt, daß selbst Max Frisch, sonst ein kluger Beobachter, meinen konnte, „daß hier ein Leben wirklich vom Denken aus gelebt wird."[668] Da Wissen, Lehren und Lernen für Brecht rettende und beglückende „Mittel" waren, befragte er sie weder auf ihre psychische noch auf ihre gesellschaftliche Herkunft und Funktion. Wie den „Herzkrampf"[669] und wie die Mutter, die sich von ihrer Fürsorge für den Sohn her versteht,[669b] so schlug er auch sie dem unveränderbaren Bereich der Natur zu und ging ganz unmarxistisch mit ihnen um, als seien sie eine natürliche Mitgift des Menschen. Das können wir z.B. an seinem Galilei ablesen, dem er einen Wiss- und Forschtrieb mitgab, der sich als so natürlich darstellt wie der Trieb, fette Gänse zu essen (und wir wissen, für Brecht persönlich war sogar das Essen keineswegs selbstverständlich). Galileis Versagen gegenüber der Gesellschaft wird aus moralischer Perspektive als individueller Fehler eines einzelnen beurteilt; die Wissenschaft selbst kann zwar von den Herrschenden mißbraucht werden, doch als Wissenschaft trägt sie die Fackel der Wahrheit weiter, die ihr von Geburt an mitgegeben wurde:

666. w.a. 10, 1017; um 1953.
667. Tb 236.
668. Frisch (1976) 286.
669. O.S. 157 f.
669b. Die ‚revolutionären Arbeiter z.B. fassen die Not der proletarischen Mutter, die ihren — erwachsenen! — Sohn nicht mehr versorgen kann, im Bild der „Krähe, die ihr Junges / Nicht mehr zu füttern vermag"; w.a.2, 826 „Die Mutter".

Ich habe meinen Beruf verraten. Ein Mensch, der das tut, was ich getan habe, kann in den Reihen der Wissenschaft nicht geduldet werden. [...] Du lehrst jetzt selber. Kannst du es dir leisten, eine Hand wie die meine zu nehmen?[670]

Die Wissenschaft ist ein reiner Ort, ihn gilt es vor dem Zugriff der Unterdrücker zu bewahren. Sie erscheint nicht als bürgerliche, bürgerlich sind nur die äußeren Umstände. „Die Gier nach dem Neuen, das Unwiderstehliche des Forschens, das ist die große Tragödie Galileis und nicht die Umstände."[671] Seiner Natur folgend forscht Galilei auch unter dem wachsamen Auge der Inquisition weiter; Brecht nimmt hier unreflektiert vorweg, was wir bei Dürrenmatt und Kipphardt studieren können: Der Forscherdrang moderner Naturwissenschaftler treibt ungebrochen weiter, auch im Irrenhaus,[672] vorausgesetzt, das Problem und dessen Lösung faszinieren.[673] Brechts Faszination durch Wissen und Lernen ließen ihn mit seinem „Leben des Galilei" unreflektiert die Position der frühen bürgerlichen Aufklärung einnehmen. Auch individualisierte er deshalb entgegen seiner eigenen Theorie ein gesellschaftliches Problem und moralisierte es; an die Stelle sozialgeschichtlicher Analyse trat die Frage nach individueller Schuld. Das Wissen selbst aber verstand er nach dem Muster seiner anderen „Mittel": Wie immer, wenn ein „Mittel" das Bild des guten Objekts angenommen hatte und aus diesem guten das böse Bild hervortrat — „Einst mir so freundlich und mir so feindlich heute"[674] —, so droht auch hier, daß nach einer Erfindung der „Jubelschrei über irgendeine neue Errungenschaft von einem universalen Entsetzensschrei beantwortet werden könnte":[675] „Der Liebesseufzer verwandelt sich in den Angstschrei"[676], heißt es von einem anderen „Mittel", der Liebe.

Lernend und gestaltend erschloß Brecht sich und seinen Lesern die Realität der bürgerlichen Gesellschaft in einer Tiefenschärfe wie vor

---

670. w.a. 3, 1341.
671. Eisler (1986), 175.
672. Möbius in Friedrich Dürrenmatts „Die Physiker" (1962).
673. Oppenheimer zur H-Bombe: „Als die Super 1951 machbar schien, waren wir von den wissenschaftlichen Ideen fasziniert, und wir machten sie in kurzer Zeit, aller Skrupel ungeachtet." Kipphardt (³1964), 86.
674. O.S. 167.
675. w.a. 3, 1341.
676. w.a. 4, 1546; „Der gute Mensch von Sezuan".

ihm wohl kaum ein anderer. Da Lernen und Wissen jedoch nicht frei blieben von den Spannungen seiner frühen Ambivalenz und unreflektiert deren Abwehr dienten, waren auch rationale Analyse und Darstellung bei ihm von Irrationalismen durchzogen. Unerkannt führte er, wenn gelegentlich auch gebrochen, die Tradition des gegen Ohnmachtserfahrungen ankämpfenden, meisternden und sich bemächtigenden bürgerlichen Denkens fort. Das gilt, so wie er sie sich anverwandelte, auch für die marxistische Theorie.

Doch er wäre nicht Künstler und nicht immer auch auf der Seite des ‚Herzens‘ gegen den von diesem ‚getrennten‘ und es kontrollierenden ‚Verstand‘[677], ja mehr noch, er wäre nicht selbst beider widersprüchliche Einheit, wüßte er nicht:

> Wissen steckt in euren Ahnungen und Träumen, in euren Besorgnissen und Hoffnungen, in der Sympathie, im Verdacht. Vor allem aber meldet sich Wissen im Besserwissen, also im Widerspruch[678]

und, wie er es einen „Schauspieler“ formulieren läßt:

> Das Denken scheint mir jetzt einfach eine Art Verhalten, und zwar ein gesellschaftliches Verhalten. An ihm nimmt der ganze Körper mit allen Sinnen teil[679]

— eine materialistische Position, von der her auch sein Denken sich begreifen ließe.

*

Da Brecht im Marxismus ideale Strategien zur Verminderung seiner inneren Spannungen gefunden hatte, braucht es uns nicht zu wundern, daß *er Marx* selbst ein wenig *nach seinem eigenen Bilde formte*. In „Gelassenheit und Einfachheit“ und mit dem „Aussehn eines Ingenieurs und Erfinders“ kämpft dieser Marx wie der stilisierte Brecht aus der Distanz der Schreibstube:

> Die Biographen stellen Marx am liebsten eine Miniaturbarrikade als Schreibtisch in seine Bücherstube, wofern nicht als Nippes auf seinen

677. O.S. 164.
678. Der Philosoph im „Messingkauf“, w.a. 16, 638.
679. Ebd. 639.

Schreibtisch. Und aus diesem Schreibtisch könnte man umgekehrt viel leichter eine Barrikade bauen![680]

Gegen die Gipsbüste der Marx-Hagiographen führt Brecht — die Zigarre ins Feld:

> An das Rauchen einer Zigarre — und auch davon hat er genügend konsumiert — ist bei diesem Gipsguß nicht zu denken: Man stecke nur einer solchen [Büste] eine Importe ins Gesicht, eine wahre Tempelschändung![681]

Der „Klassiker" Marx nimmt Züge Brechts an, der sich selbst zum „Klassiker" stilisiert — eine Größenphantasie.

680. w.a. 20, 74f. „Marx-Beschreibungen".
681. Ebd. 75.

Brecht inszenierte sich. 1928 begegnet ihm Elias Canetti:

> Ich wurde mittags zu Schlichter geführt, das Restaurant, in dem das intellektuelle Berlin verkehrte. [...] Der einzige, der mir unter allen *auffiel*, und zwar durch seine proletarische Verkleidung, war Brecht. Er war sehr hager, er hatte ein hungriges Gesicht, das durch die Mütze etwas schief wirkte[682]

Es ist die vielfach beschriebene Kostümierung seiner Weimarer Zeit.

> Er trug [...] jene ewige Mütze, die in der Unterwelt üblich war, auf seinem Kopf, nach vorn geschoben, eine Jacke aus schäbigem Leder und eine enorme Zigarre[683]

Brecht ließ sich „seine bewußt einfache und abgetragene Kleidung anfertigen"[684]. In Ostberlin bewegte er sich in einem „streng nach dem Muster einer Arbeiterjacke geschnittenen, grauen Anzug" und mit „seiner Schirmmütze"[685]. Deutlich war er auf Wirkung bedacht. 1954 hatte Ruth Berlau ihm Aufzeichnungen über ihrer beider frühe Zeit zugesandt. Am Telefon redet er ihr zu:

> *Er*: Und das mit dem seidenen Hemd in Dänemark [...] da mußt du beschreiben, wie ich sonst angekleidet bin. Sonst klingt es so elegant ... mit seidenem Hemd ...
> [...]
> *Ich*: Jetzt hast du doch wieder seidene Hemden anfertigen lassen.
> *Er*: Ich weiß nicht, aber es scheint mir zu elegant.
> [...] Du mußt auch schreiben, warum ich groß bin...[686]

Und Ruth Berlau notiert:

> Ich soll beschreiben, warum er groß ist. Aber wenn man das lesen wird, wird man doch schon wissen, warum Bertolt Brecht groß war. Mein Gott, hat er immer noch Angst, daß er vergessen werden könnte [...]?[687]

682. Canetti (1980), 302.
683. Lotte Eisner zit. nach Ewen (1973), 85; vgl. Mittenzwei (1986, 1), 200 f.
684. Völker (1976), 100.
685. Esslin (1962), 139.
686. In: Bunge (1985), 278.
687. Ebd. 279.

Er inszenierte sich mit Kostümen, Requisiten, Verhaltensweisen, Worten und natürlich mit seinen Werken[688].

> ich laufe wieder auf dem Randstein, schneide Grimassen, pfeife auf Wirkung, grinse, daß man die faulen Zähne sieht. Ich werde den Spiegel bald kaputtmachen können. Das ist was für feine Leute. So bin ich, freut euch! Häßlich, frech, neugeboren, aus dem Ei. (Mit Eihäuten, Kot, Blut, immerhin.)[689]

„Häßlich", wie er sich fühlte, inszenierte er anfangs in gekränkter Eitelkeit phallisch-narzißtisch provozierend gerade seine Häßlichkeit. Später, 1954, wählte er sorgfältig Fotografien aus, die ihn der Öffentlichkeit zeigen sollten: „sagte er lachend[...]: ‚Ich weiß, daß ich blöd aussehe, aber warum soll ich das anderen eingestehen?‘ "[690] Sogar seinen Namen schnitt er sich als Kostüm zurecht: Eugen Berthold Friedrich Brecht trat als Bertolt Brecht ins Rampenlicht der Öffentlichkeit. Seine Bescheidenheit pflegte er als ein „eher wohlüberlegtes Image"[691] und seine „Wutanfälle" konnte er „ebenso plötzlich wie überlegt inszenieren"[692]. Einen schwierigen Auftritt allerdings, wie den vor dem Unamerican-Activities-Committee probte er vorher.[693] 1917 ließ er sich

> in der leeren Nische des Augsburger Stadttheaters, aus der man das Standbild Schillers entfernt hatte, [...] als neuer Schiller fotografieren[694]

An der Selbstinszenierung zum Klassiker arbeitete er dann lebenslang. Bürgerschreck, Klassiker, Lehrer, Schüler, Weiser oder bescheidener Arbeiter, das sind Rollen einer Selbstinszenierung, an der auch seine Mitarbeiter mitwirken durften — nicht ohne Nutzen für die Vermarktung: Zu Brechts neunzigstem Geburtstag verkauft Suhrkamp ihn als den „Klassiker der Vernunft"; seine Selbstinszenierung tritt in den Dienst der Warenästhetik.

Ludwig Marcuse war 1931 in Konflikt mit Brecht geraten.

> Wir kamen vor den Friedensrichter. [...] Wir sprachen Frieden zwei [...] Stunden, was unsere Beziehung erheblich verschlimmerte [...]. Da wurde der Mann des Friedens zum Abendbrot gerufen. Und ich sah zum ersten Mal, was ich später wieder und wieder erlebte: die Verwandlung des Dra-

688. O.S. 93 ff., 127 ff., 138 f., 143.
689. Tb 55; 7.IX.1920.
690. Pozner (1957), 445.
691. Mittenzwei (1986, 1), 311.
692. Mittenzwei (1986, 2), 401.
693. Ebd. 200.
694. Mittenzwei (1986, 1), 46.

chen bb in eine Friedenstaube. Unser Diplomat war kaum aus dem Zimmer, als Brecht Worte, Stimme und Haltung völlig veränderte. Er wurde liebenswürdig, gesprächig, von abgeklärtem Witz. [...] Er gefiel mir sehr. Er war hell und human. [...] Charmant war er an jenem Nachmittag beim Friedensrichter, in der halben Stunde, da niemand zusah. Intimität war eine seiner gekonntesten Verfremdungen. Da gab es menschliche Beziehung, da gab es Symphilosophieren, der Klassiker des Terrors öffnete sich. Das war der eine Brecht. Der zweite war der beste aller Bandenführer, der auch für die Kleinsten unter den Seinen sorgte; man war in seinem gang aufgehoben wie in Abrahams Schoß. [...] Das war der dritte Brecht, der öffentliche: hochmütig, bösartig, hämisch. Es war immer der Widerstand, der ihn tyrannisch machte. Vor Publikum ging er prophylaktisch in die (bis zu den Zähnen bewaffnete) aggressive Defensive[695]

Brecht, das waren viele Brechts, oder genauer: eine Vielheit von Positionen in der einen Struktur der frühen Ambivalenz und des Verhaltens zu ihr — und in deren, allerdings nur geringer Wandlung im Verlauf seines Lebens. Es gibt nicht den einen eigentlichen Brecht, der sich hinter Masken verbirgt wie Shen Te hinter Shui Ta, es gibt nur unterschiedliche Strategien der Selbstinszenierung innerhalb der einen Struktur. Seine unbewußt motivierten Strategien antworten bestimmten Situationen: Meint er, in der Öffentlichkeit in Gefahr zu geraten, so „ist" er z.B. der in ‚aggressiver Defensive' brutal angreifende phallische Narziß, der seine Angst überspielt; muß er in seiner „gang" keine Angst aufkommen lassen, weil er die Zügel fest in der Hand hält, so „ist" er der fürsorgliche Bandenführer; er „ist" schreibend gelegentlich der freundliche Weise, der lehrend die Herrschaft wahrt und anderen geben kann, was er selbst sich ersehnt.[696] Er „ist" aber auch der, welcher bei Nacht seinen Anfall hat, sich ängstigt oder auch weint: „Meine Brüder waren grausam, ich bin der grausamste —/ Und i c h weine nachts!"[697] — Daß er zwischen verschiedenen Positionen wechselte, war ihm bewußt, er ontologisierte es sogar: „Nenne doch nicht so genau deinen Namen. Wozu denn?/ Wo du doch immerzu einen andern damit nennst."[698] Später begriff er diese Vielheit soziologisch:

Wodurch wird die ‚Eigenheit' des einzelnen garantiert? Durch seine Zugehörigkeit zu mehr als einem Kollektiv.

695. Marcuse (1975), 133 ff.
696. O.S. 90 ff.
697. „Was erwartet man noch von mir", w.a. 8, 101, um 1922; vgl. w.a. 2, 881.
698. w.a. 1, 345.

Das Individuum erscheint uns immer mehr als ein widerspruchsvoller Komplex in stetiger Entwicklung, ähnlich einer Masse. Es mag nach außen hin als Einheit auftreten und ist darum doch eine mehr oder minder kampfdurchtobte Vielheit, in der die verschiedensten Tendenzen die Oberhand gewinnen, so daß die jeweilige Handlung nur das Kompromiß darstellt.[699]

Diese Einsicht verdankt sich auch der Erfahrung jener eigenen psychischen Vielheit, die hinter ihr verschwindet.

Er war gezwungen, sein Selbstbild, seine Beziehung zu Objekten, Dingen wie Menschen, und deren Beziehung zu ihm künstlich herzustellen, sie also zu inszenieren. Sie waren ihm ja nicht selbstverständlich gegeben, sondern drohten ängstigend zu zerfallen: Urmißtrauen ließ ihn immer wieder sich und die Objekte als fremd erfahren.[700] Das verstärkte sich im Herzanfall: Dem, der ihn erleidet, tritt das Herz fremd und bedrohlich gegenüber; er erfährt einen Teil seiner selbst als Gegenstand, von dem er untrennbar abhängig ist, den er durch eigenes Verhalten aber auch beeinflussen kann. Will er dem nächsten Anfall entgegenwirken und sein eigenes Verhalten entsprechend arrangieren, sich selbst also zum „Mittel" machen, so muß er sich von außen betrachten und mit sich selbst technisch umgehen. So vertieft er die erlittene Fremdheit. Das gilt auch für die Objekte: Da sie fremd und ungewiß sind und da sich dies im Anfall verstärkt, muß er ihnen noch distanzierter gegenübertreten und sie sichernd um sich herum arrangieren. Ohne sich in sie und ohne sich in sich selbst einzufühlen, inszeniert er aus Angst vor der Angst sich und sie zu einer neuen ihm eigenen Welt. So konnte er: jemand sein, zu einem Objekt in Beziehung treten, über etwas „Gedanken" haben und vor allem: statt ohnmächtig passiv „Pausen" zu erleiden, aktiv sein und Herr der Situation.

Der Angstneurotiker setzt einige für ihn typische Bewältigungsmechanismen ein: Er versucht durch gezielte Handlungen […] sich ein vorübergehendes Selbstgefühl zu verschaffen, das die Repräsentanzen notdürftig verstärken oder ersetzen soll. Wenn er diese selbstgesteuerten Handlungen unterläßt oder nicht ausführen kann […], ist der Zustand von Panik wieder da. Notfalls entwickelt er psychosomatische Symptome, die ihm zumindest im körperlichen Erleben eine Art Selbstgefühl, wenn auch ein unangenehmes, vermitteln.[701]

699. w.a. 20, 62, „Individuum und Masse".
700. O.S. 21.
701. Schoenhals (1985), 41 f.

Brechts Inszenierungen waren solche „selbstgesteuerten Handlungen". Sie sind zwanghaft und ritualisiert selbst dort, wo sie Entspannung und Lockerung demonstrieren:

> In meine Schaukelstühle vormittags
> Setze ich mir mitunter ein paar Frauen
> Und ich betrachte sie sorglos und sage ihnen:
> In mir habt ihr einen, auf den könnt ihr nicht bauen.[702]

Die Rolle des Weisen, der entspannte Hingabe an den Augenblick lehrt, schützt vor dem „Gewühl".[703] Würde sie durchbrochen, kämen innere Spannungen ebenso auf wie bei Schreibhemmungen, beim Zerbrechen der Rolle des heiter Schreibenden also. Zwar kannte Brecht die Rolle freundlichen Humors, doch Humor über diese Rolle oder gar über die des brutalen Angreifers blieb ihm fremd. Ein Zeichen mehr, daß er zu solchen Inszenierungen gezwungen war.

Er arrangierte immer: sich, sein Geliebtensystem, die Telefonzeiten[704], die Mitarbeit anderer und den literarischen Betrieb; Verträge waren eines seiner Inszenierungs-„Mittel".[705] Arrangieren machte er zum Beruf, inszenierte sich schreibend sein eigenes Verhalten und seine eigene Welt, überführte dabei Phantasien, die ihn umtrieben und ängstigten, ja sogar seine Angst in eigene Regie und nahm ihnen im ästhetischen Spiel, dessen Stoff sie wurden, ein gut Teil ihres bedrängenden Ernstes. Er wiederholte kontraphobisch bannend im Werk seine Erfahrung, daß alles ihm fremd wurde und machte schreibend selbst alles fremd, lange bevor er es mit dem V-Effekt auch theoretisch fixierte. Seine Texte sind ausmathematisierte Inszenierungen, am offenkundigsten wohl die Dramen. Hier, und noch lustvoller, wenn er selbst im Theater ein Stück inszenierte, konnte er Emotionen und Phantasien, Bilder seines Inneren aus sich heraus und auf die Bühne stellen. Im nichtpsychischen Medium Theater erlebte er nun in der Außenwelt und im szenischen Arrangement sein Inneres. So könnte es ihn erschüttern. Doch er hielt es sich fern und ging nach den Regeln der Theaterkunst mit ihm um, meisternd, im Regiestuhl, die Zigarre zwischen den Lippen.

Wenn er denn agoraphob gewesen sein sollte, so hätte er sich mit

702. O.S. 125.
703. O.S. 87, 90 ff.
704. O.S. 76.
705. O.S. 75 f.

dem Theater seine eigene Agora, seinen Markt errichtet und die gefährlich lockende Masse in eigene Regie genommen: Sie verschlingt ihn
nicht mehr, sondern blickt auf ihn und folgt seinen Wünschen — eine
phallisch-narzißtische Lösung.[706] — Auch die Reaktionen seines Publikums möchte er inszenieren:

> Herr Bertolt Brecht hofft, Sie werden den Boden, auf dem Sie stehen
> Wie Schnee unter Ihren Füßen vergehen sehen
> Und werden schon merken bei dem Packer Galy Gay
> Daß das Leben auf Erden gefährlich sei

läßt er in „Mann ist Mann" verkündigen[707]: Draußen beim Publikum
sucht er in sicherer Entfernung die eigene Bedrohung zu inszenieren.
Schon 1921 hatte er notiert „Man müßte die Nation ins Herz treffen.
[...] Macht ausüben."[708] Das gelang ihm gelegentlich, wenn freilich
auch nur mit einer kleineren Masse: dem Publikum. Alfred Polgar berichtet von der Erstaufführung der Oper „Aufstieg und Fall der Stadt
Mahagonny":

> Hier, dort, oben, unten, im elektrisch geladenen Raum zuckten Wider-
> sprüche auf, riefen Widersprüche gegen die Widersprüche wach, die ih-
> rerseits Widersprüche zur dritten Potenz weckten. Und bald griff die epi-
> sche Theaterform von der Bühne auf das Parkett über, wo sich das eta-
> blierte, was das Programmbuch als das Wesen der ‚idealen Form des musi-
> kalischen Theaters' erkennt, nämlich: ‚eine Aneinanderreihung von Zu-
> ständen!' Zustände von Zuständen! In nächster Umgebung meines Plat-
> zes geschah allein schon Folgendes: Die Nachbarin links wurde von
> Herzkrämpfen befallen und wollte hinaus; nur der Hinweis auf das Ge-
> schichtliche des Augenblicks hielt sie zurück. Der greise Sachse rechts
> umklammerte das Knie der eigenen Gattin und war erregt. Ein Mann
> hinten redete zu sich selbst: ‚Ich warte nur bis der Brecht kommt' und
> leckte sich — in Bereitschaft sein ist alles — die Lippen feucht. Kriegeri-
> sche Rufe, an manchen Stellen etwas Nahkampf. Zischen, Händeklat-
> schen, das grimmig klang wie symbolische Maulschellen für die Zischer,
> begeisterte Erbitterung, erbitterte Begeisterung im Durcheinander. Zum
> Schluß: levée en masse der Unzufriedenen, und deren Niederschmette-
> rung durch den Hagel des Applauses.[709]

*

706. Vgl. o.S. 13, 37.
707. w.a. 1, 337.
708. Tb 134.
709. Polgar (1938), 32 ff.

Das *Epische Theater* diente jedoch schon bald weniger der phallisch-nar-zißtisch inszenierten Unruhe des Publikums, seiner Aufstachelung zum gut-bösen Objekt, sondern mehr dessen Schutz vor solch einem gefährlich verführerischen Objekt.

Brecht beschreibt die Zuhörer von Konzerten, und wir spüren seinen faszinierten Ekel:

> Wir sehen ganze Reihen in einen eigentümlichen Rauschzustand versetzter, völlig passiver, in sich versunkener, allem Anschein nach schwer vergifteter Menschen. Der stiere, glotzende Blick zeigt, daß diese Leute ihren unkontrollierten Gefühlsbewegungen willenlos und hilflos preisgegeben sind. Schweißausbrüche beweisen ihre Erschöpfung durch solche Exzesse.[710]

Das ist kein emotionaler „Ausrutscher"; noch 1948 schreibt er im ‚Kleinen Organon' von dem „Theater, wie wir es vorfinden":

> Gehen wir in eines dieser Häuser und beobachten wir die Wirkung, die es auf die Zuschauer ausübt. Sich umblickend, sieht man ziemlich reglose Gestalten in einem eigentümlichen Zustand: Sie scheinen in einer starken Anstrengung alle Muskeln anzuspannen, wo diese nicht erschlafft sind in einer starken Erschöpfung. Untereinander verkehren sie kaum, ihr Beisammensein ist wie das von lauter Schlafenden, aber solchen, die unruhig träumen, weil sie, wie das Volk von den Albträumern sagt, auf dem Rücken liegen. Sie haben freilich ihre Augen offen, aber sie schauen nicht, sie stieren, wie sie auch nicht hören, sondern lauschen. Sie sehen wie gebannt auf die Bühne, welcher Ausdruck aus dem Mittelalter stammt, der Zeit der Hexen und Kleriker. [...] Der Zustand der Entrückung, in dem sie unbestimmten, aber starken Empfindungen hingegeben scheinen, ist desto tiefer, je besser die Schauspieler arbeiten [...].[711]

Sie leiden an jener „gefühlsverwirrung"[712], in die der Sog zur frühen Mutter seine Opfer zieht. Solches Theater wirkt wie Beethoven und wie der ‚Schlaf'[713]. Wie der glückstrunkene Schwimmer liegen sie „auf dem Rücken"[714] oder geraten in innere Unruhe wie Brecht[715] und Baal[716]. Die Angst hat sie vielleicht schon erreicht, sie spannen „in einer starken An-

---

710. w.a. 15, 480 „Über die Verwendung von Musik für ein episches Theater"; wohl 1935.

711. w.a. 16, 673 f.

712. O.S. 14.

713. O.S. 100, 136 f., 141. Diese Abwehr antwortet seiner frühen Faszination durch die Macht der Musik. Hierzu Dümling (1985), 35 ff.

714. O.S. 79.

715. O.S. 141.

716. O.S. 97.

strengung alle Muskeln", werden „wie aus Glas"[717], falls sie sich nicht schon aufgegeben haben und willenlos ‚erschlaffen'[718]: Die Mutter öffnet Arme und Rachen, der „Herzkrampf" droht. Dem liefern sich die Zuschauer des „aristotelischen" Theaters sogar freiwillig aus:

> Die Menschen gehen ins Theater, um mitgerissen, gebannt, beeindruckt, erhoben, entsetzt, ergriffen [...] zu werden.[719]

Sie sind sich nicht bewußt, daß sie dort durch Hypnose in „gefühlsverwirrung" geraten. Doch er, der an ihnen seine eigenen Gefahren bekämpft, fragt sich:

> Wenn man auf die Hypnose verzichtete, an was konnte man appellieren? Welche Haltung sollte der Zuhörer einnehmen in den neuen Theatern, wenn ihm die traumbefangene, passive, in das Schicksal ergebene Haltung verwehrt wurde? Er sollte nicht mehr aus seiner Welt in die Welt der Kunst entführt, nicht mehr gekidnappt werden; im Gegenteil sollte er in seine reale Welt eingeführt werden, mit wachen Sinnen.[720]

Vor der hypnotisierenden Vergewaltigung durch die böse Mutter, vor Kidnapping durch „gefühlsverwirrung" sollen „reale Welt" und ‚wache Sinne' helfen. Das ist auch dringend nötig, denn von der Bühne herab agiert die frühe tyrannische Mutter, die ihrem Sohn keine Autonomie zugesteht und ihn durch Zärtlichkeit bindet,[721] ihn in ihrer Allwissenheit durchschaut,[722] bei der Onanie[723] oder beim Schlafen mit anderen Frauen ertappt und dann auch noch befriedigt.[724] Ist das nicht abscheulich?

> DER PHILOSOPH [...] von der Bühne herab fühle ich mich ständig tyrannisiert. Ich soll immer, wie du willst, ohne daß ich Zeit habe, mir zu überlegen, ob ich will, wie du willst.
> DER DRAMATURG Siehst du, jetzt fühlt er sich auch von der Bühne herab auf die Knie geklopft! [...]

717. O.S. 19.
718. O.S. 159 f.
719. „Über experimentelles Theater", w.a. 15, 300; 1939.
720. Ebd. 301.
721. Vgl. „DIE MUTTER [...] kehr um und tue Buße! [...] *Streichelt ihm über das Haar*"; o.S. 30 f.
722. Vgl. o. 31, 92.
723. S.o. 34.
724. S.o. 9 f.

DER PHILOSOPH Ist nicht auch wirklich etwas daran? Denkt nach! Ein
Zuschauer sagt euch, er fühlt sich auf das Knie geklopft! Durchschaut,
verstanden, besser als er sich versteht, auf geheimen Lüsten ertappt,
darin befriedigt! Liegt darin nicht etwas Abscheuliches?[725]

Hilfreich bietet Brecht dem bedrohten Zuschauer sein erprobtes
Hausmittel, die Zigarre, lehrt ihn, so sich zu retten, wie er selbst es ver-
suchte, und kombiniert damit zwei seiner „Mittel", Lehrerhaltung und
Zigarre. Jetzt hat er die Bedrohung von seinem Inneren weggeschoben
und zu einer ihm selbst äußeren Bedrohung eines anderen gemacht: Der
Kranke sucht sich zu heilen, indem er zum Arzt wird und sein eigenes
Leiden am Patienten bekämpft — ein bei Angstneurotikern bekanntes
Muster:

> Eine Lehrerin konnte [...] das Alleinsein in ihrer Wohnung nur unter al-
> lergrößten Schwierigkeiten ertragen, indem sie stundenlang telefonierte,
> arbeitete, bis sie buchstäblich an ihrem Schreibtisch einschlief, oder sich
> betrank. In der Schule hingegen war sie beschwerdefrei. Auf diesen Wi-
> derspruch aufmerksam gemacht, reagierte sie gar nicht überrascht: Hier
> hätten ja die Kinder Angst, nicht sie. Dieser Mechanismus fand sich auch
> in ihren Träumen, wo sie häufig mit Situationen des Versinkens [...] be-
> schäftigt war. Entweder erwachte sie dann in panischer Angst, oder die
> Traumbilder bevölkerten sich mit ihren Schulkindern, die sie zu betreuen
> hatte [...]. Insofern es ihr in diesen Träumen gelang, in sich selbst die Re-
> präsentanz einer guten, behütenden Mutter aufzurichten, [...] war sie
> angstfrei, genoß ihre Existenz als omnipotentes, Sicherheit gewährendes
> Objekt.[726]

Da Brecht genau spürt, was ihm selbst droht, meint er, es auch am
anderen zu sehen, und sucht, ihm zu helfen: Der Zigarrenraucher wird
zum Vorbild für den als gelassen beobachtend stilisierten Zuschauer des
neuen, des Epischen Theaters.

> DER PHILOSOPH [...] Eine Zeitlang besuchte ich Freilichtaufführungen
> und rauchte während der Aufführungen. Ihr wißt, die Haltung des
> Rauchenden ist sehr angenehm für die Beobachtung. Man lehnt sich
> zurück, macht sich seine Gedanken, sitzt entspannt da, genießt alles
> von einem gesicherten Platz aus, gehört nur halb zur Sache.[727]

725. w.a. 16, 512 „Der Messingkauf".
726. Roether (1985), 126.
727. w.a. 16, 511 „Der Messingkauf".

Seine Virginia schützt ihn wie schon zuvor den ‚armen B.B.' beim Weltuntergang und wie dessen Autor während der Fahrt ins „Gewühl" und
beim Schreiben. So gesichert, sagt Brecht zum Heil des Patienten einem
Theater den Kampf an, das mit Einfühlung arbeitet und für die ganze
symbiotisch vereinnahmende ‚abendländische Kunst' steht:

> Ich behaupte [...], daß ein einziger Mann mit einer Zigarre im Parkett ei-
> ner Shakespeare-Aufführung den Untergang der abendländischen Kunst
> herbeiführen könnte. [...] Ich würde gern sehen, wenn das Publikum bei
> unseren Aufführungen rauchen dürfte. [...] Es ist dem Schauspieler [...]
> gänzlich unmöglich, dem rauchenden Mann im Parkett ein unnatürli-
> ches, [...] veraltetes Theater vorzumachen.[728]

Das „Mittel", mit dem Brecht sich vor seinen zum „Herzschock" treibenden Gefühlen und Phantasien schützt, wird zum literaturtheoreti-
schen Postulat. Die frühe ‚Anrede an den Herrn im Parkett' zeigt, daß
es auch hier um das Spiel zwischen Erschüttertwerden und Sicherheit
geht, ein Spiel, das sich für den Dichter wie für den Regisseur des Epischen Theaters in die schützende Aktivität von Erschüttern und Absi-
chern wandelt:

> Sollte ich es so weit bringen, daß Sie Lust bekommen, eine Zigarre zu rau-
> chen, und mich selbst dadurch übertreffen, daß Sie Ihnen an bestimmten,
> von mir vorgesehenen Punkten ausgeht, werden ich und Sie mit mir zu-
> frieden sein.[729]

Statt sie der „gefühlsverwirrung" auszuliefern, soll das Epische
Theater nun die Aktivität seiner Zuschauer wecken und „die Welt ihren
Gehirnen und Herzen ausliefern, sie zu verändern nach ihrem Gutdün-
ken."[730] Auch ihren „Herzen" also; die sind nun weder übermächtige
Natur, noch der Natur hilflos preisgegeben, sondern, mit den „Gehirnen" vereint, kritisch, aktiv und praktisch. Da gelänge den Zuschauern
in gesellschaftlichem Handeln, was Brecht im Schreiben glückte. Und
sein Schreiben selbst hätte nun gesellschaftliche Funktion:

> Warum sollte die Kunst nicht versuchen, natürlich mit *ihren* Mitteln, der
> großen gesellschaftlichen Aufgabe der Beherrschung des Lebens zu die-
> nen?[731]

728. w.a. 15, 77; 1925.
729. w.a. 15, 75; Dezember 1925.
730. w.a. 16, 671 „Kleines Organon".
731. w.a. 16, 627 „Der Messingkauf".

So hilft er den Zuschauern und sich selbst: „das neue theater ist einfach ein theater des menschen, der angefangen hat, sich selbst zu helfen."[732]

Die innere Abhängigkeit von der frühen Mutter läßt ihn die Abhängigkeit des Zuschauers von der Gesellschaft sehen und bekämpfen, die eigene Abhängigkeit also in der eines anderen. Der scheint der Gesellschaft schicksalhaft ausgeliefert; er hat „kein Bild dieser Welt, das stimmt und auf Grund dessen er mit Aussicht auf Erfolg handeln könnte"[733]. In dem Kampf, den Brecht nun schreibend und inszenierend führt, ist die „Einfühlung" des Zuschauers in Figuren und Schauspieler ein gefährlicher Schwachpunkt; sie würde den Zuschauer ja in „gefühlsverwirrung" locken und der vereinnahmenden Gesellschaft ausliefern. In der „Einfühlung" nämlich verschwimmen die Grenzen zwischen Subjekt und Objekt. Der Zuschauer ‚borgt sich das Herz'[734] einer Figur, ja er wird, wenn der Schaupieler einfühlend sein „Herz" über deren Problemen ‚ausblutet'[735], selbst wie diese Figur: Der Schauspieler „ist so wie er ist — und alle (sich in ihn einfühlend) sind so wie er."[736] Das gefährliche Verhältnis zur symbiotischen Mutter erwacht. Bei solcher Grenzverwischung kann der Sohn seine Autonomie nicht sichern. Er läuft Gefahr, in einfühlender Identifikation das Leiden und die Gebrechlichkeit der Mutter zu übernehmen[737] und sich von ihr vereinnahmen zu lassen. „Furcht und Mitleid", mit denen die Mutter und das „aristotelische" Theater arbeiten, führen bei ihm nicht zur „Reinigung von solchen Leidenschaften", nicht zur „Katharsis", sondern zur Verschlingung und zum Anfall. „Mitleid" mit der gebrechlichen Mutter schafft dem, der autonom werden möchte, Schuldgefühle;[738] es setzt ihn der gefährlichsten Waffe der Mutter aus, der moralischen Erpressung[739], und verstärkt seine Abhängigkeit. „Furcht" aber vor dem Verderben, das die Figur und ihn selbst ereilen könnte, erzeugt Angst, verschlungen zu werden. Deutlicher als die meisten anderen spürt er, daß „Furcht und Mitleid" im Umgang mit der frühen Mutter und in dem mit gesell-

732. AJ 139; 1940; vgl. o.S. 42.
733. w.a. 15, 295.
734. w.a. 16, 520.
735. Ebd. 536.
736. w.a. 16, 566.
737. O.S. 11, 24, 38, 163 f.
738. O.S. 41.
739. O.S. 9, 33, 36, 42, 71, 149.

schaftlicher Gewalt letztlich zur Bejahung herrschender Ordnung führen, zur „tragischen Affirmation" der Tragödie[740]. So ist Distanz nötig; „Nicht spurlos gehen die Einfühlungen in den Gegner an ihm vorüber, er wird sein eigener Gegener damit"[741]; sich in die Mutter einfühlend übernimmt er deren Normen[742] und wird zum Gegner seiner eigenen Autonomie.

Vor solchen Gefahren schützt der Abstand des Epischen Theaters. Er soll „Einfühlung" in die Aufführung und in die Figuren verhindern. Der Schauspieler soll mit der Figur nicht verschmelzen, sondern sie zeigen.

> Wir können die [...] Haltung [...] des Zeigens, um sie selbständig zu machen, mit einer Geste ausstatten, indem wir den Schauspieler rauchen lassen und ihn uns vorstellen, wie er jeweils die Zigarre weglegt, um eine weitere Verhaltensart der erdichteten Figur zu demonstrieren.[743]

> In lebendiger Darstellung erzählt er die Geschichte seiner Figur, mehr wissend als diese und das *Jetzt* wie das *Hier* nicht als eine Fiktion, ermöglicht durch die Spielregel, setzend, sondern es trennend vom Gestern und dem andern Ort [...][744].

Aus dem verschlingenden Jetzt und Hier, in dem die Grenze zwischen Subjekt und Objekt zu verschwimmen droht, retten den Zuschauer die mannigfachen Techniken des Epischen Theaters ins Dann und Dort[745] und eben dadurch ins Jetzt und Hier: Sie setzen ihm das Geschehen als vergangenes und auf der Bühne vorgeführtes entgegen und bestätigen ihn dadurch in seiner Gegenwärtigkeit und als Zuschauer. Nun läßt der epische Abstand, indem er schützt, „Einfühlung" und so auch „Furcht und Mitleid" wieder zu. Furchtlos kann der Zuschauer sich ihnen nun aussetzen — wie Brecht der Faust des Boxers[746].

So kann dieser Zuschauer „das Vergnügen, an der Meisterungsmöglichkeit des menschlichen Schicksals"[747] genießen. Das Epische Theater

---

740. Gadamer ([2]1965), 126.
741. w.a. 16, 654; „Der Messingkauf".
742. O.S. 30 ff.
743. w.a. 16, 684; ‚Kleines Organon'.
744. Ebd. 685.
745. O.S. 91.
746. O.S. 81 f.
747. w.a. 16, 935; „Sozialistischer Realismus auf dem Theater".

deckt die dialektischen Bewegungsgesetze des sozialen Getriebes auf, deren Kenntnis die Meisterung des menschlichen Schicksals erleichtert. Es verschafft Vergnügen an ihrer Entdeckung und Beobachtung.[748]

Dies ist das Vergnügen, der Gefahr gerade noch entkommen zu sein, Abstand und eigene Aktivität gewonnen zu haben, ihr Prickeln aber dennoch zu spüren und nun gelassen studierend auf sie zurückzublicken. Und es ist die Lust, durch Kritik Autonomie zu erkämpfen, und Lust an befreiender intellektueller Lösung. „So mag ein Erfinder lachen, wenn er nach langer Bemühung die Lösung gefunden hat: So einfach war es, und er sah es so lange nicht!"[749]. Der Schmerz ist dem Nachdenken gewichen[750], das befreiende Denken kann nun als Funktionslust genossen werden und gewinnt ästhetische Qualität[751]. Hier spricht Brecht dem Zuschauer jenes Vergnügen zu, daß er selbst beim Schreiben genoß.[752]

Er überträgt seine Schreiberfahrung auf das Theater. Wie er selbst im Schreiben die Sicherheit vertikaler Triangulierung erlangte, und nun spielend mit dem Bedrohlichen umgehen konnte,[753] so spielt nun auch das Theater aus der Sicherheit epischer Distanz:

> Es macht die praktikablen Abbildungen der Gesellschaft, die dazu imstande sind, sie zu beeinflussen, ganz und gar als ein Spiel[754]

und verbindet „Leichtigkeit" „mit einem großen Ernst der Aufgabe gesellschaftlicher Art."[755] Konnte er beim Schreiben sogar noch über das Entsetzliche lachen, z.B. über die Reden des Hitler[756], so wird ihm nun gerade jenes Theater zur Komödie, das hineinführt in die quälenden Widersprüche der Gesellschaft. Sein Zuschauer lacht im Schutz epischen Abstands, er weiß: Was hier gezeigt wird, das ist aus historisch-materialistischer Sicht schon überholt, nicht Schicksal, nicht „Natur" wie das

748. w.a. 16, 935.
749. w.a. 16, 603, „Der Messingkauf".
750. Vgl. ebd. 574, „Der Schmerz ist dem Nachdenken feindlich, er erstickt es in sich und das Nachdenken ist ihm feindlich".
751. Vgl. w.a. 16, 662.
752. O.S. 110.
753. O.S. 103 ff.
754. w.a. 16, 672; ‚Kleines Organon'.
755. w.a. 16, 639; „Der Messingkauf".
756. O.S. 110.

Herz, sondern gesellschaftlich, und deshalb zu ändern. Zu einer Aufführung von „Furcht und Elend des Dritten Reiches" bemerkte Brecht nicht ohne Stolz:

> Die Zuschauer schienen das Entsetzen der Personen auf der Bühne überhaupt nicht zu teilen, und so kam es, daß im Zuschauerraum immerfort gelacht wurde, ohne daß dadurch der tiefe Ernst der Veranstaltung litt. Denn das Lachen schien die Dummheit zu betreffen, die sich hier zur Gewalt gezwungen sah, und die Hilflosigkeit zu meinen, die da als Rohheit auftrat.[757]

Brechts Episches Theater zieht seine Kraft aus der widersprüchlichen Einheit von Bedrohung und Meisterung und aus dem Genuß beider:

> Auch den katastrophal losgebrochenen Strom vermag ja die Gesellschaft frei in seiner Herrlichkeit zu genießen, wenn sie seiner Herr zu werden vermag: dann ist er ihrer.[758]

Hier hat er die Struktur seiner Stücke ins treffende Bild gebracht: Sie sind der „Strom" und der Damm.

> Der reißende Strom wird gewalttätig genannt
> Aber das Flußbett, das ihn einengt
> Nennt keiner gewalttätig.[759]

Seine Stücke sind auf der Seite des ‚Stroms' und zugleich auf der des ‚gewalttätigen' Meisterns, wenn er gelegentlich auch die eine und dann wieder die andere Seite stärker betont. „Ich kommandiere mein Herz. Ich verhänge den Belagerungszustand über mein Herz. Es ist schön zu leben."[760] Brecht ist das „Herz" und der ‚Kommandant'. Schreibend konnte er seine Herrschaft genießen, aber zugleich auch den Puls. Aus dieser Spannung entwickelte er eine der folgenreichsten und größten literarischen Leistungen unseres Jahrhunderts: das Epische Theater. Und dies lange bevor er es mit Blick auf die Gesellschaft theoretisch zu begründen begann.[761] Ja, er erarbeitete die Techniken dieses Theaters sogar in anderen Gattungen, z.B. in der Ballade.[762]

---

757. w.a. 16, 603; „Der Messingkauf".
758. w.a. 16, 673; ‚Kleines Organon'.
759. w.a. 9, 602; „Über die Gewalt"; um 1936; vgl. o.S. 165.
760. O.S. 54.
761. Schon 1922 notiert er „Einen großen Fehler sonstiger Kunst hoffe ich, im ‚Baal' und ‚Dickicht' vermieden zu haben: ihre Bemühung, mitzureißen. Instinktiv [!] lasse ich hier Abstände und sorge, daß meine Effekte [...] auf die Bühne begrenzt bleiben. Die

Viele seiner Äußerungen und das ebenso identifikationssüchtige wie theoriebewußte Nachplappern einer inzwischen kaum mehr zu überschauenden Schar biedermeierlicher Brechtinterpreten haben das „Herz" und den „Strom" verdeckt. Wenn wir den Beton, den sie darübergespannt haben, wegreißen, so sehen wir: Da ist ein Ufer, doch da ist auch, ‚katastrophal losgebrochen', ein „Strom"! Brecht ist widersprüchlicher, auch lebendiger als er und seine Adepten uns weismachen wollen.

*

Als „Stückeschreiber" genoß Brecht, während er auf Gesellschaft und Zuschauer blickte, die Befreiung von innerer und äußerer Abhängigkeit.

> Ich bin ein Stückeschreiber. Ich zeige
> Was ich gesehen habe. Auf den Menschenmärkten
> Habe ich gesehen, wie der Mensch gehandelt wird. Das
> Zeige ich [...]
> Alles aber übergab ich dem Staunen
> Selbst das Vertrauteste.
> Daß die Mutter dem Kinde die Brust reichte
> Das berichtete ich wie etwas, das keiner mir glauben wird.
> Daß der Pförtner vor dem Frierenden die Tür zuschlug
> Wie etwas, das noch keiner gesehen hat.[763]

Als Beobachter der ‚Menschenmärkte' hält der ‚Agoraphobe' Distanz, ist mit dem Auge jedoch im „Gewühl". Als Zeigender wahrt er solchen Abstand und verstärkt ihn noch; er verstärkt aber auch die Beziehung zu dem, was er zeigt, und zu den Leuten, denen er zeigt. Der Widerspruch zwischen Distanz und Nähe steigert sich im Akt des Verfremdens, durch den er das Selbstverständliche, das bisherige Objekt, dem „Staunen" übergibt: Er negiert es („Jetzt betrachte sie nicht mit dem Herzen, sondern kalt / Und sage: sie ist alt"[764]), bewahrt es aber dennoch, verläßt es nicht mehr, sondern führt es vor Augen. Aus solcher Distanz, die nicht in die „Kälte" treibt, geht er nun aktiv („übergab")

Splendid isolation des Zuschauers wird nicht angetastet, es ist nicht sua res, quae agitur"; Tb 187.

762. Pietzcker (1974b).
763. w.a. 9, 789 ff.; „Lied des Stückeschreibers"; 1935.
764. O.S. 45 ff.

mit den gefährlichen Wunsch- und Angstbildern seiner symbiotischen Verstrickung um, z.B. mit der nährenden Mutter und mit der „kalten", die „vor dem Frierenden die Tür zuschlug". Seine inneren Bilder sieht er draußen in der Gesellschaft, hält diese Gesellschaft sich vom Herzen und läßt es doch in ihr schlagen — und für sie. Unerkannt entfalten sich Emotionen und frühe Szenen. Ihnen verdanken seine Stücke ihre dramatische Kraft; wahrlich keine Lehrbücher der Ökonomie.

Als „Grundmodell einer Szene des epischen Theaters"[765] wählte er „Die Straßenszene"[766]: „Der Augenzeuge eines Verkehrsunfalls demonstriert einer Menschenansammlung, wie das Unglück passierte."[767] Es ist zu dem gekommen, wovor Brecht schreibend und steuernd sich hütete,[768] was jedoch immer wieder drohte[769]: zum Unfall. Doch nun sieht Brecht sich im „Gewühl des Verkehrs" nicht am Steuer und nicht als überfahrenen Fußgänger[770], das sind andere, sondern im Bild eines Zeugen, der einer „Menschenansammlung" demonstriert, was sich begab. So ist er nicht passiv in den Unfall verwickelt, sondern außerhalb und aktiv. Doch indem er demonstriert, begibt er sich nachträglich hinein in diesen Unfall, strukturiert und vermittelt ihn. Der ‚Agoraphobe' wird von der „Menschenansammlung" nicht verschlungen, doch, umgeben von ihr, lenkt er ihre Blicke auf den Unfall und auf sich selbst, belehrt sie, und insofern beherrscht er sie auch. Dies ist in der Tat ein „Grundmodell" des Brechtschen Theaters.

Als Dramatiker des Epischen Theaters kann Brecht seine Freiheit genießen, weil er im Umgang mit dem Publikum eine stabilisierende Beziehung zum unbewußten frühen Objekt gewinnt: Er, der draußen steht, getrennt von der Mutter, nicht im „Gewühl" der ‚Menschenmärkte', hat als Zeigender eine Aufgabe im Ganzen und gehört ihm insofern doch wieder an. Als Zeigender stellt er diese Einheit sogar aktiv her und sucht sein Publikum mit den ausgeklügelten Techniken des Epischen Theaters noch besser zu kontrollieren als je seine Frauen. In der Gewißheit, die Zügel fest in Händen zu halten, provoziert er es zu frei-

---

765. w.a. 16, 546; „Messingkauf".
766. Ebd. 546-558; 1936; vgl. o.S. 168.
767. Ebd. 546.
768. O.S. 87 ff.
769. O.S. 97.
770. w.a. 16, 554.

en Reaktionen in jenem Kampf gegen die „kalte" Gesellschaft, den er selbst sich gegen die „kalte" Mutter ersehnt.

Es geht eben auch um Macht, wenn es ihm um Theater und Sprache geht. 1920 notiert er:

> Immerfort beschäftigt mich: die geringe Macht, die der Mensch über den Menschen hat. Es gibt keine Sprache, die jeder versteht. Es gibt kein Geschoß, das ins Ziel trifft. Die Beeinflussung geht anders herum: sie vergewaltigt (Hypnose). Dieser Gedanke belagert mich seit vielen Monaten. Er darf nicht hereinkommen, denn ich kann nicht ausziehen.[771]

Weil er „nicht ausziehen", sich nicht entziehen konnte, wandte er sich gegen die hypnotisierende Macht der vereinnahmenden, der ‚vergewaltigenden' Mutter, die ihm im „aristotelischen" Theater entgegentrat. Im Bild des Publikums suchte er nun die gute Mutter mit den Machtmitteln des Epischen Theaters an sich zu fesseln. Gelang dies nicht, weil er sich seinem Publikum zu sehr ausgeliefert hatte, so mußte er die kontraphobische Reaktion verlassen und Distanz suchen. Karl Lieffen berichtet von der Premiere der ‚Mutter Courage' 1950 an den Münchner Kammerspielen:

> Das Wiedersehen mit seinem ersten Theater hatte Brecht sehr bewegt. Gerade an diesem Theater wollte er einen Erfolg mit der Eigeninszenierung haben. Jedenfalls ging ihm alles sehr nahe und er war am Tage der Premiere sehr aufgeregt. So aufgeregt, daß er an der Vorstellung nicht selbst teilhaben wollte. Er ging in den Hildegardhof [...] hinter dem Schauspielhaus. Dort saß er beim Bier und ließ sich laufend durch Boten unterrichten. Gab es schon während der Vorstellung prasselnden [...] Szenenapplaus, so wollte der Beifall nach dem Stück nicht mehr enden. Das war für ihn ein großer Erfolg und es hat ihm sehr gut getan.[772]

Es drohte die Zurückweisung durch das Publikum, das umworbene, trotz aller auf Kontrolle zielenden Techniken nicht zu beherrschende Objekt. Und es drohte der unbewußte Wunsch, im Beifall mit ihm zu verschmelzen: „seid umschlungen millionen"[773]. Da er diesem Publikum die Liebe zu ihm nicht lehren, seine Reaktionen nicht inszenieren und sie schon gar nicht schreibend auf Papier bannen konnte, mußte er sichernden Abstand suchen, ein bei Herzneurotikern typisches Vermei-

771. Tb 71; 25.IX.1920.
772. Banholzer (1981), 237 f.
773. O.S. 14.

den angstauslösender Situationen, das er gegenüber Beethovens Musik ebenso zeigte wie gegenüber dem zum Schwimmen lockenden Wasser[774]. Die Agora entzog sich der Regie des ‚Agoraphoben‘, sie nahm das Gesicht der unberechenbaren Masse an, so wurde er theatrophob. Dennoch: Er blieb verbunden mit dem Publikum, ‚ließ sich laufend durch einen Boten berichten‘, nur *über* es freilich, nicht *von* ihm. Die Boten selbst, soweit wahrte er Aktivität, konnte er anstellen und schicken. Ihre Berichte episierten die für ihn dramatische Premiere, die ihm mit „gefühlsverwirrung“[775] drohte; sie machten sie zum ‚Epischen Theater‘.

An dieser Situation, in der Brechts gewöhnlich hochentwickelte Meisterungsmechanismen nicht greifen konnten, läßt sich wie an einem Modell die Spannung erkennen, der sich seine literarische Kreativität verdankt: Drinnen beim ambivalent erfahrenen Objekt zittert sein „heißes Herz“; draußen sitzt er mit ‚kalter Brust‘,[776] hält sich an seiner Zigarre oder am Bierglas. Dazwischen aber läßt er in eigener Regie die Boten laufen und episch berichten.

Solche Boten fand er ein Leben lang. 1929, so erinnert sich Hanns Eisler

> funktionierte ich eigentlich mehr wie der Bote der Arbeiterbewegung. Ich war nur der Bote. Ich war doch keine Persönlichkeit, sondern der Bote, der Brecht noch etwas mehr Praktisches von der Arbeiterbewegung mitteilte.[777]

1933 lernte Brecht die weitgereiste und politisch aktive Ruth Berlau kennen.

> Brecht, von jeher an Erlebnisberichten mehr interessiert, als daran, selbst in Erlebnisse hineingezogen zu werden, mußte von dieser Frau begeistert sein.[778]

In der DDR erhielt er die Botenberichte dann von seinen jungen Geliebten.

> Brecht, eingesponnen in seine Arbeit, in seine Theaterwelt, besaß wenig Kontakt zum tagtäglichen Leben, zu den Vorgängen in der Republik. Er

774. O.S. 14 ff.
775. O.S. 14.
776. O.S. 83.
777. Zit. n. Mittenzwei (1986, 1), 346.
778. Ebd. 513.

war auf Informationen angewiesen. Günstig erwies sich da, daß er in Isot Kilian und Käthe Rülicke zwei Mitarbeiterinnen hatte, die über neue gesellschaftliche Erfahrungen verfügten, die er nicht aus eigenem Erleben kannte, auf die er aber neugierig war.[779]

Einmal mehr erkennen wir, daß sein Episches Theater nicht purem Nachdenken entsprang, sondern eben auch psychischem Bedürfnis: Es war Moment eines Überlebenskonzepts, ein „Mittel". Seine inneren Konflikte hatte er nach außen, ins Theater und in die Gesellschaft getragen, dabei deren Konflikte entdeckt, seine eigene Lösung als allgemeine entworfen und in der allgemeinen die eigene aufgehoben. So fand er eine Begründung, die inzwischen vielen einleuchtet. Sein Kopf hat gesiegt, aus dem Cliquenführer ist ein anerkannter Theatertheoretiker geworden und der wohl bedeutendste Dramatiker dieses Jahrhunderts; Heerscharen von Regisseuren, Schauspielern, Germanistikprofessoren, Studenten, Deutschlehrern und Aufsätze schreibenden Schülern folgen ihm nach. Doch wie auch sonst: Das „Mittel" versagt, die Psyche ist stärker als das, was sein Kopf ersann. Epische Distanz und V-Effekt seines Theaters, ihn selbst können sie nicht schützen. Er muß hinaus in den „Hildegardhof". Doch gerade, daß sein Werk an ihm selbst versagt, ist Antrieb zu weiterem Schaffen.

779. Mittenzwei (1986, 2), 392.

Trotz allen hochsublimierten Schutzmechanismen, in Brechts Texten schlägt er immer, der beschleunigte Puls. Wir spüren ihn in den frühen Bildern und Strukturen, die, gesellschaftskritisch und ästhetisch anverwandelt, auch sein ‚reifes' Episches Theater prägen; und

> wir wissen schon, daß die ganze Skala von der Nüchternheit bis zum Rausch und daß der Gegensatz von Nüchternheit zum Rausch im Kunstgenuß gegenwärtig ist.[780]

Das will ich am ‚Guten Menschen von Sezuan' zeigen, einem Stück, an dem Brecht seit 1926, vor allem aber von 1939 bis 1941 gearbeitet hat. Am 15.3.1939 vermerkt er:

> vor ein paar tagen habe ich den alten entwurf von DER GUTE MENSCH VON SEZUAN wieder hervorgezogen [...]. es ist scharadenarbeit, schon der umkleide- und umschminkakte wegen. ich kann aber dabei die epische technik entwickeln und so endlich wieder auf den standard kommen. für die schublade braucht man keine konzessionen. interessant, wie sich bei diesen dünnen stahlkonstruktionen jeder kleinste rechenfehler rächt.[781]

An diesem durchgerechneten Stück Epischen Theaters, das sich in den Augen wohl der meisten Interpreten einer psychoanalytischen Deutung sperrt, will ich meinen Ansatz erproben: Ich will ‚das Brett dort bohren, wo es am dicksten ist'. Wider die Tradition der Brechtforschung blicke ich zunächst auf Emotionen und Phantasien, dann erst auf Form und Gesellschaft.

*

Ein Blick auf ,Vorspiel' und erste Szene: Zerreissung droht. Wie ein Kind auf den heimkehrenden, rettenden und strafenden Vater, so wartet Wang im „Vorspiel" gläubig und brav auf die Götter, sucht sie mit Sezuan zusammenzuführen wie mit der Mutter oder der restlichen Familie. Wie ein Kind zwischen Eltern, die einander nicht verstehen, so rennt er, schuldbewußt und angstvoll den Riß verdeckend, zwischen Göttern und Städtern hin und her, vermag nicht mehr zusammenzuhal-

---

780. w.a. 16, 581; „Der Messingkauf".
781. AJ 45.

ten, was sich entzweit hat, spürt seine Verantwortung für das Mißlingen und entzieht sich. Doch eine Tür, die sich öffnet, hat er dennoch gefunden, die Shen Te's, der Hure. Am anderen Morgen verabschieden die Götter sich von ihr wie Vater oder Mutter von ihrem Kind: mit der Aufforderung, ihren Geboten zu entsprechen, „gut" zu sein also. ‚Sei hübsch ordentlich und fromm, / Bis nach Haus ich wieder komm'. Der Zuschauer ahnt: Damit hat dieses Kind den Vater zu retten — moralische Erpressung. Ist Shen Te nicht „gut", müssen die Götter verschwinden. — Die starke Emotionalität dieses ‚Vorspiels' verbirgt sich hinter Komik, chinesischem Kostüm und epischer Distanz — wie ihrerseits das „Vorspiel" und dann die ‚Zwischenspiele' Abstand schaffen zu Shen Te's wachsender Qual, der das Stück sie nun aussetzt: Wir können sie wie in einem Experiment beobachten, das den Gesetzen der kapitalistischen Gesellschaft nachgeht, ja wie in einem Spiel jenseits unmittelbarer Bedrohung, wie in einer Parabel eben.

Schon die erste Szene der Parabelhandlung treibt Shen Te in peinliche Not. Ihr Laden, ein Geschenk der Götter, zieht magisch die Schar der Elenden an; mit ihnen kehrt das unbewußte Bild der erpresserischen Mutter wieder, die jammernd in den Bereich ihres Kindes einbricht.[782] Diese Mutter-Imago fordert grenzenlose Zuwendung; sie beraubt das Kind seiner Autonomie und Existenzgrundlage, saugt es aus, macht es weinend verantwortlich für ihre Rettung und droht, es mit in die Strudel des eigenen Untergangs zu reißen. — Shin, die frühere Besitzerin des Ladens und natürlich eine Mutter, tritt ein, Reis für ihre Kinder zu erbitten.

> DIE SHIN […] Das Kleinste hustet schon.
> SHEN TE Das ist schlimm.
> DIE SHIN Sie wissen ja gar nicht, was schlimm ist, Ihnen geht es gut. Aber Sie werden noch allerhand Erfahrungen machen hier in dieser Bude. Dies ist ein Elendsviertel.[…]
> SHEN TE Davon sagten Sie mir nichts, als Sie mir den Laden verkauften.
> DIE SHIN Machen Sie mir nur nicht jetzt auch noch Vorwürfe! Zuerst rauben Sie mir und meinen Kindern das Heim und dann heißt es eine Bude und Elendsviertel. Das ist der Gipfel. *Sie weint.*
> SHEN TE *schnell*: Ich hole Ihnen gleich den Reis.
> DIE SHIN Ich wollte Sie auch bitten, mir etwas Geld zu leihen.

782. Vgl. o.S. 9, 30 ff.

SHEN TE *während sie den Reis in den Topf schüttet*: Das kann ich nicht.
Ich habe doch noch nichts verkauft.
DIE SHIN Ich brauche es aber. Von was soll ich leben? Sie haben mir alles
weggenommen. Jetzt drehen Sie mir die Gurgel zu. Ich werde Ihnen
meine Kinder vor die Schwelle setzen, Sie Halsabschneiderin! *Sie reißt
ihr den Topf aus den Händen.*[783]

Diese Mutter erpreßt mit ihrer Not; sie ist unersättlich, greift an, arbeitet mit Schuldgefühlen und versteht ihrerseits Shen Te's Versuch, sich
abzugrenzen, als körperlichen Angriff: „Sie Halsabschneiderin!". Doch
sie ist entschuldigt, sie leidet ja Not und kämpft für ihre Kinder. Shen
Te ist dem hilflos ausgeliefert — und hilft. Ihre „Güte" ist Erpreßbarkeit
durch ein vom Selbstbild nicht klar abgegrenztes Mutterbild.

Die mit der Shin emotional nahezu kenntlich eingeführte Mutter-
Imago wird zunehmend von den hereindrängenden Armen, schließlich
von der ganzen Gesellschaft repräsentiert, also immer abstrakter. Diese
erpressende Mutter hat Shen Te betrogen (1502), ihre Bedrohlichkeit
wächst: Sie erschimpft sich Hilfe (1504), breitet sich ungeniert in Shen
Te's Raum aus (1506), übernimmt die Herrschaft („Wir haben uns das so
gedacht" 1506), vergreift sich an Shen Te's Existenzgrundlage (1507)
und beginnt, sie zu zerstören (1508). Es läßt sich nicht mehr übersehen:
Auch Shen Te droht der Untergang, den die anderen schon erlebten; er
ist gesellschaftlich allgemein (1507f.). Weil die Imago der untergehenden
Mutter nach ihr und ihrem „Mittel", dem Laden greift, kommt Angst
auf, sie werde verschlungen.

Der Rettung kleiner Nachen
Wird sofort in die Tiefe gezogen:
Zu viele Versinkende
Greifen gierig nach ihm. (1508f.)

Mit der wachsenden Verschlingungsgefahr verstärken sich aber auch
die „Mittel", ihr und der Angst zu begegnen. Damit der Zuschauer sich
ungestört in diesem „Gewühl" bewegen kann,[784] bietet Brecht ihm als
„Zigarre" Komik an, Gesang und Unterbrechung der dramatischen
Handlung. Die erpressende Shin wird zur komischen Figur; schmun-
zelnd kann der Zuschauer sich über sie und seine Beklemmung erheben,
wenn er sie schimpfen hört „zuerst rauben Sie mir [...] das Heim und

783. w.a. 4, 1499 f.; künftig nur noch Seitenangabe.
784. O.S. 87 f.

dann heißt es eine Bude und Elendsviertel", und sich erinnert, daß doch sie es war, die eben noch von „Bude" und „Elendsviertel" sprach. Komik erlaubt es, das Gefährliche mimetisch übersteigert vorzuführen und es lachend anzugreifen. Komik rettet hinweg über jene Augenblicke nahender Verschlingung, die im „Herzkrampf" zu enden drohen. Gerade, als die Vertreter des Mutterbildes es sich in Shen Te's Räumen wie selbstverständlich bequem gemacht haben („Alle nehmen sich zu rauchen"), grüßt der Großvater, etwas „gaga" (1536) und immer um einige Phasen zu spät, ernst und förmlich (1507); solch komischer Kontrast führt zu kurzem befreienden Lachen. Dann hilft Gesang aus der Bedrängnis, „Ich weiß eine Melodie"[785]: „Das Lied vom Rauch". Doch gerade hier wird die Hoffnungslosigkeit als allgemeine festgeschrieben, die Bedrängnis wächst. — Wie der Gesang, so unterbrechen auch die zumeist lyrischen Partien, mit denen Shen Te sich an das Publikum wendet, die Handlung (1500, 1502, 1503). Der Zuschauer kann aufatmen, ihm wird ein Fels geboten; von ihm aus kann er nun hinabschauen in den Strudel.

*

Doch jetzt *zum weiteren Geschehen*: Shen Te selbst entwickelt ein „Mittel", sich vor Erpressung, Mitleid und der hinter ihm lauernden verschlingenden Mutter[786] zu schützen: Shui Ta, den Vertreter der „Kälte" des Subjekts, der meisternden Rationalität, die „Griffe" hat gegen die anderen,[787] den Vertreter gewaltsamer Abgrenzung vom Objekt und so der krampfhaften Individuierung unter den Bedingungen verschwimmender Subjekt-Objekt-Grenzen; ein „Mittel" auch, die Aggression gegen das Mutterbild abzuwehren,[788] und deren Vertreter nicht völlig zu vernichten. Die Spaltung in Shen Te und Shui Ta bereitet sich in der wachsenden Not der ersten Szene wie in einem Psychodrama vor; die Eindringlinge selbst flüstern Shen Te den Vetter ein, denn sie wollen sich retten. Als die Angst am größten ist — und der Anfall am nächsten —, kommt es gegen Morgen, in der Zeit des „Herzkrampfs", zum Um-

785. O.S. 100.
786. O.S. 163 ff.
787. O.S. 186.
788. Vgl. o.S. 30 f., 38.

schlag: Shui Ta betritt den Laden, „*Überall schlafende Leute. Die Lampe brennt noch. Es klopft.* DIE FRAU *erhebt sich schlaftrunken*: Shen Te! Es klopft! Wo ist sie denn?" (1510). Wir spüren das Herz klopfen: Was geschieht? Wird es gelingen? — Nun beginnt Shui-Ta „kalt" (1517) den Kampf um Autonomie und vertreibt die erpressende Mutter aus seinen Räumen. Kurz noch ist Shen Te's Erschrecken vor solcher „Kälte" zu spüren; sie will die Eindringlinge retten, doch dann setzt Shui-Ta sich durch und fährt gelassen durchs „Gewühl"[789]:

> SHUI TA [...] Wenn ihr schnell geht,[...] könnt ihr euch noch retten.
> [...]
> Ja, wo bleibt der Junge? Ich sagte euch vorhin, daß ich ihn nicht mit gestohlenem Kuchen in meinem Laden haben will. *Plötzlich schreiend*: Noch einmal: geht!
> *Sie bleiben sitzen.*
> SHUI TA *wieder ganz ruhig*: Wie ihr wollt.
> *Er geht zur Tür und grüßt tief hinaus. In der Tür taucht ein Polizist auf.*
> (1514)

Hinter Shui Ta's Ruhe verschwindet die triumphale Rache an der erpressenden Mutter, doch verschoben tritt sie kurz darauf in der Schadenfreude einiger Eindringlinge dann doch ans Licht, und in deren prompter Bestrafung:

> *Die Frau quietscht vor Vergnügen.* [...]
> DER MANN Den haben wir draußen!
> DIE FRAU *sich die Lachtränen trocknend*: ‚Sie sind aus Nußbaum!' — ‚Nehmen Sie sie weg!' — ‚100 Silberdollar! Ich habe vier Kinder!' — ‚Dann zahle ich zwanzig!' — ‚Aber sie sind doch verschnitten!' — ‚Eben! 20 Silberdollar!' — So muß man diese Typen behandeln!
> SHUI TA Ja. *Ernst*: Geht schnell weg.
> DER MANN Wir?
> SHUI TA Ja, ihr. (1513f.)

Der Triumph ist auf andere verschoben, Shui Ta also entschuldigt; er ist es auch, weil „Kälte" in der ganzen Stadt herrscht (1512) und ihn, will er überleben, zu seiner eigenen zwingt.

Im weiteren Verlauf wird Shen Te/ Shui Ta durch die Mühlen der Ambivalenz, der Liebe, der Erpressung und der drohenden Vernichtung gedreht und in steigende Qual, Verlassenheit, Verwirrung und Ausweg-

789. O.S. 87 f.

losigkeit gestürzt. Jeweils eine ihrer Positionen, die der „Güte" oder die der „Kälte" wird solange verstärkt, bis sie ins Gegenteil umschlägt. Hierbei treten der Umschlag des Subjekts wie der des Objekts und die Emotionen, Liebe, Zorn, Angst und „Kälte" immer deutlicher hervor.

Schon in der zweiten Szene deutet sich an, daß „Kälte" sich nicht nur gegen andere, sondern eben auch gegen das Subjekt selbst richtet: Shen Te muß sich in eine Ehe verkaufen. Das bedeutet Verzicht auf Liebe, „Kälte" gegen die eigenen Gefühle. Doch unmittelbar darauf, in der dritten Szene, nimmt Shen Te's Liebe ihren Anfang. Sie wird die Shui Ta-Position gefährden, und umgekehrt wird diese Position die Liebe gefährden. Der Widerspruch in Shen Te/ Shui Ta verschärft sich. Die Liebe öffnet stärkeren Emotionen die Tür und damit der Gefahr: Der Geliebte nimmt Züge der geliebten, kalten, vereinnahmenden und aussaugenden Mutter an; die Liebende wird abhängig, erpreßbar, bereit, für ihn ihre Autonomie, ihren Laden zu opfern (1542). Liebe, hier der höchste Zustand nichtberechnend-ausfließenden Gebens, der „Güte", der verführerisch ambivalenzfreien Preisgabe an ein nehmend-gebendes Mutter-Bild, wird zur äußersten Bedrohung, das böse Objekt tritt hinter dem guten hervor:

> SHUI TA *aufschreiend*: Der Laden ist weg! Er liebt nicht! [...] Ich bin verloren! *Er beginnt herumzulaufen wie ein gefangenes Tier, immerzu wiederholend*: ‚Der Laden ist weg!' [...] Dann ereilt einen von uns das Unglück: er liebt. Das genügt, er ist verloren. Eine Schwäche und man ist abserviert. Wie soll man sich von allen Schwächen freimachen, vor allem von der tödlichsten, der Liebe? [...]
> Die Liebkosungen gehen in Würgungen über.
> Der Liebesseufzer verwandelt sich in den Angstschrei. (1546)

Hoffnungslos und erregt, gefangen wie ein Tier im Widerspruch von Liebe, Zurückweisung und Untergang, wie der ohnmächtige Säugling und wie der Herzneurotiker im Käfig der frühen Ambivalenz, muß Shen Te/ Shui Ta sich in weitere „Kälte" retten[790]; denn die Liebe zu dieser Mutter-Imago ist zu gefährlich, wie auch der Zorn über das von ihr begangene Unrecht (1534, 1548).[791] So schützt die Spaltung. Und das wiederholt sich: Shen Te, durch ihre Schwangerschaft in neue und unlösbare Liebe gefallen, wird um ihres Sohnes willen zum Ausbeuter, zum Kapitalisten Shui Ta.

790. O.S. 24, 26, 30 ff.
791. O.S. 30 ff.

Doch auch das ist bald nicht mehr möglich; noch weiter in die Enge getrieben, offenbart Shen Te sich verzweifelt den Göttern:

> Ja, ich bin es. Shui Ta und Shen Te, ich bin beide.
> Euer einstiger Befehl
> Gut zu sein und doch zu leben
> Zerriß mich wie ein Blitz in zwei Hälften. Ich
> Weiß nicht, wie es kam: gut sein zu andern
> Und zu mir konnte ich nicht zugleich.
> Andern und mir zu helfen, war mir zu schwer.
> Ach, eure Welt ist schwierig! Zu viel Not, zu viel Verzweiflung! (1603)

Schuld sind die Götter und ihre „Welt". Die Spaltung in „Kälte" und „Güte" ist nun nicht mehr möglich. Deutlich benennt Shen Te ihre Emotionen, die sie in der Ambivalenz umtrieben:

> [...] Ach, in mir war
> Solch eine Gier, mich zu verwöhnen! Und da war auch
> In mir ein heimliches Wissen, denn meine Ziehmutter
> Wusch mich mit Gossenwasser! Davon kriegte ich
> Ein scharfes Aug. Jedoch Mitleid
> Schmerzte mich so, daß ich gleich in wölfischen Zorn verfiel
> Angesichts des Elends. Dann
> Fühlte ich, wie ich mich verwandelte und
> Mir die Lippe zur Lefze wurd. Wie Asche im Mund
> Schmeckte das gütige Wort. Und doch
> Wollte ich gern ein Engel sein den Vorstädten. Zu schenken
> War mir eine Wollust. (1604)

Zwischen „Gier" sich zu verwöhnen, „Mitleid", ,wölfischem Zorn' und „Wollust" des Schenkens, zwischen solch starken Emotionen zerrissen, fleht Shen Te ohnmächtig um Hilfe. Doch die Götter, die rettende triangulierende Instanz, entschwinden und liefern sie dem Bild der verschlingenden Mutter aus. Die Trennung der Eltern, die Wang im „Vorspiel" noch ängstlich zu verhindern suchte, nun ist sie endgültig. „Hilfe" ist Shen Te's letzter Schrei.

In einer Psychotherapie wäre diese Situation, auf welche die ganze Entwicklung hinlief, der Augenblick des Zusammenbruchs bisheriger Abwehrstrukturen, der heftigen emotionalen Erschütterung und der offenen Auslieferung an das eigene frühe Leiden: eine unabdingbare Voraussetzung heilenden Neubeginns. Im Stück kam es in solchen Situationen, die freilich nicht ganz so hoffnungslos waren, bislang zur Spaltung (z.B. 1508ff.), bei Brecht selbst aber war es zum „Herzkrampf" gekommen, zum Lied[792] oder zur Wendung nach außen, hin zur Gesellschaft und ihrer Kritik.[793] Ähnlich auch hier: Der Epilog wechselt die Perspektive, läßt den Zuschauer von außen auf Shen Te's Schicksal schauen, befreit ihn aus seiner Passivität und öffnet ihm, indem er Theaterspiel und gesellschaftliche Realität trennt, die Möglichkeit, sich aktiv zunächst zum Spiel zu verhalten und dann auch zur Wirklichkeit. Angesichts der in tiefste Ohnmacht und Passivität getriebenen Shen Te kann er sich zur Aktivität erheben. Von der eben durchlittenen frühen Ambivalenz braucht er als einer eigenen psychischen Gefährdung nichts mehr zu spüren.

Schon dieser erste Gang durch den Text konnte zeigen, wie sehr selbst ein so durchmathematisiertes und gesellschaftskritisches episches Theaterstück von Brechts frühen Konflikten geprägt ist und von seinen Möglichkeiten mit ihnen umzugehen. Dem will ich nun etwas systematischer und genauer nachspüren. Wie bei der Analyse des Gedichts „Vom armen B.B.", werde ich mich auf wenige Aspekte beschränken.

*

Die Figurenkonstellation, der Handlungsverlauf und die Konflikte des Stückes entfalten *auf der Ebene des Unbewußten ein nahezu vaterloses Spektrum von Mutter-Sohn-Interaktionen* und weiten es auf die ganze Welt aus. Hierin entsprechen sie Brechts frühen Szenen und zugleich der gesellschaftlichen Tendenz zur ‚Vaterlosigkeit'. In diesem Stück nehmen, wie sich zeigen wird, sogar die Götter, eine väterliche Instanz, Züge der frühen Mutter an. Die wenigen Väter werden nicht als sichernd anerkannt, Lin To ist Shui Ta ausgeliefert, der Sohn Suns erscheint als „Vaterloser" (1568). Die Väter Suns wie Shen Te's tauchen nicht auf, wohl aber ihre Mutter bzw. Ziehmutter (1604). So selbstverständlich wird die Mutterbindung vorausgesetzt, daß Sun als Beweis seiner Macht über Shen Te ausführen kann „Wenn ich ihr die Hand auf die Schulter lege und ihr sage ‚Du gehst mit mir', hört sie Glocken und kennt ihre Mutter nicht mehr" (1545). Und so selbstverständlich ist das Kind der Mutter ein Sohn, nicht etwa eine Tochter, daß Shen Te, kaum ahnt sie

792. O.S. 100 ff.
793. O.S. 128 f., 147 ff. Die Nähe der Wendung nach außen zur Phantasie der Geburt (o.S. 153 f., o.S. 97) finden wir auch hier: Shen Te ist hochschwanger.

ihre Schwangerschaft, freudig ihren „Sohn" begrüßt (1568), wie ja auch Sun ohne Zögern feststellt „Ich habe einen Sohn" (1588).

Die Mutter-Sohn-Welt des Stücks ist geprägt von einem Mißtrauen, das keine sichere Nähe und Zuneigung gestattet, und von einem nur kurzfristig unterbrochenen Kampf eines jeden gegen jeden, aber auch von der Sehnsucht nach einer Beziehung, die Vertrauen erlaubt. — Die Reihe der Mütter führt von den Mutterfiguren — Shin, Frau Yang, Shen Te — über Figuren, die Mutterzüge annehmen — Mi Tzü und sogar Sun —, bis hin zu Vertretern des Mutterbildes, die als solche zunächst nicht zu erkennen sind: die Elenden, die in Shen Te's Laden eindringen,[794] die unterdrückte und zugleich unterdrückende Gesellschaft, die Welt, Armut und Tod. Die Reihe der Söhne reicht von Sun, von Lin To's Sohn und dem Shen Te's bis zu Shen Te selbst, der das mütterliche Bild mit Sun und mit der Gesellschaft begegnet; aus Shen Te's weiblichen Augen blickt dann Berthold Eugen Brecht.

Ein Wunschbild mütterlichen Verhaltens, ein Phantasma, an dem wir ablesen können, was Brecht vermißte, malt er mit Shen Te's ersten Reaktionen auf ihre Schwangerschaft:

> *Dann betrachtet sie ihren Leib, betastet ihn, und eine große Freude zeigt sich auf ihrem Gesicht.*
> SHEN TE *leise*: O Freude! Ein kleiner Mensch entsteht in meinem Leibe. [...] Die Welt erwartet ihn im geheimen. In den Städten heißt es schon: Jetzt kommt einer, mit dem man rechnen muß. *Sie stellt ihren kleinen Sohn dem Publikum vor*: Ein Flieger!
> Begrüßt einen neuen Eroberer [...]!
> *Sie beginnt auf und ab zu gehen und ihren kleinen Sohn an der Hand zu nehmen*: Komm, Sohn, betrachte dir die Welt! Hier, das ist ein Baum. Verbeuge dich, begrüße ihn. *Sie macht die Verbeugung vor.* So, jetzt kennt ihr euch. [...] Ach, der Polizist! Da machen wir einen Bogen. Vielleicht holen wir uns ein paar Kirschen dort, im Garten des reichen Herrn Feh Pung. Da heißt es, nicht gesehen werden. Komm, Vaterloser! Auch du willst Kirschen! Sachte, sachte, Sohn! *Sie gehen vorsichtig, sich umblickend.* [...] Nein, so gradlos drauf zu, das kannst du nicht machen, in diesem Fall. *Er scheint sie wegzuziehen, sie widerstrebt.* Wir müssen vernünftig sein. *Plötzlich gibt sie nach.* [...] *Sie hebt ihn hoch.* Kannst du die Kirschen erreichen? Schieb in den Mund [...]

---

794. O.S. 212 f.

Sie verspeist selber eine, die er ihr in den Mund steckt. Schmeckt fein.
Zum Teufel, der Polizist. Jetzt heißt es laufen. *Sie fliehen.* [...] Ruhig
jetzt, langsam gegangen, damit wir nicht auffallen. (1568)

Brechts Ideal einer Mutter: Freudig, und stellvertretend für alle anderen,
erwartet sie ihren Sohn, zeigt ihm die Welt und dieser ihn, stiftet eine
freundliche Verbindung zwischen ihnen. Die Welt ist hier ein Drittes,
dem beide gemeinsam begegnen, eine von der Mutter angebotene triangulierende Instanz. Die Mutter nimmt ihren Sohn an der Hand, weiß
aber, daß er als ein „Flieger" sie verlassen wird, bindet ihn also nicht.
Stolz begrüßt sie seine Potenz („Eroberer") und ernennt ihn — welch
ödipale Wunscherfüllung! — zum ‚Vaterlosen'. Schauen wir genauer hin,
so sehen wir freilich: Shen Te ist eben auch eine besetzende Mutter. Welche Chance hätte dieser Sohn, *kein* Eroberer und Flieger zu werden? An
diesem Punkt gesteht sie ihm keine Autonomie zu. Selbst in solchen
Idealbildern kehrt bei Brecht also die vereinnahmende Mutter wieder.
Doch, soweit dies bewußt gestaltet ist, bindet Shen Te ihren Sohn nicht.
Sie geht auf seine Wünsche ein, ohne sich selbst aufzugeben, durch-
bricht gemeinsam mit ihm genußhemmende Normen, hilft ihm zu
leckerem Essen und läßt ihrerseits von ihm sich füttern: mit „Kirschen"
— ein kaum verhülltes sexuelles Symbol — aus dem „Garten", und jetzt
wird es ödipal, „des reichen Herrn Feh Pung". Hand in Hand mit dem
‚Vaterlosen' schleicht sie vor dem ‚Polizisten', dem Verteter eines verbie-
tenden Vaters davon: eine auch inzestuöse Komplizin. Die nährende
Mutter ist hier insgeheim die immer schon gewonnene ödipale. Auch
hier: Wäre dies ein wirklicher Sohn, wie sollte er sich abgrenzen? Diese
ideale Mutter machte ihn krank.

Gute nährende Mutter ist Shen Te auch, wenn sie die Elenden versorgt. Doch dort bleibt die Beziehung einseitig, die Rolle des gefütter-
ten, des passiven Kindes bleibt ihr versagt. Das phantasierte Glück mit
ihrem Sohn ist das der freien Gegenseitigkeit.

Bald holt die Realität sie ein: Die „Welt" mit den Zügen der kalten
und verschlingenden Mutter bedroht ihren Sohn. So wird Shen Te ihrerseits kalt gegen die „Welt". Um ihren Sohn zu retten, verwandelt sie
sich abermals in Shui Ta:

O Sohn, o Flieger! In welche Welt
Wirst du kommen? [...]
[...] Ja von Stund an
Da ich das gesehen habe, will ich mich scheiden

Von allen und nicht ruhen
Bis ich meinen Sohn gerettet habe, wenigstens ihn!
[...] Sohn, zu dir
Will ich gut sein und Tiger und wildes Tier
Zu allen andern, wenn's sein muß. Und
Es muß sein.
Sie geht hinein, sich in den Vetter zu verwandeln. (1572f.)

Das Verhältnis der Mutter zum Sohn ist warm, ihre Kälte richtet sich nach außen gegen die „Welt", die abgespaltene und abstraktere kalte Mutter. Dieser Spaltung des Mutterbildes entspricht, wenn wir Shen Te auch als Repräsentantin des Selbstbildes verstehen, eine Spaltung des Selbstbildes: Shen Te/ Shui Ta. Durch solche Spaltung des Mutter- wie des Selbstbildes wird das Oszillieren in der frühen Ambivalenz überflüssig; an seine Stelle tritt die eindeutige Gestaltung von warmen guten und kalten bösen Selbst- und Objektbildern und von entsprechenden Emotionen: Nicht mehr müssen wir, wie etwa in „Vom armen B.B.", hinter den kalten Bildern die Sehnsucht nach den warmen im Oszillieren zwischen Kälte und halbverborgener Klage nur unklar erahnen. Sie ist nun deutlich formuliert und kann zum befreienden Angriff auf eine Gesellschaft führen, die das Antlitz der kalten Mutter trägt.

Es zeugt von Brechts ausgefeilter Kunst im gestaltenden Umgang mit seinen Emotionen, daß er jene frühen Bilder, die er durch sehr abstrakte Objekte wie etwa die „Welt" repräsentiert, zugleich auch konkreten Figuren eingestaltet. So kann er frühe Phantasien, Szenen und Emotionen wecken und sie dann unbemerkt das Allgemeine prägen lassen. — Die bedrohliche Mutter vertreten als konkrete Figuren zunächst Frau Yang und die Shin. Mit Frau Yang, die für ihren Sohn kämpft und insofern eine Parallelfigur zu Shen Te ist, betritt das Bild der dominierenden und normbewußten Mutter die Bühne, welche ihren Sohn ins System integrieren will, ihn liebevoll bindet, beugt und ihm kein Wachstum, keine Autonomie zugesteht. Die Mutter, die den kleinen Brecht noch in die Schule begleitet,[795] die ihm gegenüber die bürgerlich-christlichen Normen vertritt,[796] die Mutter aus dem „Oratorium"[797] und die Baals[798] le-

795. O.S. 25.
796. O.S. 31 ff.
797. O.S. 30 f.
798. O.S. 9.

ben wieder auf — Gegenbilder zur Mutter-Sohn-Phantasie Shen Te's. Frau Yang bittet für Sun:

> Herr Shui Ta, ich möchte ein Wort für meinen Sohn bei Ihnen einlegen. [...], um der Götter willen, können Sie nicht noch einmal Gnade vor Recht ergehen lassen? [...] Ich weiß, er ist ein Lump. Er [...] wollte ohne seine alte Mama nach Peking. *Sie weint.* [...]
> SHUI TA [...] Er kann eine Stelle in meiner Fabrik haben. Nach und nach werden ihm die 200 Silberdollar vom Lohn abgezogen werden.
> SUN Also Kittchen oder Fabrik?
> SHUI TA Sie haben die Wahl. [...]
> FRAU YANG Tausend Dank, Herr Shui Ta! Sie sind unendlich gütig, die Götter werden es Ihnen vergelten. *Zu Sun:* Du bist vom rechten Wege abgewichen. Versuch nun, durch ehrliche Arbeit wieder so weit zu kommen, daß du deiner Mutter in die Augen schauen kannst.
> *Sun folgt Shui Ta in die Fabrik.* (1578f.)

Als Komplizin und Opfer des gesellschaftlichen Systems treibt diese normbewußte Mutter ihren Sohn liebevoll in die vernichtende Karriere — und ist noch stolz auf seinen Aufstieg — wie es Shen Te auf den ihres Sohnes als Flieger wäre.

Die Götter, die Frau Yang im Munde führt wie Brechts Mutter den Christengott, tragen, obwohl sie eigentlich eine väterliche Instanz sind, Züge dieser bedrohlichen Mutter. Kein Wunder, war es doch wesentlich die Mutter und nicht der Vater, die dem kleinen Brecht gegenüber die bürgerlich-christlichen, also patriarchalischen Normen durchzusetzen suchte, und dies mit dem mütterlichen Instrumentarium des Weinens und der Erpressung.[799] Die „Gebote" der Götter verpflichten Shen Te, „gut" zu sein (1497f.), doch sie sind tödlich. Das einzusehen, weigern die Götter sich:

> Sollen wir eingestehen, daß unsere Gebote tödlich sind?
> Sollen wir verzichten auf unsere Gebote? *Verbissen:*
> Niemals! Soll die Welt geändert werden? Wie? Von wem?
> Nein, es ist alles in Ordnung! (1605)

Insoweit bedeutet die Abschaffung der Götter unbewußt Befreiung von der unter die Normen zwingenden Mutter. Auf der Ebene des Bewußtseins bedeutet sie Befreiung von der idealistischen bürgerlichen Moral, von der Ideologie, die ins System bindet.

799. O.S. 33.

Das Bild der Mutter, die mit ihren Leiden moralisch erpreßt, zornig angreift und ihre Rettung als Recht einfordert,[800] führt Brecht zunächst mit der Shin vor. Sie, und in weiterer Abstraktion die Armen und die Götter, die insgeheim ja auch ihre Rettung erpressen, beschneiden vorwurfsvoll Shen Te's Autonomie. Wie Brechts[801] und Baals[802] Mutter, so kann auch diese Mutter-Imago Sexualität nicht zugestehen; sie würde ja Autonomie bedeuten. Shen Te ist noch nicht von Sun zurück, da beschwert sich die Shin:

> Ein unglaubliches Benehmen! Endlich ist dieser rabiate Herr Vetter weg, und man bequemt sich, wenigstens ab und zu etwas Reis von seinem Überfluß abzugeben, und schon bleibt man nächtelang fort und treibt sich, die Götter wissen wo, herum! [...]
> DIE SCHWÄGERIN Nicht einmal einen Fetzen Leinen kann man hier bekommen früh um acht. Sie muß auf Abenteuer ausgehen! Skandal!
> DIE SHIN *düster:* Vergessen hat sie uns! (1531f.)

Auch im emotionalen Zentrum des Stückes, in der Liebesgeschichte konkretisiert sich die mit ihren Leiden erpressende Mutter: Sun, der Mann nimmt ihre Züge an. Das ist möglich, weil in der Liebe die frühe Symbiose wieder auflebt; die Mutter war ja das früheste Liebesobjekt. Wie entsteht Shen Te's Liebe? Sun will Selbstmord begehen, und angesichts seines Leidens beginnt sie ihn zu lieben — getragen von einer kaum verborgenen Rettungsphantasie. Noch sehr viel später, nachdem an Sun schon die kalte, die würgende und die aussaugende Mutter hervorgetreten sind, wird Shen Te durch seine Not zur Liebe verführt:

> Ich habe ihn nachts die Backen aufblasen sehn im Schlaf: sie waren böse.
> Und in der Frühe hielt ich seinen Rock gegen das Licht: da sah ich die
> Wand durch.
> Wenn ich sein schlaues Lachen sah, bekam ich Furcht, aber
> Wenn ich seine löchrigen Schuhe sah, liebte ich ihn sehr. (1567)

Das Leiden der Mutter — früher das von Brechts kranker Mutter — lockt das Kind, das sich von ihr nicht abgrenzen kann, zu Liebe und Rettung,[803] auch zur Rettung der bösen Mutter.[804] So kann Sun Shen Te zur Unterwerfung zwingen:

800. O.S. 36.
801. O.S. 33 f.
802. O.S. 9.
803. Vgl. o.S. 113.
804. Vgl. o.S. 150.

SUN Haben sie dir gesagt, ich bin ein schlechter Mensch? [...] Denn das bin ich vielleicht, Shen Te. Und das ist es, warum ich dich brauche. (1551)

Das wirkt:

SHEN TE [...] Sun hat wie ein kleiner Hurrikan [...] meinen Laden einfach weggefegt und mit ihm all meine Freunde. Aber er ist nicht schlecht, und er liebt mich. Solang ich um ihn bin, wird er nichts Schlechtes tun. (1553)
Werde ich stark genug sein, das Gute in ihm anzurufen? (1554)

Da kann er versuchen, sie offen zu erpressen:

SHEN TE [...] Sun, ich kann dir die 300 Silberdollar nicht geben, denn was soll aus den beiden Alten werden?
SUN Was aus mir! *Pause.* Trink lieber! [...] wenn du trinkst, dann verstehst du mich vielleicht, möglicherweise.
SHEN TE Glaub nicht, ich verstehe dich nicht. Daß du fliegen willst, und ich kann dir nicht dazu helfen.
SUN ‚Hier ein Flugzeug, Geliebter, aber es hat nur einen Flügel!‘
SHEN TE [...] brauche ich die 200 Silberdollar wieder, die du von mir bekommen hast. Gib sie mir gleich, Sun!
SUN ‚Gib sie mir gleich, Sun!‘ Von was redest du eigentlich? Bist du meine Frau oder nicht? Denn du verrätst mich, das weißt du doch? (1559)

Das Bild dieser erpressenden Mutter sucht zu binden und auszusaugen; wer sich ihr in Liebe, „Mitleid und Furcht" nähert, dem droht Untergang.

Die Imago der kalten Mutter ist kaum in Figuren konkretisiert, allenfalls in Mi Tzü. Shen Te ist abhängig von ihr, der Hausbesitzerin, die sie wieder auf die kalte Straße werfen kann (1517); deshalb muß Shen Te sie umwerben und ihr opfern. Weit ausgeführt ist dieses Bild jedoch im abstrakten Bereich: Als „Stadt" der „Frierenden" (1512), als ‚kalte Finsternis‘[805] (1605) und als „Welt", die „zu kalt ist" (1596). Ohne Konkretion bleibt die verschlingende Mutter, doch gerade sie strukturiert ganze Szenen, z.B. die erste.[806] Auch tauchte sie in Bildern auf, die an entscheidender Stelle das Geschehen deuten:

Der Rettung kleiner Nachen
Wird sofort in die Tiefe gezogen.
(1508)

805. Vgl. die Kälte der schwarzen Wälder o.S. 133; o.S. 30 ff.
806. O.S. 212f.

Sie schwankte merkwürdig daher und hielt den Nacken gebeugt, als schleppe sie an etwas Weichem, aber Schwerem, das sie hinunterdrückte in den Schlamm. (1577)

Der Druck von oben und der Sog von unten zwingen Shen Te ins gefräßige Maul der Mutter. Dies archaische Bild, das gefährlichste im Arsenal des Stückes, wirkt, obwohl nicht konkretisiert und nahezu verborgen, dennoch mächtig; die anderen Mutter-Imagines wecken ja Phantasien und Emotionen und leiten sie zu ihm hin.

Eigentlich sollte vor dieser gefährlichen Mutterwelt eine väterliche Instanz triangulierend retten. Doch die Götter, denen diese Aufgabe zukäme, überlassen das Kind der kalten verschlingenden Mutter, ja liefern als ihre Komplizen es ihr sogar aus. Was Brecht 1921 in sein Tagebuch geschrieben hatte, gilt auch hier: „Immer läßt mich mein Vater im Stich, wenn die Gefahr kommt".[807] Das Stück treibt die frühe Situation der Verlassenheit ins Extrem und wiederholt mit dem Hilfeschrei Shen Te's (1606) den von 1919, den Hilfeschrei angesichts des „Herzkrampfs":

Seitdem weiß ich, wenn ich im
Finstern bin
Kommt das Licht nicht zu mir.
Aber, ich schreie immer, ob es
Gleich nicht kommt
Wie ein Tier, das keine Hilfe
Hat.[808]

Wie 1918 wird nun auch in diesem Stück Epischen Theaters die väterliche triangulierende Instanz verabschiedet; sie konnte nicht helfen:

Herr, nun will ich dir sagen, daß es nichts auf sich hat mit dir [...] Nun will ich nichts mehr mit dir zu tun haben [...]. Ich will dich nicht sehen, wenn ich untergehe.[809]

Wie im „Oratorium", so führt im ‚Guten Menschen' das Leiden des Verlassenen zum Angriff auf den verlassenden Vater. Im Verlauf des Stückes wird das Leiden der Protagonistin masochistisch provozierend gesteigert. Es dient dazu, die schwache triangulierende Instanz weiter zu demontieren und ihr den Prozeß zu machen: klagend, daß sie nicht hilft, sondern verschwindet, aber auch ihre Schwäche verhöhnend, ihre

807. O.S. 26.
808. O.S. 30.
809. O.S. 31, 39 f.

Forderungen als tödlich denunzierend und sie empört des Raumes verweisend.[810] Brecht erprobt schreibend im Rückgang auf die frühe Symbiose abermals die Triangulierung, demonstriert ihr Versagen und führt seine Zuschauer in eine von patriarchalischer Religion und Moral freie Welt, die ihre legitimierende Ideologie verloren hat. Nun muß der Zuschauer als „Vaterloser" zu seiner eigenen Lösung finden, „muß, muß, muß" (1607), und das treibt ihn nach vorn. Im Augenblick der Katastrophe schlägt tiefstes Leiden um in die Aufforderung, aktiv zu werden.

Hier wiederholt Brecht eigene Erfahrungen: Als die väterlichen Instanzen, die Lehrer, der Kaiser, der Gott versagt hatten, wurde sein Blick frei für die unbewußt weitgehend zum Mutter-Kind-Bereich gewordene Gesellschaft. In sie, in die Großstadt war er kontraphobisch und schreibend hineingegangen, bis er, nach „Vom armen B.B.", ihre Gesetze zu erkennen begann und danach Möglichkeiten befreiender Aktivität.

1921 hatte er geschrieben:

> fast die ganze Moral, beinahe die gesamte christliche Legende gründen sich auf die Angst des Menschen, allein zu sein, und ziehen seine Aufmerksamkeit von seiner unsäglichen Verlassenheit [...] ab.[811]

Sie sind „Mittel", die „wahre Lage zu verschleiern"[812]: „Als die wimmelnde Masse der Wesen [...] ihre unbegreifliche Verlassenheit empfunden hatte, hatte sie schwitzend Gott erfunden".[813] Aus dem Kampf gegen diese „Mittel", an denen hinter dem guten das böse Objekt hervortrat,[814] hatte sich Brechts Kultur- und dann seine Ideologiekritik gespeist. Er setzt ihn auch hier fort. Die Götter sind „Mittel"; wie 1917 dem Christengott, so werden nun auch ihnen Grausamkeit und Unwahrhaftigkeit vorgeworfen:

> Tief in den dunkeln Tälern sterben die Hungernden.
> Du aber zeigst ihnen Brot und lässest sie sterben.

---

810. Vgl. die Gerichtsszene (w.a. 2, 549 ff.) und das „Spiel von Gott in Mahagonny" (ebd. 558 ff.) in „Aufstieg und Fall der Stadt Mahagonny".
811. O.S. 55.
812. O.S. 55.
813. O.S. 176.
814. O.S. 57 ff.

Du aber thronst ewig und unsichtbar
Strahlend und grausam über dem ewigen Plan.
[...]
Ließest die Armen arm sein manches Jahr
Weil ihre Sehnsucht schöner als dein Himmel war
Starben sie leider, bevor mit dem Lichte du kamst
Starben sie selig doch — und verfaulten sofort.[815]

Was damals noch der Christengott war, ist nun ins Chinesische und Parabolische verschoben; es steht für bürgerliche Ideologie. Der eine Gott ist zerstückelt in mehrere, in deren Uneinigkeit seine Autorität zerbröckelt; sie kommen herunter, verhalten sich schäbig und werden schließlich dem Gelächter preisgegeben.

Diese väterliche Instanz trägt, wie sich zeigte, auch Züge jener Mutter, die erpreßt, Autonomie raubt, Unterwerfung und gesellschaftliche Integration einfordert; sie will gerettet werden, gibt nährend (den Laden) und läßt kalt im Stich: Das Bild des Vaters, der kaum ödipal und strafend auftritt, denn da ist er längst unglaubwürdig geworden (1491, 1493), dieses Bild ist hier nach dem der frühen Mutter gezeichnet und zugleich nach dem des frühen triangulierenden Vaters.[816] Dort findet sich die Fixierung, die Brechts Schreiben prägt. Auch war es später eben seine Mutter, die ihn im Auftrag der patriarchalischen Gesellschaft sozialisierte. Dennoch treten hier Götter auf, nicht etwa Göttinen mit einigen patriarchalischen Zügen. Zu deutlich müßte Brecht mit ihnen Mütterliches zurückweisen.[817] Nun aber kann er die erpresserischen Normen der Mutter der väterlichen Instanz zuschieben, sie an ihr angreifen und dadurch Erde und Gesellschaft sich als mütterlichen Bereich erhalten: Auch er kann ein „Vaterloser" werden — ein ödipaler Triumph, mit der Folge freilich, daß der Kampf ums Überleben in dieser frühen Ambivalenz in die nächste Runde geht.

*

Blicken wir nun auf die andere Seite der Subjekt-Objekt-Beziehungen, von den Eltern-Bildern auf die des Kindes, die *Selbst-Bilder*: Brecht läßt ihr Drama, wie auch sonst in seinem Werk daraus erwachsen, daß

815. w.a. 8, 54; „Hymne an Gott".
816. Vgl. o.S. 26 ff..
817. Vgl. o.S. 30 ff.

die Grenzen zwischen ihnen und den Objektbildern nicht klar gezogen sind, sondern zerfließen.[818] Die Möglichkeit sich abzugrenzen setzt Urvertrauen voraus, die psychische Bewahrung der frühen Einheit mit der mütterlichen Substanz, die gelungene Verinnerlichung eines guten Objekts, dazu die Fähigkeit, Eigenes zurückzuhalten, und die, sich aggressiv gegen außen zu wenden. Neinsagen könnte den Verstrickungen der frühen Ambivalenz ein Ende setzen, und es könnte beitragen zur Identität eines Selbstbildes. Doch gerade hier liegen, soweit er in seinem frühen Szenarium gefangen bleibt, die Schwierigkeiten des Herzneurotikers.[819] Brecht hat die Schwierigkeit, sich abzugrenzen, im geformten Werk gestaltet; so zog er schreibend die Grenze.

Shen Te kann nicht nein sagen,[820] und das macht sie zum ‚Guten Menschen von Sezuan‘:

> Jetzt bleibt nur noch die Prostituierte Shen Te, die kann nicht nein sagen. (1494)

> DIE FRAU *kopfschüttelnd:* Sie kann nicht nein sagen! Du bist zu gut, Shen Te. Wenn du deinen Laden behalten willst, mußt du die eine oder andere Bitte abschlagen können. (1502)

Bei nicht geglückter Abgrenzung wird die ungetrennte, strömende, wechselseitig gebende und nährende Einheit zum Wunschbild eines positiven Subjekt-Objekt-Verhältnisses. Diese Phantasie gründet auf der Abspaltung der nicht integrierten aggressiven und zurückhaltenden Selbstanteile. Sie führt zu einem Selbstbild, das sich als ‚gut‘ versteht, wenn es, unabgegrenzt vom Objekt, ihm hilft und mit ihm leidet. Das jedoch liefert es dem Objekt aus, sogar wenn es dieses schon als ‚kalt‘ hat erfahren müssen:

> Als mein bißchen Geld ausging, hatten sie mich auf die Straße gesetzt.
> Sie fürchteten vielleicht, daß ich jetzt nein sage. Sie sind arm.
> Sie sind ohne Obdach.
> Sie sind ohne Freunde.
> Sie brauchen jemand.
> Wie könnte man da nein sagen?
> *Freundlich zu den Ankömmlingen:* Seid willkommen! (1500)

818. Vgl. o.S.11, 23 f., 79 f., 97 f., 130 f.
819. O.S. 11, 20 f.
820. Das hat sie mit anderen Figuren Brechts gemeinsam, z.B. mit Galy Gay: „Das ist ein Mann, der nicht nein sagen kann“; w.a. 1, 308.

Shui Ta ist dann der Versuch, krampfhaft eine schützende Trennwand zu errichten: ein Wunschbild des von Verschlingung Bedrohten. Doch der Boden, auf dem diese Trennwand errichtet wurde, schwankt; so bricht sie immer wieder zusammen. Shui Ta's Nein, ein Phantasma, das auf der Abspaltung aller gebenden und liebenden Anteile gründet, wird von diesen Anteilen her als ‚böse' verstanden.

Shen Te's Ja schlägt um in Shui Ta's Nein. Das ganze Stück hindurch lernt sie jedoch, auch als Shen Te nein zu sagen: um der anderen, der Alten oder des Kindes willen. Es wird ein Nein immer deutlicher gegen sich selbst, gegen ihr Liebesbedürfnis, und ein Nein gegen alle Objekte. Die Hochzeitsszene ist auch die der Bewährung ihres Nein gegen ihren Geliebten und so gegen ihr eigenes Liebesbedürfnis. Sie kann dieses Nein durchhalten, weil sie sich äußere Objekte an die Seite phantasiert:

> Hier bin ich, die ihn liebt, und er wartet auf den Vetter. Aber um mich sitzen die Verletzlichen, die Greisin mit dem kranken Mann, die Armen, die am Morgen vor der Tür auf den Reis warten […]. Und sie alle beschützen mich, indem sie mir alle vertrauen. (1560)

Die Grenzziehung, das Nein zum Objekt wird hier möglich durch Objektspaltung: Ein hilfsbedürftiges zweites erlaubt es, die Grenze zum ersten zu ziehen; von sich aus kann das Subjekt sie nicht leisten. Die Not anderer erst läßt Shen Te nein sagen zu ihrer Tendenz, aggressive Grenzziehung liebend zu meiden: Sie hat sich über die Armen empört, weil sie Wang nicht helfen wollten:

> Ich habe euch nicht beschimpfen wollen. Ich bin nur erschrocken. Nein, ich wollte euch beschimpfen. Geht mir aus den Augen! (1537)

Dann treibt sie der andere, der von ihr getrennt, aber doch in ihr ist und gerettet werden muß, ihr Sohn, schließlich zum Nein gegen alle, und so auch gegen ihre Liebe zu Sun, zu sich selbst also:

> […] Ja, von Stund an
> […] will ich mich scheiden
> Von allen und nicht ruhen
> Bis ich meinen Sohn gerettet habe, wenigstens ihn! (1572)

Da ist Shen Te auf ihrem Weg zum eigenen Nein Shui Ta geworden; sie ist zu einem nur abgespaltenen Nein gelangt. Weil sie dieses Nein für den in ihr heranwachsenden Sohn lernte, also für jemanden, von dem sie sich nicht abgrenzen kann, bleibt sie gefangen in der Opposition von guten und bösen Bildern, in den Verstrickungen der frühen Ambivalenz. Hinaus ins Freie könnte jene dialektische Negation führen, die der Umschlag von Shen Te's Hilfeschrei zum Epilog nahelegt.

Emotional am deutlichsten führt Brecht die Abgrenzungsproblematik am Motiv der Liebe vor. Die Liebe zwischen Shen Te und Sun steht im Zentrum seiner Parabel vom Weltzustand. Ihre Verläufe und Emotionen folgen dem Modell derselben Mutter-Kind-Beziehung wie auch die „Welt". So läßt der Weltzustand sich hier über die Liebesgeschichte emotional stärker erfahren. — Der Liebenden zerfließen die Subjekt-Objekt-Grenzen; im Regen beginnt ihre Liebe, und auch später erinnert er an sie (1587, 1589).[821] Diese Liebe ist ohne Nein, selbst wenn Shen Te dieses Nein nur noch mühsam verleugnen kann:

Ich will mit dem gehen, den ich liebe.
Ich will nicht ausrechnen, was es kostet.
Ich will nicht nachdenken, ob es gut ist.
Ich will nicht wissen, ob er mich liebt. (1552)

Das Phantasma ambivalenz-, aggressions- und abgrenzungsfreier Liebe und so auch das der Einigkeit des Selbstbildes mit sich selbst, verführt zur Offenheit gegenüber dem Objekt, hinter dem bald das böse hervortritt, aussaugend, kalt, verlassend und verschlingend (1546). Es ist eine Liebe auf oral-narzißtischer Ebene, kaum auf genitaler; als sexuelles Wesen zeigt Shen Te sich weder als Hure noch als Geliebte. Genitalität hätte Triangulierung, sichere Grenzen verlangt. Als Grenze gegen das überwältigende Objekt hilft „Kälte", Shui Ta. Doch diese Grenze richtet sich auch gegen innen; Shen Te muß ihr eigenes Liebesbedürfnis unterdrücken, sich und den Geliebten verkaufen (1592f.). An die Stelle der wahren Liebe rückt die Ware Liebe, Prostitution oder Ehe. Doch auch diese Grenze ist nicht sicher, die Sehnsucht nach der abgespaltenen wahren Liebe wühlt weiter: „wie soll ich mich des Barbiers erwehren, den ich nicht liebe, und wie Suns, den ich liebe?" (1605)

Was er im Liebesmotiv emotional verdichtet, das führt Brecht an der zentralen Haltung des Stückes, an der, „gut" zu sein, in der dramatischen Handlung weit aus. „Gut" sein, das meint, nicht abgegrenzt sein, anderen die Tür öffnen, sie uneigennützig aufnehmen, nähren und retten: eine gute Mutter sein auch als Kind. Dieses „Gut"sein ist von außen auferlegt, wird von den mütterlich-väterlichen Normen der Götter

---

821. w.a. 1, 315. Bei Regen drohte der „Herzkrampf" und Brecht sehnte sich nach „Marianne" (O.S. 19) oder der ‚kleinen Ostheimer' (O.S. 63). Vgl. o.S. 136.

eingefordert, die dem Dekalog entstammen (1497); so ist „gut" auch ein Begriff der Götter (1492, 1497, 1509, 1603), der zu deren Rettung das Verhalten Shen Te's funktionalisiert. Doch „Gut"sein ist auch die Lust des Subjekts, in der Rolle der guten nährenden Mutter kompensierend das auszuleben, was es so nicht erfahren durfte:

> [...] Ach
> Welche Verführung, zu schenken! Wie angenehm
> Ist es doch, freundlich zu sein! Ein gutes Wort
> Entschlüpft wie ein wohliger Seufzer. (1570)

Dies ist die Lust, sich in einer Welt ohne gefährliche Abgrenzung zu verhalten, ganz ohne die Anstrengung, „kalt" sein und mit einem „Herz aus Stein"[822] das Bild der „kalten" Mutter identifikatorisch selbst leben zu müssen.

> Den Mitmenschen zu treten
> Ist es nicht anstrengend? Die Stirnader
> Schwillt ihnen an, vor Mühe, gierig zu sein. (1570)

Die Rolle der nährenden Mutter dagegen gibt das Gefühl, an ihrer Potenz teilzuhaben:

> Besonders die wenig zu essen haben, geben gern ab. Wahrscheinlich zeigen die Menschen einfach gern, was sie können, und womit könnten sie es besser zeigen, als indem sie freundlich sind? (1525f.)

Diese Rolle übt erotischen Zauber aus: „Der Engel der Vorstädte", die „Güte ihres Herzens" (1547) erregen Shu Fu, den sentimentalen komischen Alten so sehr, daß er einen Blankoscheck hinterlegt (1566).

„Gut"sein meint hier jedoch auch, sich selbst gegenüber die Rolle der nährenden Mutter übernehmen:

> Keinen verderben zu lassen, auch nicht sich selber
> Jeden mit Glück zu erfüllen, auch sich, das
> Ist gut. (1553)

Die Verlockung, die strengen Grenzen in sich selbst aufzuheben,[823] und mit sich selbst eine gelingende Mutter-Kind-Interaktion zu leben, ist groß: „Ach, in mir war / Solch eine Gier, mich zu verwöhnen!" (1604).

---

822. Vgl. w.a. 5, 2102 „Der Kaukasische Kreidekreis": „Ach, zum Tragen, spät und frühe/ Ist zu schwer ein Herz aus Stein/ Denn es macht zu große Mühe/ Mächtig tun und böse sein."
823. Vgl. o.S. 130 f.

Doch die „Güte" gegen andere, die das Subjekt dem bösen Objekt aus-
liefert („Gute Taten, das bedeutet Ruin" (1602)), macht dies unmöglich.
Das führt zur Spaltung, nicht nur gegenüber außen, sondern auch im
Subjekt selbst:

> Euer einstiger Befehl
> Gut zu sein und doch zu leben
> Zerriß mich wie ein Blitz in zwei Hälften. Ich
> Weiß nicht, wie es kam: gut sein zu andern
> Und zu mir konnte ich nicht zugleich.
> Andern und mir zu helfen, war mir zu schwer. (1603)

„Gut"sein gestaltet Brecht in Bildern und Szenen, die der Zeit der
frühen Symbiose entstammen: in denen des Trinkens und Essens, des
Gebens und Nehmens. Geben und Nehmen sind noch nicht von jenem
trotzigen Zurückhalten, von Besitzgier und Besitztausch geprägt, wie
sie in der analen Phase sich ausbilden. Es geht um lustvolle Wechselseitigkeit[824] bei noch nicht klar vollzogener Ablösung[825], um wechselseiti-
ge Beglückung[826] und ungehemmtes Geben:" das Mädchen gehört nicht
zu denen, die lang zaudern, wenn es gilt, etwas zu geben" (1541). Und es
geht um die Gefahren einer gestörten Symbiose, darum, beim Geben
ausgesaugt, vereinnahmt oder gar vernichtet zu werden (wie die Alten),
und um ein Nehmen als Entreißen (1500), Rauben und Erpressen.

Ihre triebhafte Komponente verdankt diese frühe Szenerie hier der
Oralität:

> Die Guten
> Können in unserem Lande nicht lang gut bleiben.
> Wo die Teller leer sind, raufen sich die Esser.
> Ach, die Gebote der Götter
> Helfen nicht gegen den Mangel.
> > Warum erscheinen die Götter nicht auf unsern Märkten
> > Und verteilen lächelnd die Fülle der Waren
> > Und gestatten den vom Brot und vom Weine Gestärkten
> > Miteinander nun freundlich und gut zu verfahren? (1539)

---

824. „Natürlich ausgestreckt/ Gibt eine Hand und empfängt mit gleicher
Leichtigkeit". (1570).

825. O.S. 11 ff.

826. „[...] Zu schenken/ War mir eine Wollust. Ein glückliches Gesicht/ Und ich ging
wie auf Wolken". (1604).

„Gut" bleibt, „gut" ist, wer satt ist wie der Säugling, wenn er von der Brust der Mutter sinkt. Doch die Welt säugt nicht, sie ist eine kalte Mutter. So muß der einzelne sich sein Essen rauben, also „böse" sein: „Denn wer könnte / Lang sich weigern, böse zu sein, wenn da stirbt, wer kein Fleisch ißt?" (1603). Dann aber wird er stark: „wenn ich Unrecht tat / Ging ich mächtig herum und aß vom guten Fleisch!" (1603). So erscheint der gesellschaftliche Kampf als Kampf ums Essen. In einer später verworfenen Passage heißt es:

> Die Kämpfe um das Essen
> Zeitigten schreckliche Verbrechen. Der Bruder
> Trieb die Schwester vom Tisch weg. Die Ehepaare
> Rissen sich die Teller aus den Händen. Für ein Stück Fleisch
> Verriet der Sohn die Mutter. [...]
> Und es starb, der nicht Fleisch aß. Um der schrecklichen Krankheit zu
> entgehen
> Stürzten sich die Menschen um so gieriger auf das Essen.[827]

In Not und oraler Gier läßt Brecht die Menschen in diesem Stück übereinander herfallen und die Gier des anderen fürchten. Der „Gute" aber gibt als eine gute Mutter zu essen und stellt Reis vor die Tür, auf die Gefahr hin freilich, daß er ausgesaugt wird: „Aus was sollte ich nehmen, was alles gebraucht wurde? Nur / Aus mir! Aber dann kam ich um!" (1603). Leer getrunken, kann der „Gute" zu sich selbst nicht „gut" sein. Das Objekt, das er nährt, entpuppt sich als fressendes böses, oder wie Brecht dies schon früher in aller Deutlichkeit formulierte:

> Neben dir durstet einer: schließe schnell deine Augen!
> [...]
> Wehe dem, der sich da vergißt! Er
> Gibt einem Menschen zu trinken, und
> Ein Wolf trinkt.[828]

Der „einbeinige Wolf/ stieß den kleinen Eßnapf um" (1529). Da verfällt auch der „Gute" „in wölfischen Zorn":

> [...] Dann
> Fühlte ich, wie ich mich verwandelte und
> Mir die Lippe zur Lefze wurd. Wie Asche im Mund
> Schmeckte das gütige Wort. (1604)

---

827. Zit. nach Knopf (1982), 109 f.
828. w.a. 2, 820; „Die Ausnahme und die Regel".

Gegen die anderen richtet sich nun orale Aggression wie die der anderen gegen ihn. Homo homini lupus, der Mensch ist dem Menschen ein Wolf; hinter dem geliebten guten Objekt tritt das böse fressende hervor: „Warum kreisen die Geier dort? / Dort geht eine zum Stelldichein!" (1546). Gut haben es da nur die Pflanzen:

> Ja, jetzt sauft ihr kleinen Kräuter
> Auf dem Rücken mit Behagen
> Aus dem großen Wolkeneuter
> Ohne nach dem Preis zu fragen. (1527)[829]

*

Das Stück isoliert die einzelnen Momente der frühen Ambivalenz und entfaltet sie; so macht es sie kenntlich. Was unentwirrt und nicht greifbar sich in Kopfweh, Depersonalisation oder gar „Herzkrampf" äußerte oder im Oszillieren von Texten begegnete, die sich eindeutigen Aussagen entziehen[830], das tritt uns hier in der dramatischen Handlung in seinen einzelnen Momenten und in deren Zusammenhang vor Augen: Shen Te mußte verreisen. „Aber warum mußte sie verreisen? SHUI TA *schreiend:* Weil ihr sie sonst zerrissen hättet!" (1602). Der innere psychische Vorgang ist in Handlung umgesetzt: Die dem Verlassenen und Hilflosen drohende Fragmentierung, die Depersonalisierung wird abgewehrt durch Rückzug, „Kälte" und Spaltung. Die Spaltung der Figur macht Inneres außen darstellbar und distanzierbar; sie trennt das frühe Liebesbedürfnis und die „Kälte", den frühen Schutzmechanismus; und sie erlaubt es, beide konsequent auszuphantasieren und ihren isolierten Emotionen wie in einem Psychodram nachzugehen. So ist es möglich, dann auch die Einheit des Gespaltenen zu zeigen, die Verwandlung auf offener Bühne (1539f.), aber auch, wie Shui Ta sich in Shen Te, ihrem Neinsagen vorbereitet, und wie er weiterwirkt in ihr, z.B. in der Verleugnung des Nein;[831] und umgekehrt, wie Shen Te in Shui Ta weiterwirkt, z.B. in ihrer Liebe (1541), und wie sie sich vorbereitet in ihm (1603). Solche Spaltung ist hier Voraussetzung von Dialektik, sie löst aus dem Zirkel der Ambivalenz, zeigt die Einheit des Gespaltenen, des Wi-

829. Vgl. hierzu Mittenzwei (1986, 2) 55.
830. O.S. 128 ff.
831. O.S. 230.

234

derspruchs also, führt in das Leiden an ihm und so in die Notwendigkeit, ihn und die Spaltung zu überwinden.

Spaltung befreit phantasmatisch aus der aggressionshemmenden Bindung[832] an ein zugleich gutes und böses Objekt. Indem sie den liebenden Anteil des Selbstbildes abtrennt, macht sie das verschlingende Objekt als aggressives erkennbar und trägt zur Formulierung der eigenen Aggressivität des Selbstbildes bei. Sie äußert sich als Zorn über Unrecht:

> Wenn in einer Stadt ein Unrecht geschieht, muß ein Aufruhr sein
> Und wo kein Aufruhr ist, da ist es besser, daß die Stadt untergeht
> Durch ein Feuer, bevor es Nacht wird! (1536)

Beinahe noch wie in „Vom armen B.B." wendet ein Teil der Aggressivität sich gegen die ganze Objektwelt, die Stadt soll untergehen. Doch nach Aufspaltung auch der Objektwelt fordert Shen Te bald schon rettende Aggressivität von der triangulierenden Instanz, einen Angriff nur gegen die „Bösen":

> Warum haben die Götter nicht Tanks und Kanonen
> Schlachtschiffe und Bombenflugzeuge und Minen
> Die Bösen zu fällen, die Guten zu schonen?
> Es stünde wohl besser mit uns und mit ihnen. (1539)

Als auch die Götter versagen, wird das Leiden der Menschen aggressiv gegen sie gewendet, im Epilog dann mittelbar sogar gegen die Gesellschaft: Die Aggressivität tritt in den Dienst gesellschaftlicher Befreiung. So hilft die Spaltung, dem Liebes- und Kampfverhältnis zwischen Mutter und Kind zu entkommen und Aggression gezielt und angstfrei nach außen zu richten.

Was ich zuvor mühsam entwirren mußte, durch die Spaltung liegt es in seinem Zusammenhang nun offen zu Tage: Sehnsucht nach Liebe, Abhängigkeit, Zwang, den anderen zu retten, Angst verschluckt zu werden, Ohnmacht, Haß, Schutz durch „Kälte", Verlassenheit, Sehnsucht nach Passivität, Zwang, aktiv sich selbst zu retten, und drohende Fragmentierung. Es wird entäußert und als gesellschaftliches Problem gezeigt. Nur das Herz bleibt verborgen. Doch auch hier hat Brecht seine Spuren gelegt: Mit dem ‚Lied vom Rauch' (1507) singt er Nietzsches „Abschied"[883] weiter; dort heißt es „Versteck, du Narr / Dein blutend

832. O.S. 11, 30 ff., 38.
833. Nietzsche (1974), 37: vgl. w.a. 8, 90 f.; um 1920.

Herz in Eis und Hohn!" — da sind wir wieder beim ‚armen B.B.' und bei der „Kälte" Shui Ta's. Und in der Hochzeitsszene lesen wir:

> SHEN TE Mein Vetter kann nicht kommen.
> SUN Und ich dachte, er kann nicht wegbleiben.
> SHEN TE Wo ich bin, kann er nicht sein.
> SUN Wie geheimnisvoll!
> SHEN TE Sun, das mußt du wissen, er ist nicht dein Freund. Ich bin es, die dich liebt. Mein Vetter Shui Ta liebt niemand. (1558)

„Wie geheimnisvoll!": In Franz Lehárs „Land des Lächelns" hatte es geheißen:

> Dein ist mein ganzes Herz
> Wo du nicht bist
> kann ich nicht sein[834]

„Dein ist mein ganzes Herz" — „Ich bin es, die dich liebt". „Wo du nicht bist / Kann ich nicht sein". — „Mein Vetter Shui Ta liebt niemand", doch: „wo ich bin, kann er nicht sein"; er versteckt sein „blutend Herz in Eis und Hohn". Er, nicht aber ich, muß „kalt und herzlos sein"[835].

*

Wie seine innerpsychischen Vorgänge, so konnte Brecht hier im Stück auch *seine Schutzmechanismen in szenische Handlung umsetzen.* Der Versuch, gegenüber der Mutter-Imago Autonomie zu bewahren, erscheint als Kampf um einen eigenen Raum, in den andere eindringen, den sie leerfressen, aus dem Shen Te sie hinauswerfen, den sie abschließen und verteidigen will, aus dem sie aber auch selbst hinausgeworfen werden kann. Als einem wesentlichen „Mittel", sich Schutz zu verschaffen, gewährte Brecht natürlich der Zigarre ihr szenisches Recht: Shui Ta steigt auf zum „Tabakkönig von Sezuan" (1593). Shen Te's Laden, wie beinahe alle anderen Läden auch (1493, 1500), ein Tabakladen, das „Mittel", welches ihr Autonomie und Überleben sichern soll, wird zur Tabakfabrik. An ihr demonstriert Brecht — Umschlag des rettenden ins böse Objekt! — die kapitalistische Produktion (1578ff.) und die Bedeutung, die dem Besitz an Produktionsmitteln, an Tabak, dort zu-

---

834. Herzer u. Löhner (1957) 22. Nach Bock (1987b).
835. Polly in der ‚Dreigroschenoper'; w.a. 2, 423; vgl. o.S. 45.

kommt (1575). Am Tabak führt er die innere Szenerie um „Gut"sein, Schenken („Selten geht einer aus ihrem kleinen Laden ohne Tabak, nur weil er etwa kein Geld hat" 1529), Nehmen, Rauben und Erpressen vor (1571). Hier läßt er das aussaugende Objekt erfahren:

> DER BRUDER *langt nach einer Zigarette:* Auf eine wird es wohl nicht ankommen!
> DER MANN Sicher nicht.
> *Alle nehmen sich zu rauchen.* (1507)

Es ist ein Objekt, das mit den Zigarren die Herrschaft wie selbstverständlich an sich reißt und so seine phallische Potenz demonstriert:

> SUN Wollen wir sagen, weil ich die Hand am Busen habe? Stopf's in deine Pfeife und rauch's! *Er nimmt sich noch eine Zigarre, dann steckt er ein paar in die Tasche, und am Ende nimmt er die Kiste unter den Arm.* Du kommst zu ihr nicht mit leeren Händen [...]. (1546)

Das Spiel mit der Zigarre erspart beinahe den Dialog. Die Zigarre ist hier Zeichen des Mannes; schon in der ersten Vorarbeit hatte es geheißen „Die Hure verkleidet sich als Mann (Zigarrenhändler)"[836]. Shen Te raucht nicht, nur Shui Ta und alle „kalten" Figuren, insbesondere die Geschäftsleute: „Wir rauchen in Ruhe unsere Zigarren" (1593; 1591), ein Zeichen von „Kälte", ruhiger Überlegenheit und phallisch-homo-erotischer Gemeinschaft; nicht ohne Hintersinn heißt es, als Sun Shui Ta / Shen Te besucht *„Er nimmt sich eine Zigarre, und Shui Ta reicht ihm Feuer"* (1541). Die Zigarre ist Mittel der Bestechung (1519), aber auch Geschenk für den „guten" Alten (1519). Immer aber bleibt sie Zeichen ökonomischer Potenz; der Arbeitslose z.B. kann sich nur Zigaretten erbetteln (1501). Wie ihr Autor, so suchen auch seine Figuren sich durch Rauchen hinweg zu helfen über Erschöpfung (1517) und drohende Zerstörung:

> DER ARBEITSLOSE [...] Ein paar Züge aus einer Zigarette, und ich bin ein neuer Mensch. Ich bin so kaputt.
> SHEN TE *gibt ihm Zigaretten:* Das ist wichtig, ein neuer Mensch zu sein. Ich will meinen Laden mit Ihnen eröffnen. Sie werden mir Glück bringen.
> *Der Arbeitslose zündet sich schnell eine Zigarette an, inhaliert und geht hustend ab.* (1501)

Als „ein neuer Mensch" könnte er versuchen, sich aus der Umschlin-

---

836. Knopf (1982), 111.

gung des Objekts zu befreien, doch dem Bedrohten wird auch dieses „Mittel" zum schädlichen Objekt. Dennoch benutzt Brecht das Rauchen auch hier als „Mittel", beunruhigende „Pausen" zu ertragen: „Es kann sich doch nur noch um Minuten handeln [bis der Vetter kommt]. Ich sehe, man trinkt und man raucht und niemand hat Eile" (1556). Und er läßt seinen Shui Ta in höchster Anspannung und Bedrohung oberflächliche Ruhe im Rauchen finden (1591). Die Zigarre, sein eigenes „Mittel" gegen den „Herzkrampf", das sich als Metapher vielfältiger Schutzmechanismen durch sein Werk zieht, er hat sie auch hier in szenische Opposition zu den Verstrickungen der frühen Ambivalenz gesetzt. An ihr läßt er sogar noch den Rückzug von der gut-bösen Mutter zum Bild finden, den Rückzug ins Nichts:

> Darum sagt ich: laß es!
> Sieh den grauen Rauch
> Der in immer kältre Kälten geht: so
> Gehst du auch. (1507)

„Ich bin nichts mehr. Nichts muß allein sein."[837]

Auch für den Versuch, sich selbst vertikal zu triangulieren,[838] hat Brecht ein Bild gefunden: *„Ein junger Mann in abgerissenen Kleidern verfolgt mit den Augen ein Flugzeug, das anscheinend in einem hohen Bogen über den Park geht"* (1521). Der Flieger wird zum Bild des Versuchs, sich aus mütterlicher Verstrickung zu retten:[839]

> der Hoffnungslose soll fliegen [...]. Einer wenigstens
> soll über all dies Elend, einer soll über uns alle sich
> erheben können! [...]
> Yang Sun, mein Geliebter, in der Gesellschaft der Wolken!
> Den großen Stürmen trotzend
> Fliegend durch die Himmel bringend
> Den Freunden im fernen Land
> Die freundliche Post. (1538)

Kühn und potent meistert er Natur und Flugzeug (1523); deshalb kann er es sich leisten, freundlich zu sein. So sieht Shen Te ihren Sohn selbstverständlich als Flieger:

---

837. O.S. 31.
838. O.S. 103.
839. O.S. 105 ff.

Sie stellt ihren kleinen Sohn dem Publikum vor: Ein Flieger!
Begrüßt einen neuen Eroberer
Der unbekannten Gebirge und unerreichbaren Gegenden! Einen
Der die Post von Mensch zu Mensch
Über die unwegsamen Wüsten bringt! (1568)

Fliegen, die rettende vertikale Triangulierung, befreit vom Alten und erschließt das gepriesene Neue. So wird es unbefragt als natürlich gesetzt:
„ein Flieger muß fliegen, das ist klar" (1538); „das Fliegen ist bei ihm eine große Leidenschaft" (1554) — wie bei Galilei das Wissen[840] oder bei
den Müttern die Fürsorge für ihren Sohn. Angetrieben wird es von der
Angst vor der verschlingenden Mutter und vom Haß auf sie. Sun äußert
ihn offen:

> Wie ich dieses Sezuan hasse! Und was für eine Stadt! Weißt du, wie ich sie
> alle sehe, wenn ich die Augen halb zumache? Als Gäule. Sie drehen be-
> kümmert die Hälse hoch: was donnert da über sie weg? Wie, sie werden
> nicht mehr benötigt? Was, ihre Zeit ist schon um? Sie können sich zu To-
> de beißen in ihrer Gäulestadt! Ach, hier herauszukommen! (1558)

Fliegend will er potent und kontraphobisch hinunterschauen. Solches
Fliegen lockt mehr als die nur begrenzte Autonomie im Reich der Mutter; „Soll man Yang Sun hinter einem Ladentisch stehen sehen"? (1542).
Nichtfliegenkönnen bedeutet Potenzverlust, Kastration: „Als Kinder
hatten wir einen Kranich mit einem lahmen Flügel" (1523), „Hier ein
Flugzeug, Geliebter, aber es hat nur einen Flügel!" (1559). Will der Ka-
strierte sich ein Stück Aktivität bewahren, bleibt ihm kaum mehr, als
sich aufzuhängen (1521) oder die Karriere: Ersatzformen vertikaler
Triangulierung, die in die tödliche Umarmung der Mutter führen.

> FRAU YANG [...] an diesem Abend sagte ich zu meinem Sun: ‚Du bist
> ein Flieger. Zeig, daß du auch, wo du jetzt bist, in die Höhe kommen
> kannst! Flieg, mein Falke!' [...] Wahre Wunderwerke verrichtete mein
> Sohn in der Fabrik des Herrn Shui Ta! (1581f.)

Er kommt in die Höhe und gibt sich auf: „Die Firma ist mir sozusagen
ans Herz gewachsen" (1589); da hat sie ihn wieder.

*

840. O.S. 189.

Die *Raub und Kampfwelt des Kapitalismus*, wie sie das Stück darstellt, *verdankt ihre emotionale Energie, die Konstellation ihrer Figuren und die Struktur ihrer Situationen und Verläufe dem Umgang mit der frühen Mutter-Kind-Interaktion.* Es zeugt von Brechts Sensibilität gegenüber dem eigenen Unbewußten und von seiner künstlerischen Kraft, daß es ihm gelang, das frühe Konfliktmuster bis hinein in die Details der Gesellschaftsdarstellung zu entfalten und diese dabei so zu gestalten, daß an ihr lernen kann, wer auf die Gesellschaft draußen blickt. Brecht schaute nur nach außen, untersuchte die Gesellschaft und erprobte Techniken des Epischen Theaters. Gerade deswegen konnte er seine unbewußten Szenarien dorthin verschieben und ihre emotionale Wucht zulassen; die Gefühle scheinen ja nun den sozialen Verhältnissen ebenso zu entsprechen wie die frühen Szenen den ästhetischen Erfordernissen einer ausmathematisierten Konstruktion. Da er nach außen blickt, kann er angstfrei, und ohne daß ihm dies bewußt sein muß, innen dem Unbewußten lauschen, ganz als spüre er nur ästhetischer Stimmigkeit nach und der Erkenntnis von Gesellschaft: Unbewußtes begegnet ihm jetzt allein draußen, und dies in der Maske des Vertrauten und im Dienste des Interesses an angemessener Darstellung von Gesellschaft. So kann er aktiv, gestaltend und lustvoll spielend mit ihm umgehen, und so läßt sich das Stück von zwei Seiten her lesen, von der bewußten wie von der Seite der unbewußten Gestaltung her. Bewunderswert, wie beide einander verstärken und durchdringen.

Das Stück untersucht den moralischen Begriff der „Güte", zeigt ihn als ideologischen und führt zu der Konsequenz, daß er aufzuheben sei in einer kämpferischen „Güte", etwa im Sinne jener Festellung von 1932:

> ,Güte' bedeutet heute, wo die nackte Notwehr riesiger Massen zum Endkampf um die Kommandohöhe wird, die Vernichtung derer, die Güte unmöglich machen.[841]

Das „Böse", die Aggressivität schlägt in „Güte" um, die „Güte" ins ,Böse'. Zuvor schon hatte sich gezeigt, daß das „Gute" nur durch das „Böse", durch Shui Ta geschützt und gelebt werden kann, und daß, was als „gut" angesehen wird, „böse" ist: „mit Strenge und Weisheit hat er [Shui Ta] alles Gute herausgeholt, was in Sun steckte" (1583); dieses

---

841. w.a. 20, 80.

„Gute" ist die Fähigkeit zur verschärften Ausbeutung der Arbeiter. Der Prozeß, den das Stück ideologiekritisch den moralischen Begriffen „Gut" und „Böse" macht, gilt ebenso den frühen Positionen fließender Offenheit und bewahrender „Kälte". Auch sie schlagen ineinander um und werden schließlich zu einem Punkt geführt, wo sie aufzuheben wären: in einer Befreiung aus früher Ambivalenz, einer Befreiung von der Fixierung an Verschmelzungswünsche und an den Rückzug zur „Kälte", und in der zum Nein, zum Widerspruch, zur Aggression im Dienste liebender Nähe. Beide Prozesse, der ideologiekritische und der psychodynamische, stellen sich ineinander dar und verstärken einander: Die mit gesellschaftskritischem Blick erfaßte Spaltung des Bürgers in Idealisten und Realisten,[842] in citoyen und bourgeois,[843] erlaubt es, anklagend und mit dem Finger nach draußen weisend, die psychische Spaltung in einen unabgegrenzten und in einen kalten Selbstanteil phantasierend in ihr Extrem auszuleben, bis hin zu der sonst gemiedenen Katastrophe, wo diese Spaltung — psychodynamisch! — aufgehoben und die frühe Verstrickung verlassen werden müßte. Umgekehrt treibt das anklagend und in provozierendem Masochismus vorgeführte Leiden an der (unerkannten) psychischen Spaltung dazu, die sie verdeckende gesellschaftliche Spaltung in aller Schärfe zu zeichnen; denn nur so läßt hier sich die psychische phantasieren.

Ebenso reaktiviert die Kritik an idealistischem Denken und besonders an bürgerlicher Moral, wie sie von den Göttern vertreten werden, die frühe Bemühung um Triangulierung. Da diese Ideologiekritik als dramatische Handlung geführt werden soll, entfaltet sie das frühe Drama der mißlingenden Triangulierung und so auch solche Momente, die dieser Kritik zunächst nicht zu entsprechen scheinen: Abhängigkeit von der väterlichen Instanz, Sehnsucht nach ihr, Hoffnung, daß sie vor Verschlingung rettet, Scham, daß sie versagt, masochistische Provokation, Verzweiflung, aggressive Trennung und die Notwendigkeit, das eigene Überleben selbst in die Hand zu nehmen. Was sollte das mit Ideologiekritik zu tun haben? Und doch sind es gerade diese Momente, welche die Kritik nicht von außen und kalt sezierend die Gesellschaft bekämpfen lassen, sondern sie zu einem Prozeß dramatisieren, in dem sich Figur und Rezipient aus der bürgerlichen Ideologie zu lösen beginnen, ab-

842. Vgl. w.a. 18, 182 f.
843. Vgl. MEW 1, 364.

hängig von ihr, angst- und hoffnungsvoll auf sie bezogen, an ihr verzweifelnd, auf sich selbst verwiesen und sie schließlich sogar des Raumes verweisend: Kritik wird zu einem auch emotional erfahrbaren Drama der Ablösung und der Selbstkonstitution.

Mit der väterlichen Instanz verschwindet ein Gesellschaftsbild, das von hierarchisch gegliederten persönlichen Abhängigkeiten bestimmt ist und sich in Szenen des ödipalen Konfliktes malen läßt. Wird jedoch wie hier das Kind-Mutter-Verhältnis in ein Gesellschaftsbild eingetragen und die Mutter gespalten in konkretere Anteile, die deshalb „böse" sein müssen, weil abstraktere „böse", sie hierzu zwingen, so entsteht das Bild einer Gesellschaft als System: kein einzelner ist aus sich und eindeutig „gut" oder „böse", jeder will letztlich „gut" sein, jeder erfährt „Kälte" und muß „kalt" sein. Sein Verhalten entspricht einer vom System erzwungenen Rolle; verläßt er sie, so droht ihm die Rolle des Opfers. Auf psychischer Ebene ist dies ein Versuch, die „guten" Selbst- und Objektanteile gegen die „bösen" zu bewahren, die „bösen" als konkrete zu entschuldigen und als abstrakte anzugreifen; ein Verfahren, das die zum „Herzkrampf" treibenden Spannungen leichter ertragen und bewältigen läßt als das frühere Oszillieren. In der Auseinandersetzung mit Gesellschaft begünstigt solch ein Verfahren den übergreifenden Blick systemischen Denkens, die Auflösung individualistischer Philosophie und Moral und einen Angriff primär nicht gegen einzelne, sondern gegen das ganze System: „Ach, eure Welt ist zu schwierig!" (1603). Da Brecht hier von der „Welt", der Totalität her gestaltet, ist es ihm sogar möglich, die verborgene Menschlichkeit des Rollenträgers Shui Ta — des Kapitalisten! — zu zeichnen, die Brutalität des Proletariers Sun und die Betrügereien Wangs. Um den offenen Klassenkampf und seine Scheidung in Unterdrücker und Unterdrückte geht es hier vordringlich nicht. Es geht um Lösung aus der bürgerlichen Gesellschaft und um den dann möglichen Blick: von außen auf sie als System.

Dies ist freilich ein Blick von innen und außen zugleich: Von der väterlichen Instanz, von der affirmativen Moral verlassen, bleibt das Subjekt der frühen Ambivalenz, der bürgerlichen Gesellschaft, ausgeliefert, also drinnen; doch zugleich erhebt es sich als Epilogsprecher oder Zuschauer über sie. Dieser doppelte Blick auf Gesellschaft klärt sich in den Widersprüchen zwischen Shen Te und der Gesellschaft, zwischen Shen Te und Shui Ta, zwischen einfühlendem und reflektierendem Zuschauen, zwischen dem Wissen, selbst in solch einer Gesellschaft gefangen zu sein, und dem Erkennen des Systems. In den Widersprüchen zwischen dem Leiden in der Gefangenschaft und befreienden Momenten — den Phantasmen geglückter Mutter-Kind-Interaktion, vorbehaltlos glücklicher Liebe, geglückter vertikaler Triangulierung, den Erfahrungen des Neuen, der Heiterkeit des Zuschauens und des Vergnügens am Erkennen —, in diesen Widersprüchen erwächst dem, der von außen und innen zugleich blickt, die auch emotional erfahrene Erkenntnis, daß dieses System geändert werden muß. An anderer Stelle schreibt Brecht:

> Anstatt nur gütig zu sein, bemüht euch
> Einen Zustand zu schaffen, der die Güte ermöglicht, und besser:
> Sie überflüssig macht![844]

An diesem Punkt, zu dem — psychisch — die Auseinandersetzung auf der Ebene der Mutter-Kind-Symbiose geführt hat, müßte der Kampf beginnen. Er müßte nun auch gegen Personen und nicht nur allgemein gegen den „Zustand", das System, geführt werden: gegen die, welche das System verteidigen. Um solch einen Kampf darzustellen, wäre es nötig, die Phantasieebene zu wechseln und vorzudringen zu der des ödipalen Konflikts.

So sehr es Brecht gelang, die Erkenntnis der bürgerlichen Gesellschaft von der frühen Symbiose her zu dramatisieren, als Muttersohn blieb er blind für patriarchalische Momente bürgerlicher Herrschaft: Wenn er Shen Te wie Sun selbstverständlich annehmen läßt, ihr Kind werde ein Sohn sein, nicht etwa eine Tochter,[845] so setzt er unbesehen und emotional den Vorrang des Mannes fort.[846] Und wenn er Shen Te, der Frau den nährenden, leidenden und liebenden Part zuteilt, Shui Ta, dem Mann aber den kalten, rationalen und kämpferischen, so verharrt er ganz im bürgerlichen Geschlechtsrollenschema, das sogar in der bürgerlichen Gesellschaft seiner Zeit schon umstritten war. Seine eigenen Anteile vorbehaltloser Liebe und Auslieferung stellte er an einer Frau dar; dort konnte er sie eher ausphantasieren, denn seinem Selbtverständnis als Mann hätten sie zu wenig entsprochen. So wählte er zur Protagonistin eine Frau und gab ihr seine eigenen Widersprüche mit. Möglich

---

844. w.a. 9, 553; „Was nützt die Güte" 1935.

845. O.S. 218

846. In seiner Darstellung einer revolutionären Situation wird sich das 1948 ändern: Mme Cabet überreicht der schwangeren *„Babette ein Osterei: Das nächste Ostern wird er ein solches bekommen. JEAN Sie. Sie lachen".* w.a. 5, 2184; „Die Tage der Commune".

war dies, weil sie einer vorgenitalen, zum Teil also noch vorgeschlechtlichen Ebene entstammen. Für die kritische Darstellung der Gesellschaft war dies sogar ein Vorteil, weil sich an einer Frau — als Hure oder Ehefrau — der Widerspruch zwischen der wahren Liebe und der Ware Liebe besser demonstrieren läßt. Doch diese Verschiebung auf das andere Geschlecht, die ihm half, die Bilder unabgegrenzter Weiblichkeit und sich „kalt" schützender Männlichkeit zu bewahren, diese Verschiebung hat ihn gehindert, das bürgerliche Geschlechtsrollenschema hier ebenso zu historisieren wie den Begriff der „Güte". Historisiert hat er auch nicht die als natürlich ontologisierte ‚Wollust zu schenken' (1604); zu sehr entsprach sie seinen Symbiose- und Rettungsphantasien.

*

Wer den ‚Guten Menschen von Sezuan' sieht oder liest, wird von der zerreißenden Kraft der Emotionen zunächst wenig spüren. Was er bewußt wahrnimmt, mag *Artistik, Stilisierung und poetisches Spiel* sein, der leichte Strich chinesischer Tuschen und die ausmathematisierte Kritik bürgerlicher Gesellschaft. Auf der luftigen und ‚dünnen Stahlkonstruktion'[847] erfreuen Autor und Zuschauer sich, wie auf einem Turm, vertikal trianguliert und „in der Gesellschaft der Wolken" (1538), der Heiterkeit ästhetischen Genießens. Brecht läßt seine Zuschauer „von oben nach unten" blicken und jenes „wohlbefinden" genießen, das er selbst erfuhr, wenn er „von oben nach unten" schrieb.[848] Gesichert können sie hinunterschauen auf den gesellschaftlichen und den symbiotischen Kampf, sich ihm mit den Augen kontraphobisch nähern und sogar ihre Gefühle äußern: „Wie ich dieses Sezuan hasse! […] Weißt du, wie ich sie alle sehe […]? Sie drehen bekümmert die Hälse hoch […]. Was, ihre Zeit ist schon um?" (1558).

Das „Parabelstück" (1487) erstellt eine deutlich künstliche, ferne und phantastische Kunstwelt (die Götter!), die der Zuschauer durch Analogie auf seine eigene beziehen kann. Dabei könnte er, im Gleichnis verfremdet, wesentliche Momente der eigenen erkennen, bis er sich schließlich, in Distanz zur künstlichen wie zur eigenen Welt, der eigenen kapitalistischen dennoch ausgeliefert sieht wie Shen Te der ihren,

847. O.S. 211.
848. O.S. 110 f.

sich aber trotz allem der Sicherheit seines Turmes erfreut. Aus Erkenntnis müßte er nun am gesellschaftlichen Kampf teilnehmen. Bis zur Erkenntnis des symbiotischen Kampfes allerdings führt ihn das Stück
nicht, wohl aber läßt es ihn deutlicher spüren.

Auch die anderen Verfahren des Epischen Theaters dienen der Konstruktion eines vertikal triangulierenden Turmes, von dem aus es sich,
die Zigarre zwischen den Lippen, schaudernd, genießend und erken-
nend ins „Gewühl" schauen läßt. Von der Rahmenhandlung aus
blicken wir mit den Augen der Götter auf ihr Experiment, das in der
Zerreißung Shen Te's endet; ihre Gespräche mit Wang, dem episierenden Boten, schaffen uns in Kommentar und Reflexion Abstand von und
zugleich Nähe zu dem schrecklichen Geschehen; und im Moment der
heftigsten Erschütterung sichert der Epilog weiteste Distanz, zeigt uns
das Stück als Stück und uns selbst als Publikum. Obwohl uns die unbewußten Phantasien hineinlocken in Geschehen und Figuren, können
wir immer wieder loskommen: Die Handlung wird gelegentlich als
Spiel im Spiel vorgeführt (1568, 1578), oder die Figuren steigen aus ihr
aus, sprechen das Publikum an (1500); sie verlassen die gewohnte Prosa
und wechseln, gerade wenn Verschlingung droht, in lyrische Rede
(1500, 1503) oder ins Lied, das — wie allgemein die Stilisierung, die unre-
gelmäßigen Metren und das Spiel mit der Sprache und ihren Bildern —
einen sichernden Bereich unbeschwerter Bewegung schafft. Zugleich
aber verfestigt das Lied, wie etwa das ‚vom Rauch' (1507) oder das ‚vom
Sankt Nimmerleinstag' (1562), die Not, die in der Handlung als konkrete zu spüren war, abstrahierend zur allgemeinen. Solche Abstraktion ist
jedoch ihrerseits ein Turm über der Handlung.

Die Figuren, ihre Konstellation und ihr Schicksal reißen als Repräsentanten innerer Bilder uns in den Strudel eines Psychodrams, doch
selbst sind sie so wenig psychologisiert, ihre Handlungen sind so wenig
psychisch motiviert und ihr Verhalten ist so unwahrscheinlich — sie erkennen z.B. nicht, daß Shui Ta eine Maske trägt —, daß wir in Distanz
und von außen auf sie blicken wie auf Bänkelfiguren oder Marionetten.
Sie alle, nicht nur Shu Fu, der komische deus ex machina, sind Kunstfi-
guren eines Spiels, das nach seinen eigenen Regeln verläuft, nicht nach
denen der psychischen Stimmigkeit seines Personals. Daß sie die Maske
nicht erkennen, wohl aber wir, das entfernt uns von ihnen. Für uns ist
die Maske ein Requisit; die Maskierung auf offener Bühne (1556) genießen wir als artistischen Akt mit langer Theatertradition. Wir lassen uns

mit ihr die gesellschaftliche Spaltung des bürgerlichen Individuums an- schaulich vorführen und beginnen nachzudenken über den Wider- spruch zwischen der Charaktermaske des Bürgers und seiner Sehnsucht nach Glück. So müssen wir, obwohl auch wir an diesem Widerspruch leiden, unseren Turm nicht verlassen.

In seiner luftigen Höhe können wir lachen: Das Stück ist eine Komö- die. Mit ihr läßt Brecht uns jene Heiterkeit erfahren, die er selbst beim Produzieren genoß,[849] eine Heiterkeit in der Nähe des Schreckens, oder genauer: eine Heiterkeit, die aufkommt, wenn wir uns dem Schrecken entringen, auf ihn blicken, seine Bedrohlichkeit spüren und aufatmend erfahren, daß er sich überwinden läßt. Die Figuren drunten leiden, wir aber lachen; denn aus der Perspektive, die Brecht uns anbietet, leiden sie in einem System, dem bürgerlichen, das geschichtlich bereits überholt ist, sich auch hier also abschaffen ließe.[850] Insofern ist ein Verhalten, das dies nicht mitbedenkt, Shen Te's Spaltung so gut wie Wangs Gottes- furcht, komisch. Lachend verabschieden wir uns von den beschädigten Göttern, komischen Figuren, die sich in einem als kitschig gezeigten Operettenschluß ihrer Verantwortung entziehen wie weiland Jupiter in Kleists „Amphitryon". Dabei lachen wir ungewollt über uns selbst, wenn wir jene bürgerliche Moral noch in uns tragen, die wir hier la- chend mithelfen, auf den Abfallhaufen der Geschichte zu kippen. Kunstvoll hat Brecht dieses Lachen gestuft und verstärkt; es beginnt beim unbekümmerten Lachen über Shu Fu, den komischen Alten, eine Figur aus dem Singspiel und der Commedia dell'arte, und führt zu ei- nem verständnisvollen Lachen, das zunehmend gerührter und auch wü- tender wird: wir finden es komisch, wenn wir sehen, wie Shen Te sich verkleidet, ohne daß die anderen es merken, wir lachen über Wang, der den ‚Erleuchteten' in seiner Not vorschwindelt, gleich werde er ein Quartier für sie haben, und dann, sie würden „bei einem alleinstehen- den Mädchen" untergebracht (1495), oder wenn er später angstvoll das Abschwellen seiner Hand beobachtet (1535ff.); da ginge ihm möglicher- weise ja eine Lebensrente durch die Lappen. Wir können uns durch La- chen befreien, wenn die erpressende Shin zur komischen Figur wird (1499f.), oder — hier bleibt uns das Lachen im Halse stecken — wenn die Götter schäbig gen Himmel fahren und Shen Te rettungslos ihr „Hilfe"

---

849. O.S. 109 ff.
850. Hierzu überzeugend Giese (1974).

schreit. Die Befreiung, die Erfahrung des Neuen und des Utopischen, das Stück vermittelt sie nicht über die Worte der Figuren, den Verlauf oder den Endpunkt der Handlung, sondern in der Heiterkeit einer Komödie, die zu befreiender Erkenntnis führt und durch die Erkenntnis zur Heiterkeit.

Das Stück leitet Shen Te auf den Passionsweg und quält sie durch die Folter der Zerreißung, bis sie in hoffnungsloser Verlassenheit schreit. Auf dieses grausame Experiment blickt der Zuschauer beunruhigt, nachlässig und heiter wie Brecht auf die Faust des Boxers[851]. So kann er lernen: Anders als das Märtyrerdrama legt dieses nicht Zeugnis ab für Shen Te's Götter, sondern gibt sie der Vernichtung preis. In einer götterlosen Welt müßte nun er selbst kämpfen: um die Abschaffung der Folter.

*

Als Brecht dieses Stück schrieb, bemühte er sich bewußt um den technischen Standard des Epischen Theaters und um kritische Darstellung von Gesellschaft. Hierbei konnte er „Pausen" überbrücken, die Langeweile des Exils bekämpfen, frühe Phantasien wiederbeleben, gelassen in ihrem „Gewühl" steuern und das Prickeln der Gefahr ebenso genießen wie das befreiende Gefühl, sie zu meistern; und er konnte als Mitarbeiterinnen Geliebte an sich binden und sie zugleich auf Distanz halten: „Mitarbeiter: R[uth] Berlau, M[argarete] Steffin" (1480). Auf das Stück bezogen, waren sie Teil seiner Inszenierung und gewährten ihm Abstand von den bedrohlichen Phantasien, mit denen er schreibend umging und die sie als Geliebte ihrerseits nährten. Ihre Ratschläge schienen mit seinem Unbewußten nichts zu tun zu haben, sie waren sachlich und galten dem Werk, der „dritten Sache"; daß er von diesen Ratschlägen nur annahm, was ihm, also auch seinem Unbewußten entsprach, das blieb tunlichst verborgen. Wie sie ihn vor den Gefahren des Schreibens, so schützte dieses ihn vor denen der Liebe. Schreibend konnte er ihren Blick weglenken von der Liebe und deren Schwierigkeiten, z.B. Margaretes Blick weg von seiner Beziehung zu Ruth, unter der sie sehr litt.[852] Er konnte ihn hinlenken auf den Dienst am gemeinsamen Werk. Und

851. O.S. 81 f.
852. Mittenzwei (1986, 1) 515 ff., 661 f.

dort konnte er beide binden: An Shen Te's Liebe konnte er ihnen zeigen, wie sehr er die Leiden einer Liebenden versteht, die sich einem kalten und ausbeuterischen Liebhaber ausliefert. Er konnte sie mit dieser Liebe aber auch seine eigene Liebesbedürftigkeit verlockend spüren lassen. Mit Shui Ta's „Kälte" konnte er ihnen die Notwendigkeit der eigenen vor Augen führen: ihnen beweisen, daß im jetzigen Gesellschaftszustand offene Liebe nicht möglich sei. Und er konnte schreibend gemeinsam mit ihnen für solch eine Liebe auf die Barrikaden gehen. Dabei beschäftigte er sie immer mit sich, seinen Entwürfen, Theorien, unbewußten Phantasien und so auch mit dem unbewußten Bild seiner Mutter, deren Rolle sie in der oder jener Position zu übernehmen hatten. Wer war nun Shen Te? Wer wurde zerrissen? Maragrete, Ruth oder Bertolt?

NACHBEMERKUNG

Was fasziniert uns, die Interpreten, die wir uns oft jahrelang mit Brechts Texten beschäftigen? Ist es nicht auch die Lust, engagiert und distanziert unsere Identität als kritische Intellektuelle auszubilden, zu bewahren und, ohne Wissen unserer „kalten Brust", dennoch den episierenden Boten ,heißen Herzens' zu hören über das Objekt, das uns anzieht, abstößt und verwirrt? Könnte dies nicht der Grund sein, weshalb Brecht-Philologen, wie andere Philologen auch, dazu neigen, eine psychoanalytische Deutung abzulehnen, die das von ihrem Autor Geschaffene als Antwort begreift auf dessen Situation, auch auf die psychische? Ohne solche Ablehnung wäre es ja nicht mehr möglich, der Schauseite von Brechts Werk, dessen Intellektualität und ästhetisch-gesellschaftskritischer Sinnlichkeit identifikatorisch-forschend nachzugehen. Dessen abgekehrte Seite wäre mitzubedenken, der es sich eben auch verdankt. Das hieße freilich, daß die Philologen sich ihr und damit auch ihren eigenen psychischen Konflikten öffnen müßten. Wehren sie das ab? Erheben sie deshalb den Vorwurf des biographistischen oder des psychoanalytischen Reduktionismus, wo doch vom Vorwurf eines soziologistischen oder ästhetizistischen Reduktionismus bisher nichts zu hören war, wenn in einer Arbeit die psychischen Komponenten eines Werks unberücksichtigt blieben? Ist dies der Grund, weshalb sie eine psychoanalytische Deutung so schwer ertragen und pauschal ablehnen, obwohl sie gar nicht mit dem Anspruch auftritt, alles erklären zu können, sondern allein mit dem, einen Beitrag zum besseren Verständnis zu leisten, einen wesentlichen freilich, wie die soziologische, die geistesgeschichtliche oder die geschichtsphilosophische Deutung und die Phänomenologie ästhetischer Eigenarten auch?

Die psychoanalytische Deutung von Schriftstellern und Werken zerstört idealisierte Identifikationsfiguren, zu denen sich die Rezipienten, auch die philologischen, aus den Widersprüchen ihres eigenen Lebens und Leidens zu retten suchen, indem sie die Träume ihnen selbst versagter Größe, Kühnheit, Einsicht, Radikalität, Schönheit oder Einheit auf sie übertragen. Durch seine Selbstinszenierung hat Brecht sich als solch eine Identifikationsfigur angeboten: Die Einheit von Leben, Einsicht, politischem Handeln und ästhetischem Genuß ließ sich an ihm ausphantasieren, ein Vorbild in „finsteren Zeiten". Die Identifikation mit idealisierten Figuren behindert jedoch nicht nur den Blick auf den Autor und dessen Werk, wie sie wirklich sind, und damit die Möglichkeit, von deren Widersprüchen aus weiterzuschreiten; sie behindert auch den schonungslosen Blick auf die Widersprüche des Interpreten selbst und damit die Möglichkeit, sich aus ihnen weiterzubewegen. Ich meine, daß manch ein Brechtianer sich fragen muß, ob er insgeheim nicht doch auf der Seite von Lukács steht und sein Herz an einen ‚positiven Helden‘ verloren hat, vielleicht nicht gerade an eine literarische Figur, wohl aber an deren Autor, an Brecht, oder doch wenigstens an Marx. Benötigt er eine widerspruchsfreie Identifikationsfigur zur Sicherung eines widerspruchsfreien idealen Selbstbildes, und sei es als Utopie? — Tragen solche Brechtianer nicht ihr gerüttelt Maß dazu bei, daß die Explosivkraft des brechtschen Werkes sich in den lauen Gewässern einer Pädagogik verliert, die undialektisch mit Vorbildern arbeitet? Politische Lebenshilfe? Ja mehr noch: Lassen sich geschicktere Gegner einer historisch-materialistischen Dialektik denken als solche, die in deren Namen die Einheit des Widerspruchs von individuellem psychischen Leiden und einem in die Gesellschaft eingreifenden Denken, Schreiben oder Handeln leugnen, wo doch inzwischen, und nicht nur bei Brecht, die psychischen Antriebe politischen Schreibens und Handelns sich kaum noch übersehen lassen? Helfen sie nicht, die Geltung des Brechtschen Werkes bestreiten, indem sie dessen Genese, Funktion und mögliche Schwäche aus dem Bewußtsein verbannen? Und: Ist nicht Heiner Müller im Recht, wenn er schreibt „Brecht gebrauchen, ohne ihn zu kritisieren, ist Verrat"?[853]

*

Wer einen anderen psychoanalytisch deutet, verhält sich mittelbar auch zu sich selbst. Seine Deutung des anderen bleibt unscharf, macht er die eigenen Gefühle und Phantasien, die jener andere weckte, nicht auch zum Gegenstand seiner analytischen Aufmerksamkeit: spürt er seiner *Gegenübertragung* auf den anderen nicht nach, seinen bewußten und unbewußten Antworten auf die bewußten und unbewußten Äußerungen des anderen. Diese mögen Sache des Analysierenden bleiben und ohne Interesse für die Öffentlichkeit. Doch die Gegenübertragung ist unabdingbares Moment der Methode, und insofern müssen diese privaten in-

853. Müller (1981), 21.

dividuellen Reaktionen dennoch in die Diskussion über das Verfahren eingehen. Die Deutung des anderen, eines Autors oder eines Textes, droht falsch, verzerrt oder wenigstens flach zu werden, wenn der Analysierende seinen Blick allein auf den Gegenstand und nicht auch auf sich selbst richtet: Er übersieht, daß seine eigenen unbewußten Wünsche und Ängste mitmalen am Bild vom anderen, daß er durch sie möglicherweise scharfsichtig wird für bestimmte Züge, aber auch blind für andere. Und er verzichtet darauf, den eigenen Phantasien nachhorchend, Zusammenhänge im Phantasieleben des anderen zu entdecken. Er verpaßt die einzigartige Chance, über die Gegenübertragung und ihre Analyse sich in seinen Gegenstand hineinzubegeben und dann umso eindeutiger von ihm sich wieder abzugrenzen, die unbewußte Dimension von dessen Verhalten zu erschließen und ihn doch als ein klar konturiertes Objekt wahrzunehmen.

Psychoanalytische Deutung, auch die von Texten vollzieht sich in einem Prozeß bewußter, halbbewußter und unbewußter Reaktionen, der nicht zu planen, wohl aber reflektierend weiterzutreiben ist. Auf neue Erkenntnisse können emotionale Erschütterungen, vielleicht auch Ärger oder Langeweile folgen, die den Zugang zum Gegenstand weiter öffnen oder ihn vorläufig verschließen. Auf Phantasien können Reflexionen und Versuche theoretischen Erfassens antworten, die ihrerseits unbewußt gesteuert sein mögen, und dann neue unbewußte Reaktionen oder Versuche begrifflicher, psychologischer, historischer oder anderer Einordnung. Das will ich an der Entstehung dieses Buches demonstrieren, an mir selbst also. Unumgänglich ist jede Selbstdarstellung auch Stilisierung, dennoch möchte ich an meinem Beispiel zeigen, daß „private" Emotionen und Phantasien Momente jenes Erfahrungs- und Erkenntnisprozesses sind, der zu Ergebnissen führt, die dann mit dem Anspruch auftreten, ihren Gegenstand angemessen zu erschließen. Die ins Licht der Öffentlichkeit gestellte rationale Schauseite hat nicht nur in der Psychoanalyse eine „private" Kehrseite, ohne die sie, anders als Brecht dies sich und seinem Publikum vorspielte, nicht bestünde.

Vor mehr als einem Jahr wurde ich um einen Aufsatz für eine Festschrift gebeten. Ich wählte eher zufällig Brechts Ballade „Vom armen B.B.", machte mich gut philologisch ans Interpretieren, geriet jedoch bald ins Labyrinthische und schließlich ins Stocken. Froh, meinem Schreibtisch zu entkommen, nahm ich an einem zuvor schon gebuchten psychotherapeutischen workshop teil; dort stellten sich heftige

Herzschmerzen ein, die ich bislang nicht kannte, Unfähigkeit, Gefühle zu äußern, würgender Ekel und schließlich die dämmernde Einsicht, daß ich mich in ambivalenter Auseinandersetzung mit meiner frühen Mutter befand. Auf der Heimfahrt erinnerte ich mich, daß ich, einer 1981 von Hartmann vorgetragenen Deutung[854] folgend, schon 1982 von Brechts Herzneurose geschrieben hatte,[855] ohne ihr freilich wesentliche Bedeutung zuzumessen, wenn auch eine größere als Brecht ihr in seinem für die Öffentlichkeit bestimmten Selbstbild zuerkannte, und gewiß eine größere als die Forschung, die sie — bis auf Hartmann — schlicht übersah. Doch erst jetzt, angesichts der Erfahrung mit meinem eigenen Herzen und meiner nun einsetzenden Beschäftigung mit der Theorie der Herzneurose verstand ich, daß ich „Vom armen B.B." keineswegs zufällig, und auch nicht aus rein philologischem Interesse gewählt hatte, und vor allem: daß sich von dieser Herzneurose her ein neuer Zugang zu Brecht und seinem Werk auftut. In einem sich über ein halbes Jahr hinziehenden Prozeß, der von leichten, aber doch spürbaren Herzschmerzen begleitet war, begann ich zu begreifen, daß Brecht, wie andere Herzneurotiker auch, darauf fixiert war, die Wärme seiner frühen Mutter abzuwehren.

Wie in der therapeutischen Situation der Analytiker seiner Gegenübertragung auf den Analysanden nachspürt, so ging auch ich bei der Lektüre Brechts dem nach, was sie in mir auslöste. Das analysierte ich dann, suchte es theoretisch zu fassen und an der Fülle der Texte zu überprüfen. In dem Maße, in dem ich meinen eigenen zuvor unbewußten Phantasien Einlaß gewährte, konnte ich die Brechts wahrnehmen und analysieren. Verblüffend war, wie sich die Analyse Brechts und meine Selbstanalyse ineinander verschränkten. Zweimal mußte ich Sätzen, die ich in der Deutung eines Traums eben erst über mich selbst gesprochen hatte, in einer Brecht-Analyse von vor einem Monat wiederbegegnen. Ich betrieb also meine Selbstanalyse in der Analyse Brechts, des von mir getrennten Objekts, und schuf so Voraussetzungen zu dessen weiterer Analyse.

„Was soll dieser Exhibitionismus", wird sich manch einer ärgern, „wir sind Wissenschaftler, suchen objektive Wahrheit, die Wehwechen eines Interpreten kümmern uns nicht. Will er großartig neben seinen

854. Hartmann (1983), 36-42.
855. Pietzcker (1982).

Autor treten, der Kleine neben den Großen? Drängt er in den Mittelpunkt unserer Aufmerksamkeit? Will er uns Schuldgefühle einreden, weil wir selbst von uns nichts mitteilen und schon gar nicht bereit sind, eine Therapie über uns ergehen zu lassen? Wir sollen wohl demnächst ein Bekenntnis mitliefern: Wie uns beim Interpretieren zumute war." Wer meinem Ansatz näher steht, könnte anmerken: „Schon gut, daß die Gegenübertragung benannt wird, doch das müßte im Gang der Interpretation geschehen. Dann ließe solch ein Weg psychoanalytischer Erkenntnis sich verfolgen und beurteilen. Hier aber wird dem fertigen Resultat ein Bericht über die Gegenübertragung nur nachträglich angeklatscht."

Mögliche Einwände — ich will versuchen, sie zu beantworten. — Ein Objekt können wir psychoanalytisch desto besser erkennen, je mehr wir uns ihm aussetzen und uns dennoch als Subjekt von ihm trennen. Hierzu müssen wir auch uns selbst und unseren Umgang mit dem Objekt wahrnehmen, uns objektivieren und erforschen. So könnte unsere Erkenntnis objektiver werden. Andernfalls aber legen wir unsere Subjektivität über den Gegenstand; dies kann durchaus in Form der weitverbreiteten, zumeist angstbestimmten, subjektiven Abwehr erkennbarer Subjektivität geschehen, objektivistisch also. Das Ergebnis wäre eine Subjekt-Objekt-Verschmelzung, die sich als Objektivität mißversteht. Sie begegnet uns in einer Vielzahl von Interpretationen, und zumeist gerade in den nichtpsychoanalytischen. Will er solche Subjekt-Objekt-Verschmelzung vermeiden, muß jeder Interpret, und besonders der psychoanalytische, seine Gegenübertragung bearbeiten. Das ergibt sich aus der Sache, aus dem Interpretationsverfahren, in das eben immer auch unbewußte Phantasien und Gefühle des Interpretierenden eingehen. Deshalb sollte jeder Interpret fähig sein, mit seinen emotionalen, auch seinen unbewußten Antworten auf den Text umzugehen. Wer dies nicht will oder kann, läuft Gefahr, hinter dem derzeit möglichen Stand reflektierter Objektivität zurückzubleiben. Freilich, wer seine Gegenübertragung bearbeitet, muß sie deshalb nicht auch öffentlich ausstellen. Das Resultat seines Erkenntnisprozesses muß sich vom Gegenstand her behaupten; Forschungsprozeß und Darstellung der Ergebnisse müssen nicht ineinsgehen. So habe auch ich zunächst meine Ergebnisse entwickelt und mich erst in dieser Nachbemerkung darangemacht, meine leitende Forschungsmethode vorzustellen: die Gegenübertragungsanalyse. Und erst hier spreche ich von mir selbst: um das Verfahren so zu vermitteln, daß auch seine emotionalen Voraussetzungen und Schwierigkeiten wahrgenommen werden können, und zwar emotional. Rein abstrakt nämlich läßt sich Gegenübertragungsanalyse nicht lernen und erst recht nicht durchführen. Wer da Exhibitionismus vermutet, sollte sich fragen, ob er unausgesprochen nicht doch von jener Spaltung in Öffentlichkeit und Privatheit ausgeht, die, eine geschichtliche Struktur unserer Gesellschaft, die vereinzelten einzelnen in einem scheinbar ungesellschaftlichen privaten Bereich schützt und sie so davon abhält, das, was ihnen als öffentlich gegenübertritt, als Subjekte zu durchdringen und zu gestalten, die ihre eigenen Bedürfnisse und Emotionen in Sprache und Handlung überführen. Doch das Private ist gesellschaftlich, das Individuum Ensemble gesellschaftlicher Verhältnisse; was wir als unser verletzliches und einzigartiges Inneres hüten, erweist sich, stellen wir es ans Licht der Öffentlichkeit, als allgemein. Dann auch kann es erst als allgemeines reflektiert werden und muß die Wahrnehmung des Allgemeinen nicht mehr verzerren.

Doch ich kehre zurück zu meinem interpretierenden Umgang mit Brecht. — Vor der Wahrnehmung meiner unbewußten Phantasien, die mir an ihm gegenständlich wurden, suchte ich mich mehrfach durch Distanzierung zu retten. Bald jedoch konnte ich hinter wissenschaftlicher Neugier und nüchterner Sachlichkeit mir nur schwer noch meine Wut auf die Fassade des wissenden Klassikers verbergen, die Brecht vor seinen Ängsten errichtet hatte, und schließlich nicht einmal mehr Anflüge jener Häme, mit welcher der Kammerdiener auf die Unterhosen des großen Mannes schaut. Es fällt nicht leicht, dies zu schreiben: Auch Wut und Häme waren Antrieb zur Erkenntnis. Ich empörte mich über die Gemeinde gläubiger Brechtianer, die von Historisieren und Dialektik zwar sprechen, Brechts Selbstinszenierung zum meisternden Intellektuellen jedoch unreflektiert-einfühlend feiern. Schließlich mußte ich mir von Freunden sogar sagen lassen, daß ich mich über ihn gerade dort ironisch zu erheben suchte, wo ich der Erkenntnis eigener Schwächen gefährlich nahe gekommen war. Doch erst als ich einige Herzneurotiker auch persönlich kennenlernte und unversehens Zeuge eines Anfalls wurde, erst da ging mir auf, unter welchen Ängsten Brecht gelitten haben mußte, wie wenig es also in seiner Macht gestanden hatte, auf seine Schutzmechanismen zu verzichten. Nun begriff ich auch emotional: Nicht um das Einreissen falscher Größe und falscher Bilder kann es hier gehen, sondern darum, jene widersprüchliche Einheit von ängstigender

Emotionalität und sichernder Intellektualität zu begreifen, die sein Leben ausmachte, sein Schreiben — und so auch seine Größe.

So wenig ich zu Beginn einen festen Arbeitsplan hatte, so wenig hatte ich ein formuliertes Erkenntnisinteresse. Ich begann wissenschaftsfern mit dem Wunsch, einen Älteren, den ich schätze, mit einem Aufsatz zu ehren. Erst in der Auseinandersetzung mit dem Gegenstand und mir selbst entwickelte sich dann mein Interesse, es half neue Bereiche erschließen, veränderte und erweiterte sich. In mein Interesse, die Ballade „Vom armen B.B." nach den Regeln unseres Handwerks zu interpretieren, ging bald das an meinen eigenen Gefühlen, an der Klärung meiner Ambivalenz und Verwirrung ein, dann allgemeiner das am Begreifen der Herzneurose, an der ich selbst nicht zu leiden hatte, und verstärkt das an der Interpretation weiterer Texte von Brecht, an denen ich nun mit Lust neue Seiten entdeckte. Das lockte zum Versuch, die Struktur von Brechts Schreiben zu begreifen; damit aber geriet ich an einen entscheidenden Punkt: Es stellte sich die Frage nach den psychischen Antrieben seiner Intellektualität und seines Begriffs meisternder Rationalität. Da er einer der wenigen kritischen Intellektuellen ist, mit denen ich mich identifiziert weiß, mußte ich mich bald nach meinem eigenen Denken fragen. Dient es nicht auch meisternder Herrschaft? Gehe ich mit Brecht und seinen Texten nicht auch abwehrend-meisternd um? Und allgemeiner: Welche Rationalität müßten wir heute entwickeln, wo sich die verderblichen Folgen jenes auf Herrschaft zielenden borniert-naturwissenschaftlichen Denkens allenthalben zeigen, dem auch Brecht sich letztlich verpflichtet wußte?

Die politische Dimension, die bei Brecht ohnehin nahelag und natürlich immer mitschwang, bestimmte immer deutlicher mein Interesse: Welches waren die Antriebe seines politischen Schreibens? Welches die meines politischen Verhaltens und die des Verhaltens meiner Freunde, meiner Generation? — Das weckte Ängste aber auch Lust: „Zerstöre ich hier meine politische Identität? Schade ich der ohnehin geschwächten ‚Linken‘? Droht mir Beifall von ‚rechts‘? Verscherze ich mir die Nähe derer, denen ich mich zugehörig fühle? Kann es erlaubt sein, zu schreiben, Brecht gestalte eine entscheidende Station seines Übergangs zum Historischen Materialismus als Erweckungserlebnis?[856] Aber es stimmt!". Ärger über die ‚Blindheit‘ derer, die mich angreifen könnten,

856. O.S. 182.

Trotz und mein Selbstverständnis als Wissenschaftler, nur der unverstellte Blick helfe weiter, beschönigt werden dürfe nichts. Das hatte mich auch meine eigene Analyse gelehrt. Für politisches Verhalten müßte dies ebenso gelten. Währenddes immer wieder die lustvolle Erfahrung, daß sich von meinem Ansatz her vieles erschließt, was ich zuvor nur hatte hinnehmen, nicht aber begreifen können. Und so endlich Sicherheit. — In diesem scheinbar nur ‚privaten‘ Hinundher, das nach geltendem Verständnis der wissenschaftlichen Öffentlichkeit entzogen bleiben muß, in diesem Hinundher und in dessen Analyse wurden mir die Widersprüche philologischen Schreibens bewußter, auch die des bisherigen Schreibens über Brecht: Stärker wohl als die meisten ist die Brecht-Forschung, so interessenlos wissenschaftlich sie sich geben mag, untergründig bestimmt vom mutigen, ängstlichen, wütenden oder hoffnungsfrohen Versuch der Interpreten, Identität und Gruppenzugehörigkeit im politischen Feld zu gewinnen, zu verändern, zu schützen oder zu verteidigen. Nie geht es nur um Brecht. Das war beim Umgang mit ihm und der Forschung zu bedenken. So wuchs mein Interesse, hier einen Beitrag für ein Gespräch unter ‚Linken‘ vorzulegen, ein Gespräch über die eigene Rationalität und deren Antriebe, über unseren Umgang mit Vorbildern und mit Literatur und natürlich auch über Brecht. — Ich meine: Nur wenn das Erkenntnisinteresse nicht von vornherein unumstößlich festgelegt ist, nur dann können wir uns auf den Weg psychoanalytischen Erkennens machen und in der Gegenübertragungsanalyse von uns wie von unserem Gegenstand mehr lernen als wir zuvor schon wußten.

Schon mehrfach hatte ich mich mit Brecht beschäftigt. Wie ich mich wandelte, so wandelte sich dann auch meine Deutung: Stand ich Ende der Sechziger und Anfang der Siebziger Jahre privat und politisch im ödipalen Konflikt, so konnte ich ihn auch bei Brecht erkennen;[857] hatte ich Anfang der Achtziger Jahre nach meiner Analyse, nach Veränderung meiner privaten und nach der der politischen Verhältnisse mich meinen narzißtischen Phantasien geöffnet, so sah ich sie nun auch bei Brecht.[858] Und erst jetzt, wo ich mich meinen aggressiven Wünschen nähere, die sich hinter den narzißtischen verborgen hatten, fällt mir die frühe Aggressionsproblematik Brechts auf, die Herzneurose, zu der sie

857. Pietzcker (1974).
858. Pietzcker (1982) und (1983).

ihn trieb, und deren kontraphobische Abwehr. Schicht für Schicht habe ich mir sein Werk erschlossen und die jeweils frühere Deutung in der späteren aufgehoben, sie relativiert, nicht aber vernichtet. Der Wechsel meiner Interpretationen entsprang nicht der Logik der Sache, obwohl er sie erschloß. Er entsprang nicht einmal nur meiner individuellen Entwicklung. Diese war Moment einer allgemeinen: In der Phase der antiautoritären Bewegung haben wir den ödipalen Konflikt auch politisch ausgetragen, wir haben ihn artikuliert und an uns wie an anderen analysiert; in den Siebzigern und den frühen Achtzigern ging die Literatur der „Neuen Subjektivität", während der politische Horizont sich schloß und gesellschaftliche Gewalt abstrakter erfahren wurde, narzißtischen Phantasien nach, die Narzißmusforschung blühte auf; und heute hat die Skepsis gegenüber einem Verhalten, das sich ungebrochen als politisch versteht, so zugenommen, daß z.B. Franz Xaver Kroetz offen aussprechen kann, mit seinen gesellschaftskritischen Stücken habe er letztlich immer auch von sich selbst geschrieben, und dies im Kampf gegen drohende Depression.[859] — Mein Erkenntnisinteresse und meine Deutungen waren also, wie die aller anderen auch, bestimmt von individuellen psychischen *und* allgemeinen gesellschaftlichen Prozessen. Und in meiner Gegenübertragungsanalyse spürte ich, anders als ein Therapeut, nicht allein meinen emotionalen Antworten auf das unmittelbare Gegenüber nach, in diesem Falle also auf den Text, sondern ebenso meinen Antworten als Interpret auf meine Situation im gesellschaftlichen Wandel. Das gilt allgemein für Gegenübertragungsanalyse als Verfahren der Literaturinterpretation.

Lese ich, was ich vor mehr als fünfzehn Jahren über Brecht schrieb, so kann ich mir nicht verbergen, wie zeitgebunden Interpretation bleibt, mag sie sich auf ihren Gegenstand noch so sehr einlassen und ihn dabei auch erschließen. Damals, nach 1968 und in der „Reformära" hatte ich mich auf meinem Lernweg, auf dem ich mich der Erkenntnis der Gesellschaft zu nähern suchte, mit dem erfolgreich lernenden Brecht identifiziert. Ich hatte ein Vorbild gefunden, das mich stützen und bestätigen sollte. Und so hatte ich nachvollzogen, was ich nun kritisch analysiere, Brechts Entwicklung vom ontologisierenden zum dialektischen Schreiben z.B. — das sich nun als nur begrenzt dialektisch erweist —, seine Selbstheilung durch Schreiben — die sich mir nun auf nicht sehr

859. In einem Interview mit Günther Gaus vom 14.12.1986 in der ARD.

viel mehr als auf Selbststabilisierung beschränkt — und die optimistische Überzeugung vom gesellschaftlichen Fortschritt — an deren Kehrseite ich nun die treibenden Ängste ebenso aufspüre wie an der eines Lebens, das sich so eindeutig auf meisterndes Denken und Lehren stellt. Die Restauration der Siebziger Jahre, die atomare Bedrohung, die Umweltvernichtung und mit ihnen der Zusammenbruch der Gruppenphantasie vom Fortschritt durch Wissenschaft und Technik haben das allgemeine Bewußtsein, mich und meinen philologischen Blick auf Brecht verändert. So wenig ich mir auch heute noch die Entwicklung in eine menschenwürdigere Zukunft ohne Rationalität und ohne Revolution vorstellen kann, so deutlich sehe ich inzwischen die irrationalen Antriebe von Denken und Revolution — und meine: Sie müssen reflektiert werden. Ich bin skeptisch geworden gegenüber idealisierendem Umgang mit Literatur. Literatur, an der wir uns begegnen und erkennen können, entspringt Leiden und innerer Verwirrung, auch wenn sie hinausweist über sie. Dies beim Interpretieren mitzubedenken, ist nicht eben erhebend, doch etwas humaner könnte es sein.

So wenig der Analytiker dem Analysanden gleichen oder sich ihm gleich machen muß, wenn er ihn verstehen will, so wenig gleicht der psychoanalytische Interpret dem Autor oder dem Werk, das er interpretiert. Wie der Analytiker öffnet aber auch er sich den Phantasien, die den Autor oder sein Werk prägen. So muß, wer z.B. einen Herzneurotiker analysiert, nicht selbst herzneurotisch sein, wohl aber sich zu jenen Phantasien zurückwagen, auf die der Herzneurotiker fixiert ist. Je besser ein Analytiker fähig ist, in sich selbst hineinzuhorchen — und hierzu kann eine Analyse helfen —, desto angstfreier kann er sich auf eine Vielzahl unterschiedlicher Phantasien einlassen. Das gilt auch für den Interpreten.

Wer sich den eigenen Phantasien und so auch denen eines anderen öffnet, kann sie nur analysieren, wenn er ihnen nicht verfällt, mit dem anderen nicht verschmilzt und sich nicht in der Kumpanei mit ihm als einem Gleichen gefällt. Er muß Abstand gewinnen, um das Erspürte zu objektivieren, theoretisch zu fassen und am empirischen Material zu überprüfen. Diesen unerläßlichen Abstand zu finden, haben mir meine Vertrautheit mit den Schriften Brechts und die Kenntnis der psychoanalytischen Theorie geholfen, mindestens so viel aber auch die Kritik, die Anregungen, die Ermutigung und der Ärger, ja die Empörung von Freunden und Kollegen, denen ich meine Analysen vorlegte. Dies waren Erika Arndt, Dolores Baumgartner, Dieter Bitterli, Stephan Bock, Walter Bräutigam, Kathrin Bruyers, Johannes Cremerius, Andreas Erb, Peter Fischer, John Fügi, Fritz Gesing, Bernd Greiner, Waltraud Haller, Horst Hamm, Anselm Haverkamp, Hans Peter Herrmann, Ulrike Hoffmann, Ilona Jerger, Gunther Kleefeld, Jan Knopf, Uwe Koch, Hanno König, Dietmar Lenke, Alfred Lorenzer, Ludger Lütkehaus, Gabriele Michel, Tilman Moser, Alicija Mounk, Klaus Müller, Joachim Pfeiffer, Wolfgang Rieger, Oskar Sahlberg, Birgit Schoofs, Jürgen Schutte, Wolf Wucherpfennig und Frederick Wyatt. Sie haben mir geholfen, mehr von Brecht und von mir zu sehen, ihm und mir mich zu nähern und zugleich jenen verfremdenden Abstand zu finden, der Voraussetzung zur Erkenntnis des scheinbar Selbstverständlichen ist. Ich danke und gebe diese Studie an sie zurück — wie ich hoffe: zu weiterem Gespräch.

Carl Pietzcker

Literatur

Abraham, Karl (1971): Psychoanalytische Studien I. Hrg. Johannes Cremerius. Ffm.

Adler, Meinhard (1976): Brecht im Spiel der technischen Zeit. Berlin.

Ammer, K.L. (1918): François Villon. Des Meisters Werke. Ins Deutsche übertragen von K.L. Ammer. Berlin.

Ammon, Günter (1974): Psychoanalyse und Psychosomatik. München.

Banholzer, Paula (1981): Soviel wie eine Liebe. München.

Benjamin, Walter (1975): Versuche über Brecht. Hrg. Rolf Tiedemann. Ffm.

Bock, Stephan (1986): Und Buckow liegt doch in Oberitalien. Typoskript Bochum.

ders. (1987a): Die Tage des Büsching. In: DDR-Dramatik. Hrg. Ulrich Profitlich. Ffm.

ders. (1987b): Programmheft. Bertolt Brecht. Der gute Mensch von Sezuan. Freiburg i. Br.

Bräutigam, Walter (1964): Typus, Psychodynamik und Psychotherapie herzphobischer Zustände. Z. psychosom. Med. 10/4, 276-285.

ders./ Paul Christian (^{2}1974): Psychosomatische Medizin. Stuttgart.

Brecht, Bertolt (1967): Gesammelte Werke in 20 Bänden, werkausgabe (= w.a.), Ffm.

ders. (1966): Baal. Drei Fassungen. Krit. ed. u. komm. v. Dieter Schmidt. Ffm.

ders. (1975): Tagebücher 1920-1922. Hrg. Hertha Ramthun. Ffm. (= Tb).

ders. (1976): Oratorium. In: Werner Frisch / K.W. Obermeier: Brecht in Augsburg. Ffm. 278-286.

ders. (1981): Briefe. Hrg. Günter Glaeser. Ffm.

ders. (1986): Tagebuchaufzeichnungen 1916. Hrg. v. Gerhard Seidel. In: Sinn und Form. 1133-1135.

Brecht, Walter (1984): Unser Leben in Augsburg damals. Ffm.

Bronnen, Arnolt (1954): A. Bronnen gibt zu Protokoll. Hamburg.

Bunge, Hans (Hrg.) (1985): Brechts Lai-tu. Erinnerungen und Notate von Ruth Berlau. Darmstadt-Neuwied.

Canetti, Elias (1980): Die Fackel im Ohr. München.

Cardinal, Marie (1979): Schattenmund. Reinbek.

Chasseguet-Smirgel, Janine (Hrg.) (1974): Psychoanalyse der weiblichen Sexualität. Ffm.

Cohen, M.E. / Badal, D.W. / Kilpatrick, A. / Reed, E.A. / White, P.D. (1951): The high familial prevalence of neurocirculatory asthenia (anxiety, effort syndrome). Am. J. Hum. Genet. 3, 126-158.

Daemmrich, Horst S. u. Ingrid (1987): Themes and Motifs in Western Literature. Tübingen.

Dieckmann, H. (1966): Mutterbindung und Herzneurose. Psychosom. Med. XII, 25.

Ditfurth, Hoimar von (Hrg.) (1965): Aspekte der Angst. Stuttgart.

Dümling, Albrecht (1985): Laßt euch nicht verführen. Brecht und die Musik. München.

Dürrenmatt, Friedrich (1981): Stoffe I-II. Zürich.

Eisler, Hanns (1986): Fragen Sie mehr über Brecht. Gespräche mit Hans Bunge. Darmstadt-Neuwied.

Engberg, Harald (1974): Brecht auf Fünen. Wuppertal.

Enke, H. / Michler, S. (1966): Über einige Kriterien der Mutter-Kind-Beziehung bei männlichen Patienten mit den Symptomen: Asthma bronchiale, Colitis gravis, Herzbeschwerden und Magenbeschwerden. In: Z. psychosomat. Med. 12, 108 ff.

Esslin, Martin (1962): Brecht. Das Paradox eines politischen Dichters. Ffm.-Bonn.

Ewen, Frederic (1973): Bertolt Brecht. Sein Leben, sein Werk, seine Zeit. Ffm.

Feuchtwanger, Lion (1928): Bertolt Brecht dargestellt für Engländer. In: Die Weltbühne, 4.9.1928.

Frei, Ulrike (1986): Katamnestische Untersuchung stationär oder ambulant behandelter herzphobischer Patienten der Psychosomatischen Universitätsklinik Heidelberg. Diss. Heidelberg. (Typoskript).

Freud, Sigmund (1895b): Über die Berechtigung, von der Neurasthenie einen bestimmten Symptomenkomplex als ‚Angst-Neurose' abzutrennen. GW I, 313-342.

ders. (1986): Briefe an Wilhelm Fließ. Ffm.

Frisch, Max (1976): Tagebuch 1946-1949. Ffm.

Frisch, Werner (1968): Ich B.B., bin aus den schwarzen Wäldern ... Kurzgefaßte Genealogie des Dichters. In: Augsburger Allgemeine. Augsburg Nr. 34, 10.2.1968, 10.

ders. / Obermeier, K.W. (Hrg.) (1976): Brecht in Augsburg. Ffm.

Fritz, Marianne (1978): Die Schwerkraft der Verhältnisse. Ffm.

Fügi, John (1986): Die Geschäfte des Herrn Bertolt Brecht. Typoskript.

Fürstenau, P. / Mahler, E. / Morgenstern, H. / Müller-Braunschweig, H. / Richter, H.E. (1964): Untersuchungen über Herzneurose. Psyche 3, 177.

Gadamer, Hans-Georg (^{2}1965): Wahrheit und Methode. Tübingen.

Giehse, Therese (1973): Ich hab nichts zum Sagen. München.

Giese, Peter Christian (1974): Das ‚Gesellschaftlich-Komische'. Zu Komik und Komödie am Beispiel der Stücke und Bearbeitungen Brechts. Stuttgart.

ders. (1982): Der gute Mensch von Sezuan. Aspekte einer Brechtschen Komödie. In: Knopf (1982), 221 ff.

Goethe, Johann Wolfgang (1982): Werke in 14 Bänden. Hamburger Ausgabe, Hrg. Erich Trunz. München.

Grosz, George (1955): Ein kleines Ja und ein großes Nein. Hamburg.

Hartmann, Hans (1983): Von der Freundlichkeit der Weiten oder Auf der Suche nach der verlorenen Mutter. Der junge Brecht. In: Koopmann, Helmut / Stammen, Theo (Hrg.): Bertolt Brecht — Aspekte seines Werks, Spuren seiner Wirkung. München, 31-83.

Haverkamp, Anselm (1986): Die neueste Krankheit zum Tode — Das Werthersyndrom in der Verständigungsliteratur der siebziger Jahre: Fritz Zorn, Mars. In: DVjs 60, 667 ff.

Hayman, Ronald (1983): Brecht. A biography. London.

Hecht, Werner (Hrg.) (1978): Bertolt Brecht. Sein Leben in Bildern und Texten. Ffm.

Heidsieck, Arnold (1975): Psychologische Strukturen im Werk Bertolt Brechts bis 1932. In: Sander, Volkmar (Hrg.): Ideologiekritische Studien zur Literatur. Essays II. Bern-Ffm.

Herzer, Ludwig u. Löhner, Fritz (1957): Das Land des Lächelns. Textbuch der Gesänge. Wien.

Heselhaus, Clemens (²1961): Deutsche Lyrik der Moderne von Nietzsche zu Yvan Goll. Düsseldorf.

Hoffmann, Sven Olaf / Hochapfel, G. (1979): Einführung in die Neurosenlehre und Psychosomatische Medizin. Stuttgart.

Hofmannsthal, Hugo von (1984): Sämtliche Werke, Bd. 1. Hrg. Eugène Weber. Ffm.

Jesse, Horst (1985): Spaziergang mit Bertolt Brecht durch Augsburg. Augsburg.

Johst, Hanns (1925): Der Einsame. München.

Kipphardt, Heinar (³1964): In der Sache J.R. Oppenheimer. Ffm.

Klotz, Volker (1962): Schlechte Zeit für Lyrik. In: Klotz: Kurze Kommentare zu Stücken und Gedichten. Darmstadt, 74 ff.

Knopf, Jan (1980): Brecht-Handbuch. Theater. Stuttgart.

ders. (1982): Brechts Guter Mensch von Sezuan. Materialien. Ffm.

ders. (1984): Brecht-Handbuch. Lyrik, Prosa, Schriften. Stuttgart.

ders. (1986): Neues zur ,Hauspostille' und Anderes. In: notate 1986, Nr. 1, S. 4. Ffm.

Koller, Gerold (1982): Parabolischer Realismus. In: Knopf (1982), 235 ff.

Lehmann, Hans-Thies (1981): Das Subjekt der Hauspostille. Eine neue Lektüre des Gedichts „Vom armen B.B." In: Brecht-Jahrbuch 1980. Ffm., 26.

ders. / Lethen, Helmut (1978): Bertolt Brechts ,Hauspostille'. Stuttgart.

Leiser, Erwin (1957): Nach dem letzten Mal. In: Sinn und Form. 2. Sonderheft Bertolt Brecht.

Luban-Plozza, B. / Pöldinger, W. (1977): Der psychosomatische Kranke in der Praxis. Berlin-Heidelberg-New York.

Lyon, James (1986): Bertolt Brechts Gedichte. Eine Chronologie. Ffm.

Marcuse, Ludwig (1975): Mein zwanzigstes Jahrhundert. Auf dem Weg zu einer Autobiographie. Zürich.

Markert, Friedrich (1985): Ein Beitrag zur Psychogenese, zur Übertragung und Gegenübertragung bei der Behandlung von Patienten mit angstneurotischer Symptombildung. In: Mentzos (1985), 83-98.

Marx, Karl / Engels, Friedrich (1960 ff.): Werke (MEW). Hrg. Institut für Marxismus-Leninismus beim ZK der SED. Berlin.

Matt, Peter von (1976): Brecht und der Kälteschock. In: Neue Rundschau 87, 613 ff.

Mayer, Hans (1965): Über Brechts Gedichte. In: Etudes Germaniques 20. Paris, 269-274.

Meinzer, M. (1986): Herzphobie. Eine empirische Untersuchung zum Krankheitsbild, zur Indikation und zum Behandlungsangebot. Med. Diss. Heidelberg. Typoskript.

Mennemeier, Franz Norbert (1982): Bertolt Brechts Lyrik. Düsseldorf.

Mentzos, Stavros (Hrg.) (1985): Angstneurose. Ffm. — Kap. I (11-24) und VII (136-147) von dems.

Michel, François-Bernard (1984): Le souffle coupé. Respirer et écrire. Paris.

Mittenzwei, Werner (1986, 1 und 2): Das Leben des Bertolt Brecht oder Der Umgang mit den Welträtseln. Berlin Bd. 1 und 2.

Müller, Heiner (1981): Keuner ± Fatzer. In: Brecht-Jahrbuch 1980. Ffm., 14-21.

Nietzsche, Friedrich (1968): Kritische Gesamtausgabe. Hrg. Colli, Georgio u. Montinari, Mazzino. Berlin. VI, 1.

ders. (1974): VII, 3.

Noll, Peter (1984): Diktate über Sterben und Tod. Zürich.

Osler, William (1900): Lehrbuch der Internen Medizin. Aus dem Engl. übers. v. Edmund Hoke. Berlin — Wien.

Parmley, L.F. (1972): The heart, the psyche, and neurosis. The Psychiat. Forum 3/1, 16-20.

Pietzcker, Carl (1974): Die Lyrik des jungen Brecht. Ffm.

ders. (1974b): Von der Kindesmörderin Marie Farrar. In: Dyck, Joachim u.a.: Brechtdiskussion. Kronberg/Ts.

ders. (1982): Gleichklang. In: Deutschunterricht. Jetzt in: ders. (1985): Trauma, Wunsch und Abwehr. Würzburg.

ders. (1983): Brechts Verhältnis zur Psychoanalyse. In: Walter Schönau (Hrg.): Literaturpsychologische Studien und Analysen. (Amsterdamer Beiträge zur neueren Germanistik Bd. 17) Amsterdam.

ders. (1983b): Einführung in die Psychoanalyse des literarischen Kunstwerks. Würzburg.

ders. (1986): Wut hinter Gittern. Brechts ‚Seeräuber Jenny'. In: Wolfram Mauser u.a. (Hrg.): Phantasie und Deutung. Würzburg.

Polgar, Alfred (1938): Handbuch des Kritikers. Zürich.

Pozner, Vladimir (1957): bb. In: Sinn und Form. 2. Sonderheft Bertolt Brecht.

Raddatz, Fritz J. (1973): Ent-weiblichte Eschatologie. Bertolt Brechts revolutionärer Gegenmythos. In: Bertolt Brecht II. Sonderband Text + Kritik. München; 152-159.

Reich, Wilhelm (1933): Charakteranalyse. Wien.

Richter, Horst-Eberhard / Beckmann, Dieter ([2]1973): Herzneurose. Stuttgart.

263

Richter, Horst-Eberhard (1965): Zur Psychoanalyse der Angst. In: Ditfurth (1965), 73-82.

ders. (1986): Die Chance des Gewissens. Hamburg.

Roether, Joachim (1985): Die aktuellen Beziehungen der Angstneurotiker. In: Mentzos (1985), 99-135.

Rohse, Eberhard (1983): Der frühe Brecht und die Bibel. Göttingen.

Rotmann, Michael (1978): Über die Bedeutung der ‚Wiederannäherungsphase'. In: Psyche 32. Stuttgart, 1105 ff.

Rousseau, Jean Jacques (1959): Oeuvres Complètes. Ed. Gagnebien u.a. Paris.

Schneider, Michael (1979): Bertolt Brecht — Ein abgebrochener Riese. Zur ästhetischen Emanzipation von einem Klassiker. In: Literaturmagazin 10, 25-66.

Schoenhals, Helen (1985): Zur Repräsentanzenwelt des Angstneurotikers. In: Mentzos (1985), 25-46.

Schonecke, Othmar W. / Herrmann, Jörg Michael (^{3}1986): Das funktionelle kardiovaskuläre Syndrom. In: Thure von Uexküll: Psychosomatische Medizin. München-Wien-Baltimore.

Schuhmann, Klaus (1964): Der Lyriker B. Brecht 1913-1933. Berlin.

Segebrecht, Wulf (1978): Vom armen B.B. In: Walter Hinck (Hrg.): Ausgewählte Gedichte Brechts mit Interpretationen. Ffm., 19 ff.

Simmel, Georg (1957): Die Großstädte und das Geistesleben. In: Georg Simmel: Brücke und Tür. Stuttgart, 225-242.

Sontag, Susan (1978): Krankheit als Metapher. Ffm.

Studt, H.H. (1979): Herzneurose. Med. Klin. 74, 1302-1305.

Trakl, Georg (1969): Dichtungen und Briefe. Historisch-kritische Ausgabe. Hrgg.: Walter Killy und Hans Szklenar. Salzburg.

Verlaine, Paul (1930): Oeuvres complètes de Paul Verlaine. Tome Premier. Avertissement par Charles Morice. Paris.

Villon, François (1923): Oeuvres. Edition critique avec notices et glossaire par Louis Thuasne. Paris.

Völker, Klaus (^{2}1971): Brecht-Chronik. München.

ders. (1976): Bertolt Brecht. Eine Biographie. München.

Vogel, Dorothee (1985): Die Bedeutung der Aggressivität für das klinische Bild und für die Psychodynamik der Angstneurose. In: Mentzos (1985), 73-82.

Voris, Renate (1985): Inszenierte Ehrlichkeit: Bertolt Brechts ‚Weiber-Geschichten'. In: The Brecht Yearbook vo. 12, 1983, 79-95. Detroit-München.

Wege, Carl (Hrg.) (1982): Brechts Mann ist Mann. Ffm.

Wekwerth, Manfred (1973): Schriften. Arbeit mit Brecht. Berlin.

White, P.D. / Jones, F.D. (1978): Heart disease and disorders in New England. Am. Heart J. 302.

Zauner, J. (1967): Grundsätzliche Möglichkeiten der Entstehung psychogener Herzsymptome mit Indikation zur Psychotherapie. Psychosom. Med. XIII, 4.

Zepf, Siegfried (1976): Die Sozialisation des psychosomatisch Kranken. Frankfurt-New York.

Zoff, Marianne (1981): Marianne Zoff-Brecht-Lingen erzählt Willibald Eser über ihre Zeit mit Bertolt Brecht. In: Banholzer (1981), 152 ff.

Von Carl Pietzcker ist im Verlag Königshausen und Neumann
bereits erschienen:

Carl Pietzcker

Einführung in die Psychoanalyse des
literarischen Kunstwerks
am Beispiel von Jean Pauls »Rede des toten Christus«

Zweite, durchgesehene Auflage
214 Seiten, kt., DM 19,80 / ISBN 3-88479-220-2

Carl Pietzcker

Trauma, Wunsch und Abwehr

Psychoanalytische Studien zu Goethe, Jean Paul,
Brecht, zur Atomliteratur und zur literarischen Form

225 Seiten, kt., DM 19,80 / ISBN 3-88479-225-3